东升志

（1996～2006）

葛海林　主编

方志出版社

图书在版编目（CIP）数据

东升志：1996～2006／葛海林主编．—北京：方志出版社，2008.1

ISBN 978－7－80238－257－2

Ⅰ．东…　Ⅱ．葛…　Ⅲ．煤炭工业－企业集团－概况－河南省－1996～2006　Ⅳ．F426.21

中国版本图书馆 CIP 数据核字（2007）第 204374 号

山西东升煤业集团董事长王伸

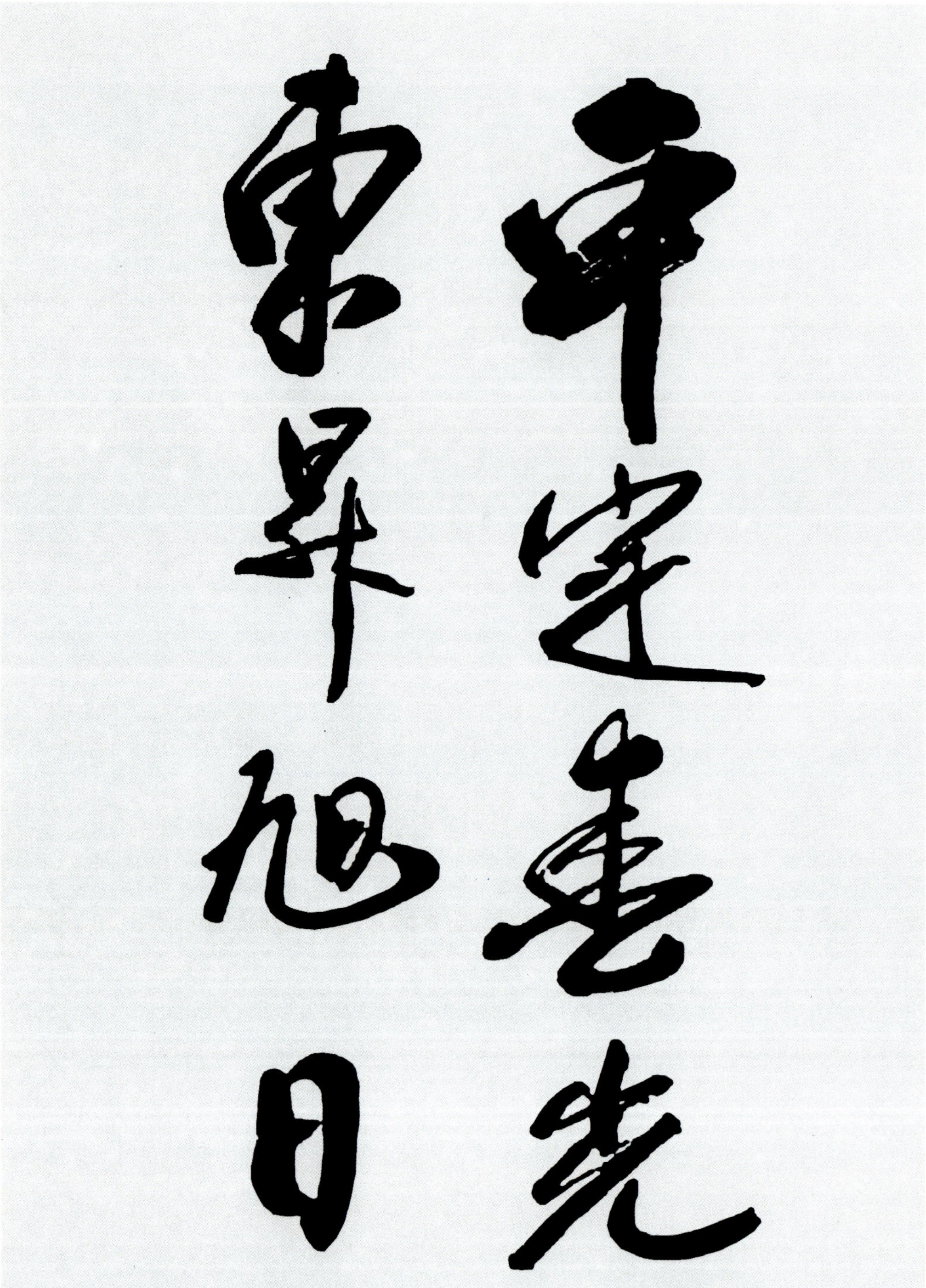

中国楹联协会副会长王庆新题词

山西东升煤业集团董事会成员

山西省原省长于幼军（前中）视察平定时与王伸董事长合影

山西省省委常委、副省长梁滨（右一）视察东升花园建设工程

山西省政协副主席吕日周（左一）在东升调研

山西省政协副主席吴博威（右三）在东升商贸公司调研

阳泉市市委书记谢海（右一）视察东升阳胜煤业公司90万吨改扩建工程

阳泉市市委常委、市委秘书长樊盛武（左二）视察东升花园建设工程

阳泉市人民政府副市长刘兆林（左二）视察东升花园建设工程

阳泉市市委常委、市政府原常务副市长王舰民（中）视察东升商贸公司

阳泉市市委常委、市委政法委书记陈继光（左二）视察东升商贸公司

平定县县委书记马骥（前中）在东升阳胜煤业公司视察

平定县人民政府县长王银旺（右三）视察东升阳胜煤业公司

年产 90 万吨的山西东升阳胜煤业有限公司

山西东升华兴煤业有限公司

山西东升同意煤业有限公司

山西东升兴裕煤业有限公司

山西东升煤业集团乱流煤炭发运站

山西东升煤业集团东关煤炭发运站

山西东升恒泰房地产开发有限公司开发的东升花园小区

晋东明珠——山西东升恒泰商贸有限公司东升市场

东升十年庆典

山西东升煤业集团有限公司大厅

山西东升恒泰广告公司

荣誉集锦

授予：山西东升煤业集团有限公司
捐资助教特别奖
山西省人民政府
二〇〇七年九月

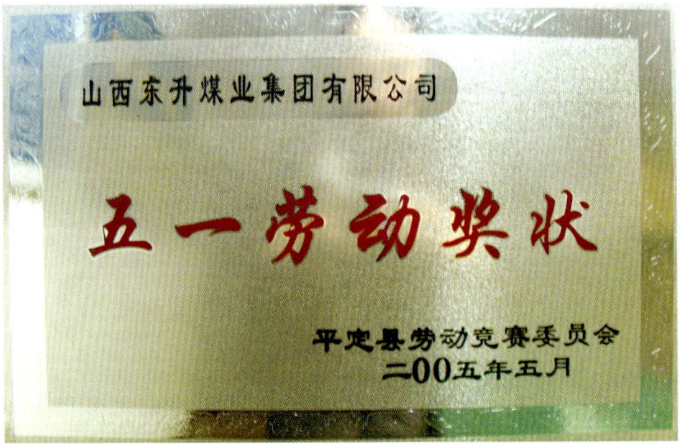
山西东升煤业集团有限公司
五一劳动奖状
平定县劳动竞赛委员会
二00五年五月

授予：山西东升煤业集团有限公司
二00四年度煤炭工作
模范单位
阳泉市人民政府
二00五年元月

山西东升煤业集团
中国经济建设先进单位

授予 王 伸 同志:
二〇〇三年度
山西省优秀企业经营者称号

集体二等功
山西省劳动竞赛委员会
二〇〇六年四月

《东升志》编纂委员会

凡　　例

一、《东升志》（1996～2006），记述的上限始于1996年，个别事物上溯到源头，下限一般至2006年，部分内容的记述延伸至定稿时止。

二、《东升志》（1996～2006）以马列主义、毛泽东思想、邓小平理论和“三个代表”重要思想为指导，力求完整、准确、全面地记述东升发展的历史，如实地反映东升生产经营、企业管理、技术创新、重点工程建设、职工队伍等诸方面基本情况和发展轨迹。

三、全志采用述、记、志、录、图、表等志书体裁。根据东升企业发展的特点，本志除序言、总述、大事记　附录和编后记外，设公司机构沿革、经营、生产技术、企业管理、重点工程建设、后勤服务、职工队伍、党群工作、多元产业、人物等10篇。

四、本志文体采用规范语体文、记述体。志设总述，篇设概述，多数章设无题简述，以提示梗概、综述全貌。

五、本志资料均系东升各有关单位提供，或采自《东升集团》（1996～2006）各年年刊、报告文学《东升》、《根在延伸》等书籍。所引用的各项数据均经东升计划财务部或有关部门核定。

六、本志涉及到以下主要机构、单位名称时，基本上采用简称：东升集团、东升集团有限公司（简称“东升”）。其余机构、单位名称在第一次出现时，括注简称（以篇为单位）。货币种类均为人民币。

七、本志人物篇收录1996～2006年间曾在东升工作过的中层以上领导或市县先进人物的任职简况。

C O N T E N T S

目录

目 录

CONTENTS

第二篇 经 营

第三篇 生产技术

第四篇 企业管理

CONTENTS

目录

目录 CONTENTS

第五篇 重点工程建设

第六篇 后勤服务

第七篇 职工队伍

C O N T E N T S 目录

目录 CONTENTS

C O N T E N T S 目 录

目 录 CONTENTS

附　录

序 一

山西东升煤业集团董事长 王 伸

东升集团（简称“东升”）自1996年成立以来，跨越了十个春秋。在邓小平理论和“三个代表”重要思想指引下，根据煤炭企业的自身特点，结合公司的具体情况，东升不断地深化改革，优化技术，创新管理，狠抓煤源基地建设，发展多种经营，努力为平定煤炭行业和县域经济的发展发挥了应有的作用，树立起东升良好的信誉和形象。

十年来，东升在体制上、管理上、制度上作了较大的改革。公司以产权制度改革为突破口和切入点，不断进行体制创新，全面整合市场要素，逐步建立了由国有资产、用户资本、职工股金构成的多元化产权结构。通过股份制改造，在确保权、责、利、险相统一的前提下，职工兼有公司职工、公司股民等多重身份，职工得到了实惠，看到了希望，增强了信心，激发了他们的责任感、使命感，形成了自主改革、自担风险、自我发展、齐心协力、齐抓共管、齐头并进的符合市场经济要求的运行体制。按照现代企业制度的要求，积极推行精细化、科学化管理。同时东升集团公司以体制创新为基础，进一步理顺了决策层、经营层、管理层、监督层之间的职权关系，形成了规范运作、各负其责、协调运转、有效制衡的管理体制。东升以机制创新为手段，在管理上下工夫，向管理要效益、要效率、要成果，经验型、传统型、粗放型管理转变为科学化、现代化、集约化管理。以制度创新为保证，在每个层面、每个环节、每个职位建立健全严格、规范、高效、完整的岗位责任制，做到了有章可循、有章必循、违章必究、从严治企。东升以人事管理为核心，在公司机关推行以岗定人，在煤业公司推行以产定人，在非煤产业推行以效定人。公司不断引深用人制度改革，能者上，平者让，庸者下，建立了人尽其才、才尽其用的良好用人机制、激励机制和考核机制，充分调动了广大员工的积极性、主动性和创造性。通过适时转换经营机制，大力强化激励机制，不断完善约束机制，形成了横向到边、纵向到底、人人有责、个个出力的全方位、宽领域、多层次的良好运行机制。东升集团公司与所属各公司，从安全到技术，从生产到销售，从财务到经营，层层建立了统分结合、上下联动、动态考核、奖惩兑现的一体化管理模式。

煤源基地建设是煤炭企业发展的重中之重，东升集团以推进煤源基地建设为重点，并购煤矿，产销一体，煤炭主业越做越大。2001 年，本着“以股权换市场”的总体思路，公司与煤矿和用户携手组建成立了平定东升洁净煤有限公司，开始探索资源、运销与市场合理配置的多元化发展道路。2002 年起，根据建设煤源基地的战略构想，经县政府研究决定，先后对经营亏损、效益滑坡、职工工资难以兑现、整体状况举步维艰的华兴、同意、兴裕和阳胜四个县营煤矿实施并购。通过全方位、多层次、大力度的专项整治，矿井面貌焕然一新，安全生产稳中有进，走出了一条煤矿、煤站、用户连为一体的一条龙发展道路。特别是阳胜煤业公司总概算 1.5 亿元的 90 万吨改扩建工程从 2005 年底开工建设，到 2007 年 3 月初试生产成功，一跃成为全县机械化程度最高、产量最大的煤炭生产企业，为东升煤业集团做大、做实、做强，为增强全县煤炭产业的发展后劲，推动县域经济又好又快发展奠定了坚实基础。

在东升集团的发展史上，还有一个重要的方面就是多种经营。东升的多种经营有围绕煤炭产品深加工的洗煤、发电产业，也有运输销售、商贸流通以及房地产、广告等产业。十年来，东升以实施“县城东扩”战略为重点，繁荣商贸流通，加快房地产开发，非煤产业规模不断壮大。1996 年公司抓住高速公路建成通车的有利机遇，果断迈出了向商贸产业进军的关键一步——在距离平定县城 3 公里、太旧高速公路入口处附近，购买了一片闲置的厂房和土地，创办东升商贸公司，斥资兴建东升市场。东升市场扼守阳泉市通过平定连接太旧高速的咽喉要道，拥有得天独厚的地理优势，它的建立，不仅极大地繁荣了地方商贸流通，拉动了地方经济的发展，而且培育了公司新的经济增长点，拓展了公司的发展空间。经过十年精心打造，目前，该市场拥有集高档化、精品化、时尚化为一体的东升购物中心、灯饰城、电器城三座商城，有农贸、建材两个专业市场，还有批发零售的综合市场，已经成为晋东地区重要的物流基地。2003 年充分利用印刷厂、微机设备，注入资本，整合资源，注册成立了东升广告有限公司。广告公司积极开拓报纸广告、策划设计、印刷制作、礼仪庆典等业务渠道，苦练内功，打造品牌，逐步成长为平定广告行业的新锐。与此同时，公司紧紧抓住县城东扩的历史契机，注册成立了东升房地产开发有限公司，采取“银行贷一块、企业筹一块、职工垫一块、业主付一块”的多渠道筹资办法，经过四年建设，总投资上亿元，总开发面积160亩、总建筑面积16万平方米的东升花园呈现在县城东部，并以其齐备的功能、先进的设施、亮丽的形象、完善的管理，成为县城东扩的标志性建筑和周边地区首屈一指的文明社区。

东升这十年来，在改革、改造、建设和多种经营等方面所取得的成绩，都是在县委和县政府的正确领导下，在各有关部门对东升生产、建设的具体帮助、支持和指导下取得的。东升人将一如既往，团结奋进，再创辉煌。

前车之鉴，后者之师。《东升志》真实地反映了东升这十年来成功的经验教训以及不足之处。《东升志》的编纂、审定和出版，得到方志出版社、平定县地方志办公室及中国地方志指导小组理论处处长、中国地方志协会秘书长邱新立博士的热忱帮助和支持，在此，我代表《东升志》编委会表示衷心的感谢。

2007年12月

序 二

中国地方志指导小组理论处处长
中国地方志协会秘书长 邱新立

《东升志》三度寒暑，数易其稿，终于问世了。这是东升集团社会主义精神文明建设史上的一件大事。

《东升志》以马列主义、毛泽东思想及邓小平理论和“三个代表”重要思想为指针，坚持党的基本路线，运用志书的规范，全面科学地记述了山西东升煤业集团各行各业的历史与现状以及集团发展中的经验和教训，是集团的一部“百科全书”，也是讴歌东升集团董事会和党委带领三千多东升人团结务实、与时俱进、开拓创新，全面开创集团改革发展新局面的历史丰碑。

编修方志是我国已经延续了2000多年的优秀文化传统。方志大致可以分为综合性志书和专门志书两大类。综合性志书主要是综合性行政区域志，专门志书是记载一个地方的专项事业或专项事物基本情况的著述。专志贵专，这是专志在记述内容上有别于其他志书的突出特征。作为专志中的一种，工矿企业志是伴随社会主义新方志的编修而出现的一个新志种，是记述一个企业（单位）历史和现状的志书。除记载专业内容外，它也记载本企业内机构沿革、党政群团、人事变动、优秀（先进）人物，甚至本企业（单位）设立的学校、诊所等方面的内容。企业志的体例篇目，除了必须适应记载一个企业历史与现状的需要，还要能体现和显示一个企业内事物发展和工作运行的特点和规律。记述的内容既反映全局，又突出重点，做到有存史备查意义和价值的内容，作为重点，详为记载；能体现重大政策实质的事实内容，重点详载；本部门重大事件的内容，详实记载；有助于除弊兴利的内容，详细记载；能反映企业特色的内容，详细记载。

由东升志编纂委员会编纂的《东升志》，作为山西东升煤业集团有限公司的专门志书，无论是总体设计，还是内容安排，都较好地体现了上述专志的特点和要求。全志根据东升煤业集团发展的特点，采用述、记、志、录、图、表等体裁形式，分经营管理、生产技术、企业管理、重点工程建设、后勤服务、职工队伍、党群工作、多元产业、人物等篇，比较完整、系统地记述了东升1996年至2006年的历史和发展轨迹，如实反映了东升不断深化改革，优化技术，创新管理，狠抓煤源基地建设，发展多种经营，努力从一个原来产业单一、资本单一、结构单一、缺乏发展后劲的企业，转型成为如今集煤炭生产经营、商贸流通、房地产开发和广告设计制作于一体，实力雄厚、规模较大、多业并举，符合现代企业制度和市场经济要求的大型企业集团等诸方面的基本情况。

《东升志》运用辩证唯物主义和历史唯物主义的立场、观点、方法，较为全面客观地记述了山西东升煤业集团有限公司从无到有、从小到大的发展过程。在着重突出公司系统职工在集团董事会和党委正确领导下，各行业取得的成绩的同时，尤其反映了企业自主创新，坚持改革开放，实现跨越发展的非凡历程。全志约40多万字，资料丰富，内容比较充实，体现了鲜明的时代特点，也较好地体现了山西东升煤业集团以煤炭生产经营为主，商贸流通、房地产开发和广告设计制作多种经营并进，股份制经济异军突起，各业蓬勃发展的企业特色。东升集团在近十年的改革发展中，坚持“三个代表”重要思想，全面科学发展，经过十年艰巨的自我加压，不断改革计划经济时期形成的体制中的不足，创新经营机制，按照市、县产业结构调整的方针要求，依法建立规范的法人治理结构，真正实现职能分离、相互制衡、运转高效的规范经营，成为市场中的主体角色，推动县域经济的蓬勃发展，实现地方国企向现代化企业制度迈进的决定性步伐，开拓出一条鲜明“东升”特色的企业改革之路，探索出国家、集体、职工“身份转型”等如何在市场中确立新的关系，股权多元化的混合所有制经济等一系列地方国企在市场化转型发展中的破冰之题，这本身就是作为煤炭资源大省的山西产业结构调整中的一个值得研究的典型。《东升志》把这些改革历程和经验教训如实记载下来，鉴往事，策来者。存史以资治，必将会对新形势下地方企业如何创新发展、转轨和增长转型，提供有益的参考和借鉴。从这个意义上说，《东升志》的编纂出版，其价值就超出了编纂一部专志的本身。

2008年1月于北京

总 述

（一）

山西东升煤业集团有限公司（简称东升集团）坐落在平定县县城东大街189号，成立于2004年7月，是一个以生产煤炭为主业，多种经营，跨行业、跨所有制、跨地域的产业多元、资本多元、股权多元，符合现代企业制度和市场经济要求的大型企业集团。东升集团公司下属有山西东升阳胜煤业有限公司、山西东升同意煤业有限公司、山西东升华兴煤业有限公司、山西东升兴裕煤业有限公司、山西东升恒泰商贸有限公司、山西东升恒泰广告有限公司、山西东升恒泰房地产开发有限公司、平定县东升物业管理有限公司八个公司。拥有总资产6亿元，注册资本总额为11225.8万元，员工4000多人。

改革是发展的动力，创新是企业的灵魂。1996年以来，在邓小平理论和“三个代表”重要思想指引下，王伸董事长团结带领公司员工，坚持以建立现代企业制度为目标，以市场为导向，以改革为动力，以调产为主线，以资本为纽带，解放思想，转变观念，开拓进取，锐意创新，将一个原来产业单一、资本单一、结构单一，缺乏发展后劲的企业转型成为如今集煤炭生产经营、商贸流通、房地产开发和广告设计制作于一体，实力雄厚、规模较大、多业并举，具备明显竞争优势的法人实体和市场竞争主体。东升集团在改革中创新，在创新中进取，在进取中规范，在规范中完善，在完善中发展，企业规模不断壮大，企业实力明显增强，经营业绩不断飙升，经济效益稳步增长，社会贡献日益凸现。2006年，东升集团完成销售收入3.08亿元，实现利税3015万元，先后被省市政府和有关部门授予“山西省集体二等功”、“煤炭工作模范单位”、“调整经济结构先进单位”、“利税大户”、“双文明单位”等荣誉称号。董事长王伸也被省企业联合会、省企业家协会授予“优秀企业经营者”、“山西省优秀企业家”称号。从中央到省市县，《人民日报》、《经济日报》、《光明日报》、《山西日报》、《阳泉日报》、《平定》等主流媒体，从不同角度、不同侧面，真实报道了东升集团改革的成功经验和良好的经济效益、社会效益。

1996年，平定煤运公司面对资源锐减的现实，立足长远发展，未雨绸缪，居安思危，根据国家产业政策，把非煤产业的发展作为调整产业结构的重点，积极二次创业，着眼繁荣县城商贸流通，带头加快县城东扩战略的实施，抓住太旧高速公路通车机遇，利用区位优势，按照现代企业制度的要求，走股份制道路，成立了平定东升商贸有限公司，兴办了东升市场，培育出了新的经济增长点，为公司经济持久快速健康发展，提供了动力，拓展了空间。十年来，通过稳定发展，公司经营实力明显增强，在东升领导班子带领全体职工埋头实干、艰苦创业下，东升集团在劳动生产率、产品质量、企业信誉、企业文化建设等四个方面跨入了一流企业行列。2002~2006年，东升累计生产煤炭272.46万吨，销售煤炭2017.40万吨，实现销售收入12.90亿元，实现利税1.53亿元。

（二）

东升集团在生产经营中，实行“集中指挥、统一经营”的原则，紧紧抓住“精简、高效”这个中心，创立具有东升特色的管理模式。在全部生产流程上实行集中管理，走社会化协作和专业化分工的道路。在企业管理上做到“机构不重叠、业务不重复、人员精干高效”，各项专业管理全部由职能管理部门承担。基层实行以班组制为中心，以集团公司下达任务为目标，以标准化作业为准绳，以自主管理为基础的管理。机关履行“服务、参谋、调研、监督、协调、办事”六项职能。职工医疗、吃饭、住房等问题分别由公司人力资源部、总务部和企业管理部承担，管理到现场，服务到职工。下属煤业公司设备备件购置由东升矿产管理部统一实行公开招标等等。

东升集团在强化煤炭生产主业管理的同时，积极培育商贸流通、房地产开发、广告、物业等非煤产业，一步到位组建成以资产为纽带的子公司，形成多元产业，参与市场竞争，培育出新的经济增长点，提高了东升企业的整体效益。

2004年始，东升实行一套新的工资制度——岗效工资制。其特点：一是职工工资与东升企业的经济效益和劳动生产率挂钩；二是彻底破除传统的等级工资制度，按照岗位（职务）的责任大小、技术高低、劳动强度和工作环境好坏进行分配，实行同工同酬的原则；三是上什么岗位拿什么工资。实行岗位工资制更能充分体现“按劳分配，多劳多得”的原则，有效地吸引了人才，选拔了人才，激励了员工为企业积极奉献。

东升集团人力资源部负责集团公司人力资源管理和劳动工资分配工作，包括定期交纳职工养老保险、住房公积金、大病医疗保险金，实行干部和工人的统一管理。

2004 年东升集团成立后，建立以财务管理为中心的企业经营机制。东升集团财务工作部负责公司计划发展和财务工作，进一步加强了资金流的集中统一管理。财务管理以现金流量及费用控制为中心，覆盖销售、损益、成本、费用、现金流量、投资等企业经营领域，实行预算分析评价模式的年终决算制度。强化现金流量、资金流向和收支分列、费用分类包干的调控，使各部门责任明确，保证东升集团经营目标的实现。

2004 年 7 月 25 日，经业内有关专家鉴定，东升集团公司金蝶 K/3ERP 信息化工程项目顺利通过验收，东升整体产销管理信息系统建成，包括财务管理、销售管理、质量管理、生产管理等系统，从整体上贯彻实施“以财务为中心”整合各项管理业务的管理思想，从而增强运用现代化手段强化财务管理和产销管理的综合能力，形成一套适应现代企业制度和市场竞争需要的企业经营机制。

（三）

东升集团积极参与市场竞争。在销售渠道上构筑稳定的营销网络。公司上下围绕铁路、公路、电煤三条销售渠道，以市场为导向，把目光盯在市场和用户上，强化质量意识，加强营销服务，不断巩固和扩大市场的占有率，从而站稳脚跟，占领了大市场，赢得了大发展，实现了大效益。

铁路运输作为创造效益的主渠道，公司始终不渝地将其放在重中之重的位置来抓。一是继续强化煤质管理，下大力提高各发运站职工的质量意识和工作责任心，把好煤炭的坑口关、上站关、验货关、装车关、采样关。建立严格的责任制，把质量指标与职工的收入结合在一起，切实保证煤炭质量，发好煤，为用户服好务。乱流煤站树立精品意识，强化双量管理，严格检查考核，实现了无亏吨、无涨吨、无赔款、降硫提卡、增创效益的目标。东关煤站针对煤矿停产整顿的现状，派专人到煤矿做工作，组织运煤司机定期开会，建立上站煤详细档案，从而确保了上站煤的质量，满足了用户需求。二是积极组织货源。继续实行定矿、定点，认真搞好计划管理，增强调控能力和市场应变能力，使以往受惠于公司的煤矿以德报德，不被其他用户的高利润动心，信守合同，既保证了铁路外运，又与煤矿实现了双赢。三是加强营销管理。围绕重点用户石家庄电厂建立稳定的营销网络和信息网络，通过网络与用户建立联系，提供服务，从而逐步使企业实现由传统的管理模式向高科技管理迈进，为企业拓展出更加广阔的发展空间。四是强化货款回收。只把煤运出去，不管收款，没有效益，不能算占领市场；发出煤，收回款，增加效益，才能算占领市场。因此，公司进一步制定严格措施，强化货款回收的责任制度，坚持“既严格把关，又适度灵活”的统一结算原则，即对信誉度好，关系牢靠、资金及资产实力雄厚、签有常年合同的电煤大用户，实行“先发煤、后收款”的办法；对于中小用户则实行“先收款、后发煤”的原则，对用现金支付煤款的用户给予一定的价格优惠，鼓励客户预付款、付现款，从而调动了用户的积极性，保证了货款的顺利回收，缩短了回收周期，做到了“三不欠”，即用户不欠公司货款、公司不欠上缴基金、不欠煤矿煤款。

电煤销售需求量大、货款有保证，是公司煤炭销售的又一条主要渠道，其重点用户是阳光发电有限公司和娘子关电厂。面对煤源紧张的局面，管理站组织人员到煤矿查看煤质，组织煤源，为缓解电煤短缺问题做了大量有效的工作。通过继续狠抓协作、严把煤质、规范管理，进一步堵塞了漏洞，公司的电煤管理工作在市场夹缝中赢得发展空间。

公路外运方面通过加强各营业站的规范操作，严格管理制度，严格考核奖惩，进一步加强基础设施建设，加快营业站现代化改革步伐，调动了干部职工的积极性，做到了严格管理、补收到位、车辆不减、运量增加，经济效益明显提高。

（四）

1999年7月，东升集团率先在县内企业中建立并开通国际互联网站。2002年以来，东升集团不失时机地组织矿产管理人员跟踪国内煤炭生产最新技术，采取多种措施，大胆开发创新，把科技进步贯穿于东升生产、建设全过程。2002年初，公司健全组织机构，设立了矿产管理部，逐步完善管理制度，充实队伍，明确科室职责，全力落实煤矿经营管理工作。并购县营华兴、同意、兴裕、阳胜煤矿后，公司在对四个煤矿不断加大安全投资，在逐步改善安全条件的基础上，新上了一大批新装备、新设施，极大地提高了矿井的防御抗灾能力。特别是2004年7月成立东升集团后，四个煤业公司充分利用新采工艺，开足马力积极组织生产，不仅创出生产原煤的历史最好水平，而且实现了安全生产有保障、煤炭产量成倍翻、资源回收率提高、服务年限再延长、管理步入正规化、广大职工得实惠的良好效果。扎实推进科技进步和全面质量管理工作。推广应用锚喷、锚索、型刚可缩支架，取代了传统的木棚、发碹支护方式。积极采用走向长壁低位放顶煤方法，取代分层采、开天窗采煤工艺。新技术、新工艺的应用效果显著，矿井网络化建设进展加快，科技创新实现了突破。

（五）

东升集团公司立足当前，着眼长远，坚持科技兴企，实现跨越式发展的标志是实施一项“希望工程”，即阳胜煤业公司年产90万吨改扩建工程。其工程设计立足于矿井实际和发展要求，定位于建设现代化矿井的目标，总概算1.5亿元，涉及5大类、16个系统、40个项目。在时间紧、任务重、要求严格、困难重重情况下，为了保证施工进度和工程质量，在集团公司的高度关注和总体协调下，2004年底工程开工之初，煤矿成立了改扩建工程领导小组和各专业工作组，统筹安排，分工负责，组织精锐力量承担施工任务，严格执行施工承包责任制，强化施工组织管理和工程质量管理，集中调度，不断完善施工方案，根据实际情况及时查漏补缺、优化设计。截止到2006年底，历经两年的紧张施工，改扩建工程共完成投资1.5亿元，各大系统工程、土建工程、设备安装工程已基本完工进入调试阶段，并且综采工作面的设备试运行取得成功。2007年3月进入试生产阶段。

（六）

东升集团重视人力资源开发工作，努力加强职工队伍建设。东升坚持“重点人才重点培养，优秀人才优先培养，紧缺人才抓紧培养”的人才培养战略。采取“请进来，走出去”的办法，强化对煤矿现代化采掘、计算机专业知识以及财会、市场营销等东升紧缺专业人才的培养。邀请省市煤炭院校的专家教授到公司对员工进行现场培训，同时分别选送多批煤矿生产技术人员到先进兄弟单位或省市煤炭院校进行培训，加大人才培养选拔的力度，建立一支高技能后备队伍。东升人才培养开发机制较好地调动了广大员工的积极性和创造性，涌现出一大批优秀人才，为公司持续发展提供了源源不绝的动力。

东升集团全心全意依靠职工办企业，不断完善职工代表大会制度，发动职工多层次参与民主决策、民主管理和监督。东升还注重加强企业领导班子建设，实行职代会和党代会民主评议行政和党委领导干部制度。东升党委突出抓好领导干部政治理论学习，抓思想作风建设，不断提高各级领导干部思想政治素质。1996 年起，共有十余名中层以上领导参加了县委党校学习、工商管理培训和在职经济学研究生学习。东升党委坚持从实际出发，把党风廉政建设的各项规定和要求渗透到各项管理和改革中去，既强化了管理，又保证了生产，各项廉政规定落到实处。1996 年起，为加强党员队伍建设，各级党委深入开展党员教育，广泛组织党员干部认真学习科学理论，用马列主义、毛泽东思想、邓小平理论、“三个代表”重要思想和党的“十六大”精神武装头脑，大大激励了党员的光荣感和责任感。特别是 2005 年开展保持共产党员先进性教育活动以来，集团公司党委组织全系统 13 个党支部的 318 名党员，经过学习动员、分析评议、整改提高三个阶段的工作，系统学习了以《党章》为主要内容的相关资料，认真撰写了党性分析材料，广泛征求社会各界的意见建议，切实解决了一些突出问题，达到了提高党员素质、加强基层组织、服务人民群众，促进各项工作的目标。在此基础上，继续引深保持共产党员先进性教育，不断加强基层组织建设。集团公司党委组织全系统党员，认真学习《江泽民文选》和党的十六届六中全会精神，真正发挥了党员的先锋模范带头作用，进一步增强了企业党组织的凝聚力和战斗力。

东升集团在取得较大经济效益的同时，还十分注重对社会公益事业的支持。为振兴平定的科技、教育、文化事业出资尽力，为希望工程、扶贫帮困、抗洪救灾等伸出援助之手。1999 年 8 月，捐助岩会移穰村孤儿杨晓斌、杨晓东两兄弟 6000 元，使两孤儿重新返回学校。2000 年 8 月，又捐助家境贫困的文科状元北皙石村刘亚男 500 元学费。2000 年 9 月 5 日，为 9 名考取到高校的股东子弟颁发了 4000 元首批助学金。2001 年 11 月，为平定光荣院的革命老人送去了毛毯、彩电等物品。2002 年 8 月 30 日，为贫困大学生王海斌捐赠现金 4000 元。2004 年，捐助 150 万元用于兴修平定县四中。2006 年“东升十年”庆典会上，东升向县政府捐款 20 万元用于帮扶贫困学子圆梦。在“送温暖、献爱心”捐款活动中，公司系统向民政局捐款 7000 余元。在团县委组织的爱心捐助活动中，系统团委所属各支部共捐衣物 1500 多件。1996~2006 年，东升集团与职工个人为“献爱心”、“希望工程”、“扶贫帮困”、“抗洪救灾”等共捐款 400 万元，捐赠衣被 6000 件（条）。

东升集团重视企业精神文明建设，着力提高职工素质，不仅有严格的约束机制，更有多种激励机制。东升始终坚持两个文明一起抓，不断对职工进行热爱祖国、热爱共产党、热爱社会主义、热爱本职工作的思想教育。对职工进行严格的行为规范，严格厂纪厂规，着力塑造与现代企业相适应的企业形象和职工形象，努力培养一支有理想、有道德、有文化、有纪律的职工队伍。

2006 年底，按照国家和省市“国退民进，集退民进”的要求，为了做大做强集团公司，经公司董事会研究并报请县政府批准，公司通过向员工筹集借款以及其他渠道等多方筹款，交纳了资源价款，从而完成了所属四个煤业公司资本结构的进一步改造。这是公司继 2002 年并购煤矿和 2004 年对四个煤矿进行股份制改造，分别变更为有限责任公司，整合组建东升集团后进行的第三次改制，标志着东升集团已经成为适应市场竞争，符合现代企业制度的大型集团。从此东升集团的发展翻开了新的一页。

大　事　记

1996 年

8 月 30 日，平定东升商贸有限公司召开第一届股东会第一次会议和第一届董事会第一次会议，通过了公司章程，选举产生了董事会、监事会、经理层等相关机构。

9 月 7 日，东升商贸公司经工商部门依法注册，签发营业执照，正式宣告成立。注册资本 190 万元。王伸被选举为董事长、总经理。

9 月 10 日，东升商贸公司隆重举行东升市场奠基仪式，一期工程破土动工。

1997 年

8 月 8 日，东升批发市场一期工程竣工并开始了招商活动。

9 月 6 日，平定县政府召集有关部门，就东升批发市场的启动召开了协调会议，明确了扶持东升市场发展的优惠政策，并形成纪要。

9 月 20 日，东升批发市场二期工程开工建设。

10 月 27 日，东升批发市场举行开业典礼，正式开门营业。阳泉市、平定县有关单位、部门前来祝贺。阳泉市市长魏德卿、市委副书记郭良孝及平定县五大班子领导王元寿、王七孩、刘培珍、卢钧良、赵玉振等出席了开业典礼并剪彩。

1998 年

4 月，东升商贸公司董事长王伸当选为中国人民政治协商会议平定县第十一届委员会副主席。

6 月，东升市场二期工程竣工。

8 月 8 日，集餐饮、住宿、娱乐为一体的东升大酒店宏张开业。

8 月 30 日，阳泉桃河桥至平定高速路口 2 路公交车开通。同日，东升袜厂建成。

12 月，组建东升乐队。

1999 年

5 月 14 日，《平定报·东升商讯》创刊，开创平定县工商企业与党报联合办报的先河。

6 月 8 日，县委书记王元寿在东升商贸有限公司董事长、总经理王伸的陪同下，视察东升市场。

6 月 16 日，东升市场党支部成立。

7 月初，东升商贸有限公司投资 4.8 万元，安装联想电脑、北大方正激光照排系统。

7 月 6 日，国家扶持的"菜篮子"重点工程——晋东蔬菜副食批发市场开工奠基。

7 月 28 日，东升商贸公司获准使用"阳泉东升"互联网国际域名，东升商贸公司成为因特网中的一员。

8 月 2 日，东升市场经理张兵带领部分员工和商户，专程赶往移穰村，为杨晓东、杨晓斌两名孤儿捐助学费 6000 元。

9 月 28 日，东升市场蔬菜瓜果批发市场开始试营业。

10 月 11 日，阳泉市委书记田霍卿视察东升蔬菜瓜果批发市场。

10 月 18 日，东升粮油建材专营市场开工建设。

11 月 23 日，阳泉市政府市长郭良孝视察东升市场。

11 月 30 日，阳泉市创建安全文明集贸市场现场经验交流会在东升市场召开。

2000 年

1 月 1 日，当时全市最大的粮油、建材专营市场——东升粮油、建材专营市场正式开业。

3 月 8 日，东升市场五期工程——建材专营市场正式开工，市场占地 10000 平方米，为砖混网架结构，主营铝合金制品、玻璃制品、卫生洁具、灯具开关、板材线材等 500 余种装潢材料。

4 月 30 日，平定消费者协会东升分会正式挂牌成立。

6 月 5 日，东升综合楼工程正式开工。

8 月 30 日，《东升商讯》启用新的内部资料刊号，单独主办。

10 月 18 日，市领导程步云、刘高官、刘建田、樊盛武率领各县区主要领导视察东升市场。

12 月 7 日，东升商贸有限公司投资 60 余万元兴建的东升印刷厂正式投入运营。

2001 年

1 月 8 日，东升市场被阳泉市工商局命名为“1999 ~ 2000 年度阳泉市文明市场”。

1 月 10 日，东升商贸公司召开二届一次股东大会，选举产生了新一届董事会、监事会和经理层；选举王伸为董事长兼总经理，张兵为副董事长兼副总经理，田瑞林为监事会负责人。

2 月 9 日，在全县三级干部暨先进集体、劳动模范表彰大会上，东升商贸有限公司荣获 2000 年度红旗单位称号。

3 月 8 日，东升商贸公司近千名职工募集股金 500 余万元，用于东升市场扩张规模。

8 月 10 日，改制后的东升商贸有限公司举行挂牌仪式，县领导为公司揭牌。

9 月 26 日，平定东升洁净煤有限公司挂牌成立；东升商厦开业，开创平定县高档商厦先河；东升市场派出所挂牌成立。

10 月 26 日，阳泉市政协主席丁贵生一行视察东升市场。

2002 年

1 月 9 日，县四套班子领导检查东升市场“两节”商品供应情况。

2 月 18 日，东升商贸公司二届三次股东大会研究东升市场改造和机制改革事宜。

3 月，在全县三级干部暨先进集体、劳动模范表彰大会上，授予东升商贸公司“全县调整产业结构先进集体”称号。

4 月 13 日，中国著名硬笔书法家、北京天卷席殊控股有限公司总裁席殊先生到东升席殊书屋检查指导工作，并在参观东升市场后欣然题词：“东升市场，造市先锋”。

5 月 8 日，东升商贸公司二届四次股东大会决定开办东升超市和便利连锁店。

5 月 28 日，东升连锁超市旗舰店——东升超市开业。

5 月，东升市场经理张兵荣获“平定县第四届十大杰出青年”称号。

6 月 23 日，东升商贸公司召开二届五次股东大会，研究决定完成改造的三期市场启动等有关事宜。

7 月 15 日，市委书记程步云、市长郭良孝，带领参加全市上半年经济工作汇报分析会的市县领导及政府职能部门负责人到东升市场调研。

8 月 30 日，东升市场捐助贫困大学生王海斌 4000 元。

9月8日，东升连锁超市谷头分店开业。

9月9日，省工商局副局长李秀英一行在东升市场检查指导集贸市场专项整治工作。

9月12日，阳泉市消费者协会授予东升市场“2002~2004年度诚信单位”称号。

9月24日，《东升商讯》成为山西省县市报协会会员。

10月13日，东升连锁超市柏井分店开业。

11月10日，东升商贸公司召开二届六次股东大会，讨论研究建设东升新村前期准备工作。

11月19日，县政府主要领导及相关职能部门负责人就东升新村开发建设事宜进行实地勘察、现场办公。

12月3日，东升新村开发建设领导组正式成立。

同日，东升连锁超市岩会分店开业。

12月，《东升商讯》增刊手续获得批复，从2003年起改为周刊。

2003年

1月5日，东升市场举行迎春文艺晚会。

1月22日，东升广告有限公司启动运营。

2月8日，东升房地产开发有限公司成立。

2月9日，东升商贸公司召开二届七次股东大会，审议通过关于开发建设东升花园的决议。

2月17日，东升商贸公司荣获全县“先进集体”称号。

3月15日，平定楹联诗词协会与东升市场联合举办的纪念石评梅百年诞辰全国征联活动揭晓。

3月20日，副省长梁滨到东升调研。

3月26日，市委书记程步云，市委常委、常务副市长王舰民视察东升花园建设工程。

4月7日，在长治举行的全省集贸市场专项整治工作暨经验交流会上，东升市场跻身全省文明规范市场行列。

4月11日，东升花园建设工程奠基仪式隆重举行。

4月28日，中国人民政治协商会议平定县第十二届委员会第一次会议再次选举王伸为县政协副主席。

5月6日，东升商贸有限公司和东升洁净煤有限公司双双列入平定县“十五”

期间经济结构调整重点项目挂牌保护企业。

5 月 20 日，省政协副主席吕日周视察东升。

5 月 22 日，东升市场为筹建平定四中捐款 150 万元。

6 月 17 日，省政协副主席吴博威视察东升集团。

6 月，山西省市县级报纸第十一届好新闻评选活动揭晓，《东升商讯》报的三件作品获奖。

7 月 6 日，东升商贸公司召开二届八次股东大会，审议通过董事会提交的《关于进一步增量扩股，加快公司改革发展的意见》报告。

8 月 2 日，市委副书记、代市长谢海，副市长陈继光视察东升集团。

8 月，山西省消费者协会公布全省“诚信单位”名单，东升市场榜上有名。

9 月 15 日，东升商贸公司与建行平定支行签订总额 8000 万元的东升花园项目贷款合同。

9 月 22 日，东升商贸公司副总经理张兵荣获首届“阳泉青年五四奖章”。

10 月 13 日，《东升商讯》更名为《东升集团》。

12 月 16 日，东升广告公司与平定县广播电视局举行 2004 年度电视广告代理合同签字仪式。

12 月 31 日，县四套班子领导到东升市场视察“两节”商品供应情况。

2004 年

1 月 12 日，东升市场荣获全县“2003 年度综治工作先进单位”称号。

1 月 22 日，县委副书记赵玉振，县政协主席李铭魁，副县长张映涛、薛晓明，县政协副主席王伸等深入乱流煤站慰问。

2 月 1 日，东升商贸公司召开每三届第一次股东大会，审议批准了第二届董事会、监事会工作报告；审议通过了《关于增加股东的建议》和《关于修改公司章程的建议》；选举产生了第三届董事会和监事会。第三届董事会第一次会议选举王伸为董事长，第三届监事会第一次会议选举石销为监事会召集人。

2 月 9 日，东升商贸公司参加阳泉市“天元杯”百花迎春文艺汇演获得组织奖，“东升之光”大合唱获得三等奖。

2 月 18 日，东升商贸公司、平定县文联、平定广播电视局联合举办“东升之光”文艺晚会。

2 月 27 日，东升商贸公司投资建设的平定县综合办公大楼举行奠基仪式。

同日，东升商贸公司招商引资项目——山海天假日酒店动工兴建。

4月29日至5月8日，东升商贸公司与平定县工商局联合举办平定县2004年度春节物资交流大会暨东升市场首届商品展销会。

6月17～23日，东升市场组织部分人员赴上海浦东、浙江义乌和杭州等地进行商务考察。

7月26日，平定县2004年度“群星风采”广场文化活动在东升花园中央广场拉开帷幕。

7月28日，山西东升煤业集团有限公司正式成立。

同日，东升集团太阳队参加阳泉市“中国移动杯”足球联赛。经过角逐，太阳队位居第五名获二等奖。

9月21日，市委常委、常务副市长王舰民一行到东升市场检查消防安全工作。

10月16日，“东升杯”摄影大赛开赛。

10月26日，平定县综合办公大楼主体工程竣工。

11月28日，东升集团举行煤矿安全知识竞赛。

12月15日，县委副书记、县长李春泽视察东升购物中心。

2005年

1月1日，东升新区暨东升购物中心、东升电器城、东升纺织品城剪彩仪式隆重举行。

1月10日，东升花园一、二期住宅楼举行竣工验收仪式。

1月18日，东升集团召开2004年度总结表彰大会。

2月6日，东升集团在御膳苑大酒店举行2005年春节团拜会。

2月25日，在全县2003～2004年度总结表彰会上，东升集团荣获“红旗单位”和“纳税大户”称号，东升恒泰商贸公司、东升恒泰房地产开发公司分别荣获“结构调整先进集体”、“小城镇建设先进集体”称号。

3月3日，省委统战部常务副部长王大高视察东升花园。

3月8日，东升集团隆重举行庆“三八”文艺晚会。

3月12日，省政协副主席吕日周视察东升花园。

4月6日，平定县东升农村信用合作社开业。

5月1日，平定县2005年春季物资交流大会暨东升市场第二届商品展销会开幕。

5月2日，黎城县政协主席蔡雷彪一行考察东升新区。

5月28日，原山西省委副书记赵雨亭参观东升花园。

6月1日，东升花园中央广场“孺子牛”铜雕揭幕。

同日，平定县直机关幼儿园东升分园开园。

6月2日，原山西省人大常委会主任王庭栋参观东升花园。

同日，在平定县深化改革形势报告会上，吕日周、王庭栋高度评价东升集团改革实践的成功经验。

6月18日，建设银行阳泉市分行平定城东分理处落户东升新区。

6月24日，阳泉市县区政协联谊会在东升举行。

6月29日，山西省通信公司平定分公司东升社区服务中心举行揭牌仪式。

7月8日，平定县纪念抗日战争胜利60周年暨2005年“群星风采”广场文化活动在东升花园启动。

7月15日，东升集团召开保持共产党员先进性教育活动动员大会。

7月24日，平定县企业改革实践论证会（兼评东升集团改革探索）在县人武部会议室举行。省人大常委会党组书记、常务副主任、省企业家联合会会长纪馨芳，原省政协主席、省企业家协会顾问李修仁，省政协副主席、省企业家协会顾问吕日周，省妇联、省国资委、省经贸委、省体改委、省中小企业局、省劳动和社会保障厅和我省知名经济学者，中央电视台、《人民日报》、《光明日报》、《经济日报》及省电视台和各大媒体记者，以及阳泉市人大、政协领导，平定县四大班子领导，县有关单位负责人、各乡镇党政负责人，东升煤业集团董事会全体董事出席了会议。会议由县委副书记、县长李春泽主持。县委书记吴学斌致欢迎辞。会上各位领导对平定县委、县政府及东升煤业集团认真落实科学发展观，积极推动企业改革，促进县域经济发展的有益探索给予了充分肯定。

7月26日，平定县第三届“东升杯”青年业余歌手大奖赛在东升花园中央广场拉开帷幕。

8月12日，原省人大常委会副主任张邦应，原阳泉市委副书记、纪委书记张俊华，参观东升花园。

8月17日，建设银行阳泉市分行与东升集团举行银企合作签字仪式。

9月10日，东升商贸公司召开三届二次股东大会。

9月25日，东升集团公司董事会聘任李蔚峰为总经理；东升商贸公司聘任张兵为总经理。

10月11日，东升集团举行重阳节座谈会。

10月20日，平定县第五届运动会落幕，东升集团进入八强。

10月27日，“全市贯彻落实十六届五中全会精神，制定‘十一五’规划调研促进会”一行150余人视察东升新区。

11月8日，市人大常委会主任丁贵生，副主任杨清风、王元寿、张清、荆东生一行，到东升花园调研城市规划和小城镇建设工作。

11月中旬，反映东升集团改革发展历程的长篇报告文学《东升》出版。

11月20日，东升集团召开第一次工会会员代表大会，李福盛当选工会主席。

2006年

1月5日，阳泉市委常委、政法委书记段永章一行到东升花园视察综治工作。

同日，副县长张金凤带领公安、消防、安监、工商部门人员到东升市场检查消防安全工作。

1月22日，东升集团召开2005年度总结表彰大会。

1月25日，东升集团在山海天假日酒店举行2006年春节团拜会。

2月16日，东升集团举办“旭日东升”大型文艺晚会。

2月25日，阳泉市委副书记白云视察东升新区。

3月8日，东升商贸公司被市政府授予“落实2003~2005消防安全责任制先进单位”。

3月25日，平定县综合办公大楼落成典礼隆重举行。

4月5日，东升小吃一条街改造工程开工，5月1日竣工。

4月25日，东升集团被省劳动竞赛委员会授予山西省集体二等功。

4月30日，平定县2006年春季物资交流大会暨东升市场第三届商品展销会开幕，5月6日结束。

5月11日，东升集团被县委、县政府授予“2003~2005年模范单位”。

6月12日，东升集团女子拔河队在阳泉市第五届职工运动会上获得第四名。

7月12日，县委副书记、县长王银旺，副县长张映涛视察县直机关幼儿园东升分园。

7月15日，平定县纪念建党85周年暨文明单位、文明村2006年“群星风采”广场文化活动在东升花园中央广场拉开帷幕。

7月下旬，东升集团代表队获得阳泉市“足协杯”足球联赛第二名。

8月15日，阳泉市“百项工程”建设促进会与会领导在市委书记谢海、市长白云的带领下，视察阳胜煤业公司年产90万吨改扩建工程。

8月19日，平定县邮政局东升支局成立。

9月15日，召开平定县公民道德建设先进典型表彰大会，裴海柱、张秀屏、葛海林分别被平定县精神文明建设指导委员会授予“爱岗敬业模范”、“诚信建设使者”、“文化创新人物”光荣称号。

9月16日，大同市天镇县县乡领导一行10余人参观东升花园。

9月19日，东升恒泰广告公司经理葛海林被共青团平定县委授予“平定县五四青年奖章”。

10月13日，原省人大常委会主任卢功勋，副主任光敏、王民视察东升花园。

10月18日，东升创建十年大型庆典活动隆重举行。

10月23日，市委常委、政法委书记陈继光视察东升花园。

10月29日，东升集团举行2006年重阳节座谈会。

11月5日，东升集团首届煤矿职工安全技术比武大赛在阳胜煤业公司开幕。

11月14日，阳胜煤业公司举行第一套综采成套设备模拟演练，标志着年产90万吨改扩建工程进入实战阶段。

11月16日，省委特色城镇化建设督查调研组一行深入东升花园参观调研。

11月24日，县委书记马骥到东升集团调研。

12月14日，阳泉市创建国家级园林城市现场观摩团一行到东升花园参观绿化景点。

12月19日，市工商局局长王希礼、县工商局局长赵福攀共同为荣获“全市广告市场广告信用等级A级单位”的山西东升恒泰广告有限公司授牌。

12月27日，东升花园四期工程举行开工奠基仪式。

第一篇

公司机构沿革

第一章　公司机构

概　述

山西东升煤业集团有限公司（以下简称东升集团公司或东升），地址在平定县新建路189号。法人代表为王伸。

东升集团公司是股份有限公司，山西东升煤业集团成立于2004年7月，是一个以煤为主，多种经营，跨行业、跨所有制、跨地域的产业多元、资本多元、股权多元，符合现代企业制度和市场经济要求的大型企业集团。是一家集煤炭生产经营、商贸流通、房地产开发和广告设计制作于一体的大型多元化企业。拥有总资产6亿元，注册资本总额为11225.8万元，员工4000多人。

东升集团公司办公楼外景

回溯东升十年的发展历史，大致可以划分为市场化、多元化、集团化三个重要阶段。三个阶段相互衔接、循序渐进，共同见证了东升改革创业的发展历程。

第一节　东升由来

东升集团公司，起源发祥于平定县煤炭运销公司。

平定县是全国重点产煤县之一，煤炭储量丰富，开采历史悠久。1947 年 5 月 2 日平定解放，全县煤炭运销事业开始复兴。从解放初期的马车拉运到 20 世纪 70 年代兴起的汽车运输，从最早的白羊墅煤炭发运站到以后陆续建成的乱流和东关发煤站，平定煤炭运销工作在党和政府的正确领导下，运输工具逐步更新，销售规模不断壮大，运销事业长足发展。特别是党的十一届三中全会之后，全县煤炭工业蓬勃兴起，迅猛发展。随着原煤产量的快速增长和煤炭外运业务的逐渐扩大，平定县煤炭管理办公室、平定县矿业公司、平定县社队局煤炭公司相继承担过管理全县煤炭运销工作等职能。

1984 年，平定县煤炭运销公司正式组建，隶属于平定县乡镇企业管理局。

1987 年 7 月，平定县煤炭工业管理局成立，平定县煤炭运销公司划归该局管辖。

1992 年，根据山西省人民政府《关于全省地方煤炭运销管理体制的通知》（晋政发［1992］66 号）文件精神，平定县煤炭运销公司由块块管理为主，改为条块结合，以条为主。同时，白羊墅、乱流、东关三个发煤站和煤炭运销车队划归平定县煤炭运销公司。

1993 年，针对煤炭滞销、市场疲软的低迷行情，为了另辟新径，山西省煤炭运销总公司向全系统发出“二次创业”号召。平定县煤炭运销公司积极响应这一号召，组织人员分头多方考察项目，开始探索“二次创业”道路。

1996 年 6 月 25 日，太旧高速公路正式通车，石太高速公路随之贯通。平定县煤炭运销公司紧紧围绕“依托黄金通道，开发特色产业”的战略构想，决定在距离石太高速公路平定出入口处仅 50 米的地段走股份制道路兴建批发市场。8 ~ 9 月，经过紧张筹备，首次募集资金 190 万元，正式组建平定东升商贸有限公司，开始开发建设东升批发市场。

第二节　发展商贸

1996 年 9 月 10 日，平定东升商贸有限公司隆重举行东升市场奠基仪式，一期工程开始动工建设。

1997 年 7 月，占地 9324 平方米、营业面积 15000 平方米的东升市场一期工程按期胜利竣工。10 月 27 日，东升市场举行剪彩仪式，正式开门营业。历经“两条战线”（广告宣传、上门招商）、“三路大军”（华北、华中、华东）招来的 300 余个商户入驻经营。从此，东升市场以其崭新形象喜迎八方来客。

东升市场一期工程竣工之际，占地 10000 平方米、营业面积 9000 平方米的东升市场二期工程开工建设。二期工程吸取一期工程的经验教训，设计更加科学，结构更加坚固，布局更加合理，费用更加节省。

1998 年 6 月，东升市场二期工程竣工。两个市场交相辉映，相得益彰，呈现出一派繁荣兴旺景象。

1999 年，国家计委批准在山西省扶持建设三个蔬菜批发市场。经过积极申报、上级考察论证，国家扶持建设的“菜篮子”重点工程——阳泉晋东蔬菜副食批发市场落户东升。7 月 6 日，东升市场三期工程，即阳泉晋东蔬菜副食批发市场，举行开工奠基仪式。9 月 28 日，总投资 1889 万元（其中国家贷款 700 万元）、占地 10000 平方米、营业面积 5000 平方米的阳泉晋东蔬菜副食批发市场蔬菜瓜果区建成营业。

1999 年 10 月，营业面积 10000 平方米的东升市场四期工程，即粮油、建材专营市场开工建设。

2000 年元旦，东升市场四期工程建成营业。

2000 年 3 月 8 日，占地面积 10000 平方米、营业面积 8000 平方米的东升市场五期工程，即建材专营市场开工建设。同年 8 月 1 日，五期市场正式开业。

2000 年 5 月，为了实现从“低档全、中档廉”向“高档精”的新跨越，东升商贸公司募集股金 700 余万元，决定建设东升商厦。6 月 5 日，东升商厦开工兴建。

2001 年 9 月 26 日，立足高起点、高标准、高水平建设的东升商厦隆重开业。商厦从东至西横向跨度 240 米，营业面积 4000 余平方米，为四层框架结构，设施先进，环境考究，吸引了一批知名品牌经销商代理加盟，开业之初摊位占有率就达

95%以上。同时，为商户分两批招聘了百余名大中专毕业生，统一培训上岗，统一服务标准，统一考核奖惩，商厦的整体管理水平和经济效益大幅提高。

2002年2月，东升市场一、三期工程同时开始改造。4月，一期改造工程完工。6月23日，三期改造工程完工。

2002年5月8日，东升商贸公司决定开办便利连锁超市。5月28日，秉承“好东西、真便宜”经营理念，营业面积400平方米的东升便利连锁超市旗舰店——东升超市正式开业。之后，谷头分店、柏井分店、岩会分店相继加盟开业。

2003年6月，东升商贸公司对东升市场进行区域调整。二期市场原先经营干货、鲜菜、水产、调味品、生肉、熟肉制品的商户调入三期市场，组建农贸市场；二期市场专营五金、日杂、小百货，与一期市场共同组成综合市场；粮油、建材市场经营粮油的商户调入农贸市场，改为专营建材商品，与原建材市场连为一体，组建新的建材市场。

第三节　并购煤矿

2000年9月30日，平定县煤炭运销公司与石家庄光华余热电厂共同组建的平定县东升洁净煤有限公司正式成立，逐步走上煤矿、煤站、用户联合为一体的产运销一条龙发展道路。

2002年初，围绕全省煤运系统建设货源基地的总体战略，在平定县县营企业改制领导组的指导下，通过对同意、华兴、兴裕和阳胜四个县营煤矿进行实地调查、全面勘察、科学论证，平定县煤炭运销公司制定了并购四个煤矿的实施方案，并报请县政府审批。4月，县政府以平政发［2002］19号文批复，同意并购方案。5月，并购工作进入实施阶段。

2002年5月13日，平定县煤炭运销公司与平定县安全生产监督管理局（平定县煤炭工业局）正式签订华兴煤矿交接协议。15日开始，职工身份置换、财产移交等相关工作有序推进。5月26日、6月1日，平定县煤炭运销公司又分别与平定县安监局签订了同意、兴裕煤矿交接协议，相关工作陆续展开。6月中旬，三个县营煤矿的并购工作顺利完成。

2002年7月，考虑到平定县煤运公司属政策性收费公司，政策取消后无力管理煤矿生产和经营，经县委、县政府研究决定（平政办发［2002］第10号文），要求将华兴、同意、兴裕和阳胜四矿移交平定县东升洁净煤有限公司整合管理，并将改制一切费用和人员移交东升洁净煤有限公司，建立生产、运输、销售、加工于一体的企业集团。

2003 年 4 月，东升洁净煤有限公司开始并购阳胜煤矿，7 月初并购工作结束。至此，并购县营四矿工作全部完成。

第四节　建设新区

2002 年 10 月 30 日，平定县人民政府召开专题协调会，研究确定建设与东升市场相配套的商住小区——东升新村的有关事宜。11 月 1 日，平定县人民政府办公室下发《关于印发〈东升新村建设工程实施办法〉的通知》（平政办发［2002］80 号），明确了东升新村开发建设的时间、范围、内容、方式、进度计划、涉及问题的解决办法、优惠政策、组织机构及职责分工等具体事项。

2003 年 1 月 22 日，由东升商贸有限公司实物出资 40 万元与自然人出资 10 万元共同组建的平定县东升广告有限公司成立，标志着东升商贸公司开始步入运营资本、扩张规模、拓展产业、提升效益的新阶段。

2003 年 2 月 8 日，东升商贸有限公司与东升洁净煤有限公司共同出资 150 万元组建的平定东升房地产开发有限公司成立，着手开发建设东升新村。随后，东升新村更名为东升花园。在完成工程扫障、地基平整和图纸设计的基础上，4 月 6 ~ 7 日，东升房地产开发有限公司委托平定县城建局对东升花园一期工程进行招标，15 家建筑企业经过角逐，平定县建筑安装公司、平定县第二建筑公司、河南省林州市太行建筑工程有限公司等 5 个单位中标。4 月 11 日，由东升商贸有限公司投资、东升房地产开发有限公司负责建设的东升花园举行奠基仪式，自此迈开了以东升花园为起点的县城东扩步伐。

2003 年 8 月 16 日，东升花园二期工程正式开工建设。

从 2003 年后半年开始，作为县城东扩重点建设项目和东升花园重要配套设施的一批工程相继上马兴建。7 月 25 日，平定县人民医院东升分院举行奠基仪式；9 月14 日，平定县直属机关幼儿园东升分园举行奠基仪式；9 月 18 日，连接东升花园与东升市场的两座过街天桥开工建设。11 月底，两座天桥同时建成，起到了缓解交通压力，保障行人安全，方便群众通行的重要作用。

2004 年 2 月 27 日，东升商贸公司负责投资建设的县城东扩标志性建筑——平定县综合办公大楼，东升商贸有限公司的招商引资项目——东海岸大酒店（后更名为山海天假日酒店），先后举行奠基仪式。

第五节　组建集团

山西东升煤业集团的组建并非一蹴而就，遵循事物发展规律，它同样经历了探索、酝酿、成熟几个重要阶段。从 1996 年 9 月成立平定东升商贸有限公司起，东升人便开始求索适应社会主义市场经济发展形势的体制创新之路。以 2000 年 9 月组建平定县东升洁净煤有限公司为起点，在初步实现市场化、多元化的基础上，东升人就朝着集团化发展目标大步迈进。

东升洁净煤有限公司组建成立，已经初具集团企业雏形。2002 年初到 2003 年 7 月，东升洁净煤有限公司历时一年半时间并购县营四个矿，不仅实现了建设货源基地的战略构想，而且为组建集团提供了坚实基础。

2003 年年初，成立了东升广告有限公司和东升房地产开发有限公司，整合资本、优化结构、组建集团成为必然趋势，遂被提上重要议事日程。

2004 年，根据平定县人民政府平政发［2004］36 号和 50 号文件精神，经县、市、省工商局逐级核准，华兴煤矿、同意煤矿、兴裕煤矿和阳胜煤矿分别变更为国有控股的有限责任公司，名称相应地变更为山西东升华兴煤业有限公司、山西东升同意煤业有限公司、山西东升兴裕煤业有限公司和山西东升阳胜煤业有限公司。同时，东升商贸公司、东升广告公司、东升房地产开发公司分别变更为山西东升恒泰商贸有限公司、山西东升恒泰广告有限公司和山西东升恒泰房地产开发有限公司。7 月 28 日，以上单位共同组建成立了山西东升煤业集团有限公司。

第六节　内设机构

山西东升煤业集团有限公司内设行政工作部、财务工作部、人力资源部、铁路运销部、公路运销部、统计票据部、审计工作部、企业管理部、安全保卫部、矿立管理部和工会、女工委、档案室、质检室、总务部等15个职能部门，具体负责集团公司日常事务。

第七节　做大做强

山西东升煤业集团有限公司的组建成立，为进一步做大、做实、做久、做活、做优、做强煤炭生产经营、商贸流通、房地产开发和广告设计制作等诸项产业创造了组织保证，提供了先决条件。

2004年8月，阳胜煤业公司年产90万吨改扩建工程全面启动，2006年底主体工程基本竣工。该工程总概算1.5亿元，涉及16个系统、42个项目，投资之巨、规模之大、产能之高，开平定县矿井建设之先河。

2005年元旦，东升新区暨东升电器城、东升购物中心、东升纺织品城剪彩仪式隆重举行。以东升市场和东升花园为主体的东升新区占地面积220亩，地处平定县新兴县城中心部位，地理位置优越，交通条件便利，配套设施完善，发展前景广阔。

2005年1月10日，东升花园工程指挥部举行一、二期工程住宅楼竣工验收仪式。一期工程13幢住宅楼、二期工程4幢住宅楼分别于2004年9月和11月竣工，经过后期的基础工程资料审查、主体结构和装饰工程的初验、复验等各项程序，当日验收组成员签署了工程竣工验收记录，一、二期共计17幢、665套、8.7万平方米的住宅楼工程通过验收。

随着东升花园一、二期工程通过竣工验收和大批业主相继入住，2005年2月26日，与之配套的平定县东升物业管理有限公司组建成立，担负起安全保卫、卫生清洁、设施维修等各项管理和服务职能。

2005年春夏之交，东升花园绿化工程全面铺开，绿化面积占到开发总面积的38.5%。工程投资之大、苗木之贵、品种之多、覆盖率之高，均居全市住宅小区之首。

2005年6月，东升花园三期工程动工兴建，开盘预售。三期工程地处二期西侧，共计9幢住宅楼、384套、建筑面积3.3万平方米。2006年底，三期工程竣工验收，交付业主。至此，总计26幢、1049套、建筑面积12平方米的东升花园全部建成，成为平定县规模最大、住户最多、设施最全、环境最佳、条件最好的小区之一。同时，由东升恒泰房地产开发有限公司冠名和协助销售，山西鑫阳房地产开发有限公司开发、山西鑫阳建筑工程公司承建，总建筑面积3万平方米、拥有4幢264套住宅楼的东升花园四期工程开工兴建。

2006年3月25日，平定县综合办公大楼落成典礼暨县委、人大、政府、政协机关迁址仪式隆重举行。大楼的落成，不仅以其一流的设施、齐备的功能、宏大的规模，成为县城东扩的又一标志性建筑，而且对于打造东升新区、提升县城形象、扩大对外开放，都将产生积极的现实意义和深远的历史影响。与此同时，东升新区一批重要配套设施或相继建成、或搬迁入驻、或投入运营。此前，2005年4月6日，平定县东升农村信用社在东升灯饰城一楼开业；6月1日，平定县直属机关幼儿园东升分园正式开园；6月18日，建设银行阳泉分行平定城东分理处迁至东升灯饰城一楼；6月29日，平定县网通公司东升社区服务中心在东升电器城一楼举行揭牌仪式；10月10日，平定路东段改线工程竣工通车，从此货车绕行东升市场，东升新区周边环境质量大为改观；11月，山海天假日大酒店开始营业。同时，2006年8月19日，平定县邮政局东升分局在东升购物中心一楼正式开业；10月9日，平定县医院东升分院举行落成典礼……一排排高楼鳞次栉比，一座座大厦拔地而起，不仅催生了东升新区的崛起壮大，而且带动了全县政治、经济、文化中心的逐步东移，原东大街化肥厂至石太高速公路平定出入口路段也随之更名为府新街。

2006年10月18日，东升十年庆典活动在东升新区中央广场隆重举行，标志着历经十年倾力打造，东升从无到有、从小到大、从弱到强，东升集团成为全县经济建设的排头兵，东升新区成为新兴县城的核心区。

第二章　领导体制

第一节　股东会

山西东升煤业集团有限公司股东会由平定县煤炭运销公司系统职工合股基金会（代表：王伸）、石家庄光华热电有限公司（代表：张克光）、平定县旭明型煤有限公司（代表：陈旭明）3个法人和王伸、李蔚峰、张兵、史新华、李福盛、王振华6名自然人组成。

2004年7月28日，山西东升煤业集团有限公司第一届股东会召开第一次会议，审议通过了《山西东升煤业集团有限公司章程》，选举产生了第一届董事会、监事会和理事会。

东升煤业集团有限公司第一届股东会

第二节　董事会

2004 年 7 月 28 日，山西东升煤业集团有限公司第一届股东会第一次会议选举产生了第一届董事会。董事会成员为：王伸、刘荣（石家庄电厂）、李蔚峰、张兵、史新华、李福盛、王振华，共 7 人。

同日，第一届董事会第一次会议选举王伸为董事长，刘荣为副董事长。

山西东升煤业集团第一届董事会成员

山西东升煤业集团现董事会成员

2005年9月25日，山西东升煤业集团有限公司第一届股东会第三次会议增选葛树标、刘宝国、祁爱生、黄迎喜、刘双明、陈旭明为公司董事，共有董事13人。

第三节　经理层

2004年7月28日，山西东升煤业集团有限公司第一届董事会第一次会议聘任王伸为总经理；由总经理王伸提请，经会议表决通过，聘任李蔚峰为常务副总经理，张兵、史新华、李福盛为副总经理，王振华为总会计师。

2005年9月25日，山西东升煤业集团有限公司第一届董事会第三次会议根据王伸关于辞去总经理职务的申请，表决同意王伸辞去总经理职务；聘任李蔚峰为公司总经理；由总经理李蔚峰提请，经董事会表决通过，聘任张兵、史新华、李福盛、葛树标、王振华为副总经理，聘任王振华为总会计师，李延峰为副总会计师。

2007年5月4日，由总经理李蔚峰提请，经董事会表决通过，聘任祁爱生为副总经理。

第四节　监事会

2004年7月28日，山西东升煤业集团有限公司第一届股东会第一次会议选举产生了第一届监事会，监事会成员为：张秀屏、刘勇（石家庄电厂）、祁爱生、刘宝国、黄迎喜、刘双明、王华平、张志峰。

同日，山西东升煤业集团有限公司第一届监事会第一次会议选举张秀屏为监事会召集人。

2005年9月25日，山西东升煤业集团有限公司第一届股东会第三次会议增选褚惠生、朱世忠、王发明、李恒周、贾仙明为公司监事；祁爱生、刘宝国、黄迎喜、刘双明不再担任监事。

山西东升煤业集团第一届监事会成员

山西东升煤业集团现监事会成员

第五节　理事会

山西东升煤业集团有限公司设立理事会，作为集团公司的管理机构。理事会由集团公司成员单位的负责人共同组成。

山西东升煤业集团第一届理事会成员

2004 年 7 月 28 日，山西东升煤业集团有限公司第一届股东会第一次会议选举产生了第一届理事会，王伸、李蔚峰、张兵、史新华、李福盛、王振华、张秀屏、刘富生、焦以军、刘波、裴海柱为理事会成员。

同日，山西东升煤业集团有限公司第一届理事会第一次会议选举王伸为理事长，李蔚峰、张兵为副理事长。

之后，随着集团公司成员单位法人代表的更换，理事会成员相应作了调整。

第六节　平定县东升洁净煤有限公司领导体制

山西东升煤业集团有限公司，是由平定县东升洁净煤有限公司于 2004 年 7 月 26 日变更而来的。平定县东升洁净煤有限公司作为集团公司的前身，它的领导体制的形成和变化如下：

一　股东会

2000年10月8日，平定县东升洁净煤有限公司召开第一届第一次股东会议，讨论通过了平定县煤炭运销公司与石家庄光华余热电厂职工持股会（职工代表王灵芝）合股组建平定县东升洁净煤有限公司有关事宜。根据2000年9月30日平定县工商行政管理局核准的《公司名称预先核准通知书》，决定公司名称为“平定县东升洁净煤有限公司”。公司注册资本100万元，股东出资额为：平定县煤炭运销公司60万元，王灵芝40万元。会议审议通过了《联营协议》和《平定县东升洁净煤有限公司章程》，并选举产生了第一届董事会和监事会。

2001年8月30日，根据阳泉煤炭运销分公司《关于平定公司与石家庄光华余热电厂建立平定县东升洁净煤有限公司的批复》（阳煤销字［2001］72号），中共平定县委办公室、平定县人民政府办公室《关于将平定县煤运公司列入全县重点改制企业的通知》（平办发［2001］27号）和《关于对平定县煤运公司企业改制有关问题的意见》（平办发［2001］34号），以及平定县东升洁净煤有限公司7月28日、7月31日《会议纪要》和平定县煤炭运销公司系统职工合股基金会（2001年8月13日平定县工商行政管理局核发《职工合股基金会登记证书》）理事会第一届第一次会议决议，平定县东升洁净煤有限公司召开了第一届第三次股东会议，审议通过了公司注册资本变更、增加股东等事宜。会议议定：同意原股东王灵芝将40万元股权转让于石家庄光华余热电厂；平定县煤炭运销公司系统职工合股基金会、平定县卫东煤矿加入股东会；公司注册资本由原来的100万元增加为1884.4万元，股东、出资额及股权比例分别为：石家庄光华余热电厂出资800万元，占42.45%，平定县煤炭运销公司以乱流和东关两个煤炭发运站站实物出资550万元，占29.19%，平定县煤炭运销公司系统职工合股基金会出资484.4万元，占25.17%，平定县卫东煤矿出资人民币50万元，占2.65%。

2001年8月30日，平定县东升洁净煤有限公司召开第二届第一次股东会议，决定公司住所由平定县东关煤炭发运站变更为平定县东大街189号，公司经营范围由洁净煤加工销售变更为洁净煤加工、洗选、配煤、销售，兼营餐饮、服务等；审议通过了修改的《平定县东升洁净煤有限公司章程》；选举产生了第二届董事会和监事会。

平定县东升洁净煤有限公司开业庆典

2003年2月11日，平定县东升洁净煤有限公司召开第二届第四次股东会议，会议议定：同意平定东升商贸有限公司认购平定县煤炭运销公司300万元股权，成为新的股东，占平定县东升洁净煤有限公司股本总额的15.29%；平定县煤炭运销公司持股250万元，占平定县东升洁净煤有限公司股本总额的13.27%。

2003年2月15日，平定县东升洁净煤有限公司召开第二届第五次股东会议，会议议定：同意平定东升商贸有限公司认购石家庄光华热电有限公司［根据河北省人民政府股份制领导小组办公室《关于同意改制设立石家庄光华热电有限责任公司的批复》（冀股办［2002］93号），2003年1月21日石家庄市工商行政管理局正式批复石家庄光华余热电厂更名为石家庄光华热电有限公司并核发营业执照］拥有300万元股权，平定东升商贸有限公司共计拥有股权600万元，占平定县东升洁净煤有限公司股本总额的31.84%；石家庄光华热电有限公司持股500万元，占平定县东升洁净煤有限公司股本总额的26.53%。

2003年3月11日，平定县东升洁净煤有限公司召开第二届第六次股东会议，会议议定：同意平定县旭明型煤有限公司认购平定县卫东煤矿50万元股权，占平定县东升洁净煤有限公司股本总额的2.65%，成为公司新的股东；平定县卫东煤矿退出股东会。

2003年5月20日，平定县东升洁净煤有限公司召开第二届第七次股东会议，会议议定：同意石家庄光华热电有限公司认购平定县煤炭运销公司130万元股权，石家庄光华热电有限公司共计拥有股权630万元，占平定县东升洁净煤有限公司股本总额的33.4%；平定县煤炭运销公司系统职工合股基金会认购平定县煤炭运销公司120万元股权，平定县煤炭运销公司系统职工合股基金会共计拥有股权604.4万元，占平定县东升洁净煤有限公司股本总额的32.08%；平定县煤炭运销公司退出股东会。

2003年8月23日，平定县东升洁净煤有限公司召开第二届第八次股东会议，会议议定：同意平定县煤炭运销公司系统职工合股基金会认购石家庄光华热电有限公司130万元股权，平定县煤炭运销公司系统职工合股基金会共计拥有股权734.4万元，占平定县东升洁净煤有限公司股本总额的38.9%；石家庄光华热电有限公司拥有股权500万元，占平定县东升洁净煤有限公司股本总额的26.53%。

2004年7月10日，平定县东升洁净煤有限公司召开第二届第十二次股东会议，会议议定：同意平定县煤炭运销公司系统职工合股基金会认购平定东升商贸有限公司600万元股权，并且增加股本2570.4万元，平定县煤炭运销公司系统职工合股基金会共计拥有股权3904.8万元，占平定县东升洁净煤有限公司股本总额的84.25%；王伸、李蔚峰、李福盛、张兵、史新华、王振华6人出资180万元，占平定县东升洁净煤有限公司股本总额的3.9%，成为公司新股东；平定东升商贸有限公司退出股东会。

至此，平定县东升洁净煤有限公司注册资本4634.8万元。其股东、出资额及股权比例分别为：平定县煤炭运销公司系统职工合股基金会出资3904.8万元，占84.25%；石家庄光华热电有限公司出资500万元，占10.78%；平定县旭明型煤有限公司出资50万元，占1.07%；王伸、李蔚峰、李福盛、张兵、史新华、王振华6名自然人股东出资180万元，占3.9%。

2004年7月26日，根据山西省工商行政管理局（晋）名称变核企字［2004］第516号《企业名称变更核准通知书》精神，平定县东升洁净煤有限公司的名称变更为“山西东升煤业集团有限公司”。

二 董事会

2000年10月8日，平定县东升洁净煤有限公司第一届股东会第一次会议选举产生第一届董事会。董事会成员为：王伸、王灵芝（石家庄电厂）、翟景昌（石家庄电厂）、李蔚峰、王文平，共5人。

2000年10月9日，平定县东升洁净煤有限公司召开第一届第一次董事会，选举王伸为董事长，王灵芝（石家庄电厂）为副董事长。

2001 年 8 月 30 日，平定县东升洁净煤有限公司第二届股东会第一次会议选举产生第二届董事会。董事会成员为：王伸、翟景昌（石家庄电厂）、晋成信（石家庄电厂）、葛树标、张兵，共 5 人。

2001 年 8 月 30 日，平定县东升洁净煤有限公司召开第二届第一次董事会，选举王伸为公司董事长，翟景昌（石家庄电厂）为副董事长。

三　监事会

2000 年 10 月 8 日，平定县东升洁净煤有限公司第一届股东会第一次会议选举产生了第一届监事会。监事会成员为：王振华、赵蕾（石家庄电厂）、石销，共 3 人。

2000 年 11 月 9 日，平定县东升洁净煤有限公司召开第一届第一次监事会，选举王振华为监事会召集人。

2001 年 8 月 30 日，平定县东升洁净煤有限公司第二届股东会第一次会议，选举产生了第二届监事会。监事会成员为：王文平、刘勇（石家庄电厂）、王振华，共 3 人。

同日，平定县东升洁净煤有限公司召开第二届第一次监事会，选举王文平为监事会召集人。

四　经理层

2000 年 10 月 9 日，平定县东升洁净煤有限公司第一届董事会第一次会议，聘任翟景昌（石家庄电厂）为总经理；由总经理提请，聘任李蔚峰为副总经理，主持日常工作。

2001 年 8 月 30 日，平定县东升洁净煤有限公司第二届董事会第一次会议，聘任王伸为公司总经理，由总经理提请，聘任晋成信（石家庄电厂）为副总经理。

第三章　下属公司

东升集团公司拥有8家下属法人企业，分别是山西东升恒泰商贸有限公司、山西东升恒泰广告有限公司、山西东升恒泰房地产开发有限公司、山西东升同意煤业有限公司、山西东升华兴煤业有限公司、山西东升兴裕煤业有限公司、山西东升阳胜煤业有限公司、平定县东升物业管理有限公司八个公司。山西东升同意煤业有限公司、山西东升华兴煤业有限公司、山西东升兴裕煤业有限公司、山西东升阳胜煤业有限公司和山西东升恒泰商贸有限公司为公司的核心企业。

第二篇

经　营

概　述

2004年7月东升集团成立后，计划、财务管理得到进一步加强，资产实现保值增值。截至2006年底，总资产8.2亿元，比集团成立初期增长了0.64倍。

东升营销工作确立以用户为中心，面向用户、贴近用户、深入用户，树立“用户至上”和“质量第一”的思想，建立覆盖省内外营销网络，经营效益稳步提高。

东升集团销售科承担东升煤炭销售管理职能，建立了全新的销售机制。由公司向煤业公司委派销售人员，制定统一的销售管理办法，严格票据管理，公司开具调拨单方能进行销售，杜绝了过去煤矿随意卖煤，资源跑冒滴漏的问题，为提升经营效益创造了有利条件。

2002～2006年，东升累计生产煤炭272.46万吨，销售煤炭2017.40万吨，实现销售收入12.90亿元，实现利税1.53亿元。

在采购工作中，东升设立物资管理科，强化职能，严格程序，建立起以大中型企业为主、中小型企业为辅的设备、物资供应主渠道；为确保供应质量，按照ISO 9001质量管理体系标准要求，对所有供应商建立档案，每季实行一次透明度较高的公开竞标招标采购方式，这一采购方式，有效地降低了东升的采购成本。

第一章　财务审计

东升集团的财务管理在建立现代企业制度过程中，逐步显示出独有的“东升”特色，其管理模式及运作方法主要是围绕资金运作这个中心，以人为本，规范财务行为，突出经济效益。

—

第一节　计划、预算

一　计划

东升集团在制订生产经营总目标时，统一思想认识，提出为适应市场经济的需要，必须建立良好的用户信誉，做到不折不扣完成煤炭生产销售任务。在具体执行中，要求所属煤业公司和销售站必须按季度完成公司下达的合同任务，按季度对有关单位和人员进行考核，奖优罚劣，极大地调动了干部职工的积极性。

东升集团生产经营计划从重点抓产量提高和达标，转向抓产品质量、管理和效益。每年的总结表彰会，既是对上一年度经营工作的总结，又是对下一年度经营工作的安排部署，可谓岁末年初的计划工作会议。生产计划安排明确地提出生产商品煤产品要求。重点解决影响完成生产计划的薄弱环节，组织职能部门提出具体对策、措施，明确责任部门、责任者和解决问题的期限，定期检查落实。

为进一步提高合同计划兑现率，东升集团矿产管理部生产调度科在生产管理上加强合同跟踪管理，进一步完善管理流程；把当月生产任务的完成情况纳入对所属煤业公司的考核，确保了生产任务的按时完成，为全年任务的落实奠定了良好基础。

王伸董事长与华兴煤业公司经理在2005年目标责任书上签字

二　预算

东升集团全面预算管理从 1996 年起步，经过对制度建设、业务建设的不断完善、提高，2004 年底，已形成以年度预算为导向、月度滚动执行预算为控制手段、覆盖东升生产经营和管理的全面预算管理体系。

2004 年初，东升集团进行企业财务制度创新完善，实行预算管理。财务部承担预算管理职能，并编制每年集团公司的经营预算，主要内容包括损益预算和现金流量预算，明确“以效益为目标、现金流量为核心”的基本编制原则，体现企业经营以市场为导向、以财务管理为中心、以整体效益为目标的管理思想。

预算管理以控制成本费用和实现利润目标为首要目标，重点加强成本费用管理，对管理费用预算范围、项目及专项费用内容进行规范和细化；重点加强对降本增效措施预算编制及落实情况的跟踪和管理，将各项考核指标层层分解落实到责任者，加大预算考核力度，预算管理得到进一步加强。

三　成本管理

降低成本费用开支是提高企业经济效益的重要手段，由于社会技术经济环境急剧变化，企业间的竞争转为成本的竞争，东升集团财务部注重内部管理，从各项基础工作抓起，做了大量工作。编制合理的目标成本，加强日常核算工作，实行成本管理内部监督制，坚持日常成本分析等办法，并制定了材料物资计量验收、清查保管规定，以达到节支降耗，挖潜增效的目的。同时严格控制行政费用支出，把各项行政费用开支列入财务计划进行统一调度，制定出《业务招待费开支规定》、《关于公司差旅费开支的规定》、《关于会务费开支管理规定》、《关于机关行政费用开支规定》等具体规则，使公司各项费用开支有章可循，广大员工养成勤俭节约的习惯，遵守财经纪律，自觉接受财务监督，在业务量不断加大，人员增加的情况下，行政费用得到有效控制。

东升集团成本管理分为三个阶段：

2002 ~ 2003 年为起步阶段。东升财务部为确保标准成本系统运行，集中主要骨干力量，进行大量前期调研；并在矿产管理部配合下编制出标准成本核算系统。结合工艺技术规程、生产操作规程、历史成本数据等相关材料，制定相应的成本标准，初步建立了东升标准成本框架。

2003 ~ 2004 年为形成阶段。2004 年，东升标准成本核算系统正式投入，且运行顺利。制定标准成本管理制度，建立推进标准成本制度组织体系；经对标准成本核算系统进行改进，积极做好各项标准成本修订，提高标准成本精确度；所属煤业公司建立成本例会制度，对成本情况进行分析总结；按月编制成本分析报告。

2005～2006年为提高阶段。东升计算机整体产销系统的建立健全，标志着标准成本管理进入一个新阶段。进一步改进东升标准成本框架，修订标准成本管理制度，完善标准成本组织体系；标准成本管理制度成本核算、业绩评估、成本分析、成本预算、成本预测、辅助决策等功能得到进一步加强。东升更加重视成本管理，通过组织开展"降成本、增效益"活动，促使生产成本不断降低，这对完成全年经营总目标发挥了重要作用。财务部会同矿产管理部提出降本增效重点指标，各煤业公司主动加压，将降成本指标层层分解，落实到班组、工作面。由于挖潜降耗措施到位，各级成本皆有大幅度降低。

第二节　资金管理

一　资金调度

财务管理是企业管理的重要环节，资金运作和有效使用是财务管理的重要内容。随着公司规模的扩大，投资项目增多，公司的资金缺口很大。为了满足对资金的需求，公司始终把资金管理作为核心工作来抓，采取加快应收款的回收，加快银行资金的融通速度等办法充分盘活资金，合理调配公司内部资金，充分发挥资金的整体效益。

二　往来结算

在不断完善和规范手工往来结算的基础上，2004年，在东升集团范围内开通信息化内部往来系统，结束各部门手工交换结算单和有关附件的历史，实现了电脑传递往来数据信息、电脑制单、签发并确认的电算化往来结算。

2005年，在信息化内部往来系统日趋稳定和成熟的基础上，进一步在东升集团和所属公司范围内开通集团往来信息化系统，使往来的结算更加便捷，系统管理更加规范，避免内部交易通过银行结算的繁琐手续，以及内部交叉划拨资金的占用。在总结往来电算化结算基础上，集团进一步明确往来结算范围，制定往来结算规范，编写往来操作流程，使内部往来和集团往来结算步入一个稳定、顺畅、便捷和规范发展的轨道。

三　银企合作

东升集团与中国建设银行平定县支行、中国农业银行平定县支行、中国银行平定县支行、平定县信用联社等建立良好合作关系。

2003年，东升集团与建行签订银企合作协议，就东升花园贷款等问题达成一致。争取到东升花园建设3000万元贷款和5000万元个人住房消费专项贷款。此后，东升又先后与平定县信用联社、中国建设银行平定县支行就阳胜煤业公司90万吨改扩建工程建设项目资金签订银企合作协议，使银企合作走上稳步发展的轨道。

东升花园贷款签字仪式

四　财务管理

东升集团针对下属企业的经营范围、经营类型各异的实际情况，根据国家有关规定和会计制度，制定了《财务管理暂行规定》、《会计核算办法》，使下属企业的财务行为有法可依，有规则可循。下属企业在这些管理办法的框架下，可以根据各自的经营特点制定更为具体的财务管理措施，做到整体与局部协调统一，规范了公司的财务管理和会计核算。

随着改革开放的不断深入，东升集团财会队伍建设取得了很大发展，理财观念、会计知识也需更新。1998 年，国家颁布了股份会计制度和若干具体会计准则，根据现代企业财务管理的要求，公司坚持把财务人员学习、培养放在首位，加强在岗人员的培训，尽快提高业务素质，并吸纳有专业特长的财会人才。建立健全了《财会人员岗位责任制》，参加上级举办的各种财会知识培训班，鼓励会计人员参加每年的会计资格考试，自办会计基础知识和电算化专题培训。做好会计人员职业纪律教育，按照会计法和会计基础工作规范的要求，组织开展会计人员职业道德教育，加强会计人员职业道德标准和监督措施的建设，努力提高会计人员的职业道德水平。公司财务工作多年被评为平定县纳税守法大户。

第三节　资产经营

一　对子公司管理

东升集团对子公司管理由财务部负责。参与投资项目前期管理包括：项目建议书审查、可行性研究审查、合同审查。对投资项目中期管理：东升建立并完善了对子公司管理监控系统，按季度编报预算执行情况，完善子公司预算管理；严格财务信息传递，定期作专题分析，定期建立子公司考核指标。对投资项目后期管理：投资项目完成后，对该项目进行效益评估，并对子公司进行清算。

对子公司常规管理：负责组织重大表决事项申报；预算投资收益；参与子公司工效挂钩考核制定与审核；落实子公司审计报告；子公司产权划转；负责全资、控股子公司验资；完善子公司有关财务制度并监督执行；推进子公司产业结构合理调整。

二　资产经营

东升集团负责收集掌握各类重要资产经营信息，适时制订资产重组方案，推进资产经营活动。

2001 年，面对煤炭市场滞销的局面，平定煤运公司领导站在煤矿、煤运行业、县域经济三方联动、共同发展的高度，为进一步巩固和扩大市场占有率，以股权换市场，整合煤站、煤矿和用户资源，吸纳系统职工合股基金会民间资金，以资产为纽带，成立了东升洁净煤有限公司，走出了煤站、用户、煤矿为一体的集团化发展路子，形成了煤炭产运销一体化发展的产业链条。

2002 年，面对煤炭市场疲软、煤矿职工开不了资、生产经营举步维艰的局面，为了应对激烈的市场竞争形势，形成县域煤炭产运销一条龙的发展格局，东升洁净煤公司参与县营同意、阳胜、华兴、兴裕四个煤矿的股份制改造重组，不仅使煤矿改制操作彻底、一步到位，而且对整合县域煤炭资源，做大做强煤炭产业起到了重要的推动作用；同时也使公司发展拥有了坚实的煤源基地，发展后劲不断增强。

2004 年 7 月 28 日，按照《中华人民共和国公司法》和设立集团的有关要求，对四个煤矿进行股份制改造，分别变更为有限责任公司。按照“集团化、市场化、多元化”的原则，以东升洁净煤公司为核心企业，整合九个公司，筹组山西东升煤业集团。随后聘请山西银康会计师事务所对所有资产进行了评估，县政府及有关部门下发相关文件，在完成一整套法律程序的基础上，经省、市、县工商部门审核，批准设立了山西东升煤业集团有限公司。

2006 年底，按照国家和省市“国退民进，集退民进”的要求，为了做大做强集团公司，经公司董事会研究并报请县政府批准，公司通过向员工筹集借款以及其他渠道等多方筹款，交纳了资源价款，从而完成了所属四个煤业公司资本结构的进一步改造。

表 1　　2002～2006 年东升生产经营情况

项目＼年份	2002	2003	2004	2005	2006
煤炭产量(万吨)	38	51.0776	66.7832	58.1	58.5
煤炭销量(万吨)	292.9	397.0017	518.5	568	241
销售收入(万元)	18100	12200	40900	27000	30800
实现利税(万元)	1498.5	1889	6592.9	2304	3015

三　投资管理

1996 年开始，东升集团以全资、参股及企业并购等方式，组建全资、控股、参股子公司。其中设立东升房地产公司、东升物业公司全资子公司两家，控股子公司为山西东升同意煤业有限公司、山西东升华兴煤业有限公司、山西东升兴裕煤业有限公司、山西东升阳胜煤业有限公司四家。在投资方向上，涉及煤炭生产销售、商贸流通、房地产开发、广告设计制作和物业管理等多元产业。

按规划发展要求，制订东升集团公司与子公司长期投资预算管理体系，并初步建立相应的长期投资计算机管理系统。

第四节 审 计

审计是独立检查会计账目，监督财政、财务收支真实、合法、效益的行为。公司把审计工作作为促进企业健康发展、加强企业管理的一个关键环节来抓，起到了“保健医生”和“经济卫士”的作用。公司设立了审计部，修订了《公司内部审计暂行规定》，审计部的职能主要是进行财务收支审计、经济效益审计、经理离任审计和年终对各所属单位主要经济指标的考核，为规范审计工作奠定了基础。

由于审计工作尽职尽责，监督力度不断加强，职权范围越来越大，在公司发挥的作用也越来越重要，并取得了显著成绩。随着企业的发展和企业管理的不断完善，审计工作向制度化、法制化、规范化迈进了一大步。

第二章　营　销

随着市场经济体制改革的逐步深入，东升集团逐步从销售型企业转向经营型企业，并在市场竞争中逐步建立起具有东升特色的营销理念和营销模式。

2004 年东升集团成立后，煤质低劣、煤种单一、煤炭含硫较高、灰分大、煤质较差等状况一直难以得到解决，东升决策层抓住这一问题，组织全体职工展开讨论，东升宣传媒体也大力宣传质量的重要性。通过讨论和宣传，使东升职工树立起危机意识，提高了对产品质量重要性的认识；同时在全体职工中开展“用户满意”的宣传，“用户是衣食父母”和“使用户满意”的思想深入扎根于广大职工，进而确立“以用户为中心”的营销指导方针。在销售人员中广泛开展转变营销经营思想和作风教育，实现由卖方市场向买方市场转变，变坐商为行商，变以资源管理为重点为以用户管理为重点。在产品销售上提出“三个就是”：用户的标准就是东升的标准（使用、质量和技术）；用户的计划就是东升的计划（物流、供货和流通）；用户的利益就是东升的利益（生产、销售和成本控制）。

东升集团逐步建立产、运、销相结合一体化工作体制，开发生产适应市场需求的原煤、洗煤和发电等系列产品。形成铁路发运、公路运销、电煤销售三大销售网络。

2002 年起，东升重视发挥产品质量优良、重合同守信誉及全面周到的售后服务等优势，大力发展直供用户，逐步稳定供需关系，从而扩大东升产品的市场占有率。

2004 年，东升提出销售工作要抓好三项任务。

销售产品、实现收入——在促进产品销售过程中，坚持贯彻以资金为中心原则，制定价格和价格政策，确保产品销售。运用互让互利办法，坚持预收货款，防止新的拖欠，实现资金回笼。

提供服务——在市场经济中，用户对产品质量和服务质量同样重视。销售过程中，从咨询、报价、订货、供货查询、合同变更、质量和供货异议等各个环节，均要求营销人员为用户提供全方位服务，把优质的产品和服务一起提供给用户，实现完整的销售。

掌握信息——公司营销人员调动一切积极因素，运用各种手段，力求深入全面地掌握用户信息，掌握竞争对手信息，认真做好这一具有战略意义的工作。

2002～2006 年东升煤炭销售实绩

表 2 单位：万吨

项目 \ 年份	2002	2003	2004	2005	2006
铁路销售	62.93	75.4220	88.5	37.1	41
公路销售	205	283.1434	389	486	180
电煤销售	15	32.1707	40.9	45	19.86

第三章　设备、物资采购

东升集团设备和物资采购需求量大、范围广、要求高。材料供应有 30 个大类 7 万余个品种、规格；必须服务主体、确保生产。2002～2006 年，由于不断地完善采购管理和供应上台阶，在确保东升设备、备件、物资和原燃料供应的同时，做到采购成本逐年降低。

第一节　物资采购供应

东升集团生产、维修需用材料的采购供应，由东升集团矿产管理部物资管理科和所属各煤业公司的供应科负责。采购供应材料绝大部分立足国内，供应厂商分布在 18 个省 4 个直辖市。2002～2006 年，公司所属四矿设备招标共计 5000 余万元；2006 年，东升物资合格供应商 200 个，采购资金总额上亿元。

2002 年以来，物资采购部门着重抓好优化供应厂商结构，建立稳定可靠的供应保证体系，通过以下四个环节加强材料质量和采购价格控制，为降低采购成本，保质保量供应物资材料做了有益的探索：一是由煤矿向公司提出申请；二是公司根据申请和供应商定品种、谈价格，最终下订单；三是供应商按订单送货，煤矿凭订单入库；四是供应商根据订单价格开票。

一　建立材料供应主渠道

2002 年后，东升逐步建立了物资供应主渠道：以物资生产厂供应为主，流通环节供应为辅，形成管理规范、竞争有序，质量保证能力和供应保证能力较强的物资供应主渠道。

二　供应厂商管理

1. 建立供应厂商档案。根据 ISO 9001 质量管理体系要求，为全面了解和掌握供应厂商资质及其变化情况，按照合格供应厂商条件进行评审。2002 年开始，建立起主要材料供应厂商档案。

2. 开展对供应厂商质量保证能力评审。为加强对采购材料质量控制，强化供应厂商管理，东升组成供方质量保证能力现场评审组，采用现场考察方式，了解和掌握供应厂商质量管理状况。

三　降低物资采购成本

2002 年，东升集团矿产管理部物资管理科推出“竞价竞标采购”方式，降低物资采购成本，取得显着效益。

第二节　设备与备件采购供应

一　采购成本控制

为做好年度预算控制，设备、备件采购部门充分利用东升资金、市场、信誉等优势，积极开展降低采购成本工作。具体措施：跟踪市场价格动态，完善备件采购价格内控体系；新订备件实行“货比三家、价比三家”原则，严格审核供应商报价各组成部分；重复订购备件（订购条件和供应商不变），对原价格组成依据最新核实，控制供应商利润和管理费。

二　技改设备采购供应

2004 年起，技改设备采购业务由东升集团矿产管理部物资管理科承担，为技改工程完成设备订货和供应管理重大项目有：

2004 年 8 月，东升阳胜煤业公司举行 90 万吨改扩建工程主风机招标会，运城安运风机公司中标。

2005 年 4 月 23 日，东升阳胜煤业公司举行 90 万吨改扩建工程地面生产系统工程招标会，资质过硬、实力雄厚的中铁十七局中标。5 月 1 日，地面工程正式破土动工。

2005年9月，东升阳胜煤业公司举行90万吨改扩建工程掘进机招标会，煤炭科学研究总院太原分院中标。

2005年11月6日，举行半煤岩巷道掘进机招标会，煤炭科学研究总院太原分院中标。

2005年12月8日，举行胶带输送机招标会，山东矿机集团、阳泉华越机械有限公司、山东济宁广通输送带有限公司中标。

胶带输送机招标会

2005年12月，东升阳胜煤业公司举行90万吨改扩建工程主皮带机招标会，上海煤炭科学院中标。

2006年1月1日，东升阳胜煤业公司举行90万吨改扩建工程掘进机招标会，煤炭科学研究总院太原分院中标。

2006年3月13日，东升阳胜煤业公司举行90万吨改扩建工程招标会，无锡盛达机械制造有限公司的液压采煤机中标；山西煤矿机械制造有限公司的刮板机中标；郑州煤矿机械集团有限公司的液压支架中标。

2006年4月29日，东升阳胜煤业公司举行90万吨改扩建工程锅炉招标会，吉林三意环保锅炉公司中标。

2006年5月7日，吉林三意环保锅炉公司200万元的东升锅炉中标。

2006年6月27日，举行主斜井安装工程招标会，山西宏厦建筑第一有限公司中标。

主斜井安装工程招标会

2006年9月27日，举行综采队招标会。

综采队招标会

2007年4月22日，举行东升阳胜煤业公司洗煤厂洗选设备招标会。

第三篇

生 产 技 术

概　　述

东升集团在生产建设和发展进程中，坚持走“引进—消化—创新”之路，不断提高技术进步和技术创新能力。

第一章　技术进步

2002 年，东升集团并购同意煤矿、华兴煤矿、兴裕煤矿、阳胜煤矿四个县营煤矿后，健全组织机构，设立了矿产公司，逐步完善管理制度，充实队伍，明确科室职责，全力落实煤矿经营管理工作。对采掘进行整体布局，核实了储量、运量；对各矿的资产进行核实，摸清家底；对各矿的成本，销价进行初步测算，确定经营目标，做到责任到矿；进一步健全安全生产管理一系列规章制度，层层落实安全责任制，完善井上、下安全设备设施，为实现安全生产奠定了基础。各煤矿生产步入正常化，职工思想稳定，安全状况改善，产销实现平衡，经营效益得到提高，为公司可持续发展创造了有利条件。

2003 年，在巩固提高华兴、同意、兴裕三个煤矿安全生产水平的基础上，投巨资并购了阳胜煤矿，并增加投入用于该矿的生产启动和改造工程，使其初步进入正常生产准备期；同时，公司又投入大量资金，对同意、华兴和兴裕三个煤矿进行开拓工程建设和安全设施装备。所属四个煤矿共完成煤炭产量 51 万吨，各煤矿均安装了瓦斯监控系统，完善了“三专两闭锁”工程，购置报警头灯 300 余盏，自救器 500 余台，便捷式报警仪 120 余台，更新设备 85 台件，提高了安全装备水平和综合抗灾能力，安全生产条件得到明显改善，为煤矿的发展奠定了坚实的基础。为了加强矿产工作的信息化管理，年底，投资 21 万元，在公司和所属四矿敷设了网络专线，为实现矿产工作的集约式管理提供了平台。

2004 年，继续加大投入，提高技术装备。从 2002 年并购四个煤矿后，集团公司每年向煤矿投入都在 2000 万元以上，到 2004 年底四个煤业公司的技术装备基本全部实现了更新，煤业公司整体技术装备上了一个新台阶，安全生产条件得到明显改观。

2005 年，东升集团又累计投入专项整治资金 1600 余万元，新上了一大批装备、设施，极大地提高了矿井的防御抗灾能力。其中：投资 300 余万元，四个煤业公司全部实现了双回路供电入井；投资 590 余万元，为阳胜、兴裕、华兴煤业公司增设了瓦斯抽放系统；投资 400 余万元，为华兴、兴裕煤业公司更换了主提升绞车；投资 65 万元，为同意煤业公司更换了主扇，安置了暖风炉；投资 300 余万元，为四个煤业公司购置更换了瓦检仪、自检器等各类仪器和煤安设备等 120 余台（件）。同时，2005 年是东升集团彻底淘汰落后生产工艺，全面上马壁式新采工作面的第一年。四个煤业公司充分利用新采工艺，开足马力积极组织生产，不仅创出了一个工作面日产原煤 700 吨左右的历史最好水平，而且实现了安全生产有保障、煤炭产量成倍翻、资源回收率提高、服务年限再延长、管理步入正规化、广大职工得实惠的良好效果。

完善的矿井瓦斯监控系统

2006 年，东升集团继续推进煤矿生产技术改造，煤炭质量不断提高，生产成本逐步降低，促进了经济效益的提升。集团继续对四个煤业公司加大安全投资，逐步改善了安全生产条件。同意煤业公司进一步引深专项整治，投巨资购置了报警矿灯、自救器、瓦斯传感器探头，充实了仪器、仪表；兴裕煤业公司投资完善和改造了矿井瓦斯监测和瓦斯抽放系统以及井下防治水等设施，构筑了安全网络体系，夯实了安全基础。四个煤业公司共投入1000万元，对安全设施进行改造，使矿井防御抗灾能力不断增强。扎实推进科技进步和全面质量管理工作，推广应用锚喷、锚索、型刚可缩支架，取代了传统的木棚、发碹支护方式；积极采用走向长壁低位放顶煤方法，取代分层采、开天窗采煤工艺；新技术、新工艺的应用效果显著，矿井网络化建设进展加快，科技创新实现了突破。

煤矿技术培训

第二章　信息技术

2002～2006年，东升集团通过煤矿建设和技术改造，信息技术在生产控制系统和管理信息系统两个层次上都有了提高，在网络通讯基础设施建设、办公自动化、互联网站建设方面取得了长足的进步，实现了从过程控制向以整体产销系统为代表管理信息系统的转移。

第一节　信息化管理系统

2004年开始，东升集团在充分认识管理信息系统作用的基础上，着手筹划全公司范围内的计算机管理系统。经考查，引进并建成了以“金蝶K/3ERP信息化管理系统”为代表的计算机管理系统。2004年7月，以金蝶K/3ERP信息化管理系统验收为标志，东升计算机管理系统投运圆满成功。

2004年初，东升投资40万元，引进金蝶K/3ERP信息化工程项目管理系统软件，通过与同意、华兴、兴裕、阳胜四个煤矿敷设光缆，再经微机联网，实现网络化管理。7月25日，经业内有关专家鉴定，该项目通过验收。该系统投入运营后，各矿可将财务、供应、人事等信息及时录入系统，公司也能适时掌握各矿的基础数据和运行情况，既为领导科学决策提供了便捷可靠的信息平台，又实现了集中管理，提高了办公效率。

东升信息化管理系统由销售管理、质量管理、生产管理、财务管理等子系统组成，覆盖整个东升主要营销业务和生产现场管理控制及财务成本管理。这个系统全面确立以财务为中心整合各业务管理功能的企业管理理念得到贯彻实施，体现了东升统一集中管理思想，这是东升实现现代化管理的基础设施。

这一信息工程的建立，使东升产销管理具有完整性、动态实时性、规范性、整合性、共享性和安全性。

东升集团信息化工程项目验收会

第二节　互联网（internet）站

为进一步适应新型电子商务发展潮流，方便更多客户网上获取信息和进行商务交易，让外界了解东升，让东升走向世界，东升商贸公司决定建设电子商务系统。通过北京信海科技公司获取了位于北京电报大楼中心机房30M网页服务器空间的使用权。在此基础上，1999年7月，经国际域名管理机构INTERNIC批准，由东升商贸公司申请的“阳泉东升”国际域名“http：//www. yqds. com”正式注册生效，成为平定县第一个商业网站。网站主要设立东升概况、组织管理、企业介绍、供求热线、市场行情、商务信息和重点工程等栏目。

2002初，东升商贸公司通过“东升网站”改扩版方案。经过紧张的编辑排版，4月14日，采用DREAMWEAVER和FLASH. 4等专业网页制作技术改版的新网站正式上传。改版后的网站主要包括市场简介、组织机构、招商专栏、营销策略、供求快讯、休闲娱乐、经商点滴、东升商讯、财星家园、原创文学、古州风光和平定咨询等12个栏目。由于内容更加丰富，版面更加新颖，东升网站的点击率直线上升。

2003年5月，为配合东升花园期房预售，东升网站推出以“放眼平定房产，瞩目东升花园”为主题的售房网页，主要包括花园简介、沙盘户型、优惠政策、物业管理、质量承诺、肯定勉励、开发花絮等七个部分。

第四篇

企业管理

概　述

从2004年起，东升以创煤炭行业一流企业为目标，以改革和优化管理体制为途径，管理理念日益向先进水平靠拢，运行机制进一步朝市场化方向迈进。东升在生产管理、基建管理、基层管理、综合管理、行政管理等方面实施了改革创新，为保证生产经营顺利进行，增强企业竞争力，奠定了扎实的管理基础。

为搞好工程建设和生产准备，强化了“集中统一”管理体制，基建管理和生产经营管理体制进一步优化。职代会民主管理从职工福利、企业发展、领导干部评议等多方面参与，促进企业管理水平上升，增强了职工参政议政主人翁意识。加强基础管理也注入了新内容，“竞争在市场，竞争力在现场”，班组管理推进重点抓成本和质量；质量标准化活动在全面促进现场基础管理的同时，重点提高检修工效，节约检修费用；通过加强管理，促进了职工素质的提高，增强企业的管理水平，提高了企业经济效益和市场竞争力。

1996年，东升对工资制度、职工福利、劳动关系等进行改革：变结构工资制为岗效工资制；全面推行股份制劳动合同制，全体员工都与企业签订了聘用合同，明确了与企业的劳动关系。1996年开始实行生产经营一贯制考核，考核内容和运作方式逐年调整完善，对各科室以及下属企业副职以上领导完成任务的情况进行考核，奖优罚差，极大地调动了各级各部门工作的积极性、主动性和创造性。

东升注重环境保护，在环境管理、污染治理、环保设施建设、废弃物利用开发等方面上了新台阶。各煤业公司生产工作面和运输环节都完善了防尘洒水设备、消除噪音设备，确保了工业卫生。特别是阳胜煤业公司2007年6月与阳泉中能煤层气开发有限公司投资3000万元合作建设的10×500千瓦瓦斯发电机组，既净化了环境，又通过发展循环经济，使废气得到充分利用，实现资源的循环综合利用，不断提升了经济效益和社会效益。

行政管理系统加强管理，强化协调，文秘、档案、接待和车辆服务等部门，保证日常工作高速、有效运转。

安全保卫部努力提高业务水平、改善装备，增强战斗力；通过不断“打击、整治、防范”，保障东升生产经营正常进行。集团安全保卫部不仅负责集团公司财产安全，而且负责下属公司安全保卫工作的部署、检查、督促和落实。东升恒泰商贸公司为了维护市场的秩序，经过省公安厅、市公安局批准，于2001年9月正式成立东升市场派出所，并展开了工作。所里配有所长1名、警员7名及警车一部，完善的设施及警员们过硬的实战本领，严厉地打击了市场内小偷小摸及各种扰乱市场秩序的行为，为东升市场的健康发展切实起到了保驾护航的作用。东升市场内还设立保卫消防部，拥有保卫消防人员10名，强化了综合治理工作，促进了经营工作的正常开展。在交通安全方面，成立了东升集团交通安全委员会，公司办公楼主要地段安装了红外线监控装置，确保了公司财产安全。

第一章　管理体制

为适应市场经济的要求，东升积极探索形成市场经济要求的管理模式，在管理体制上进行了一系列改革。重点是资产重组、矿站一体化改造、建立母子公司体系等。

第一节　体制改革

为适应现代企业制度和发展需要，1996年后，东升集团在深化体制改革方面做了以下工作：

1996年6月25日，太旧高速公路正式通车，石太高速公路随之贯通。平定县煤炭运销公司紧紧围绕“依托黄金通道，开发特色产业”的战略构想，决定在距离石太高速公路平定出入口处仅50米的平定县煤炭运销物资公司兴建批发市场。8～9月，经过紧张筹备，首次募集资金190万元，正式组建平定东升商贸有限公司，开始开发建设东升批发市场。

2000年9月30日，平定县煤炭运销公司与石家庄光华余热电厂共同组建的平定县东升洁净煤有限公司正式成立，逐步走上煤矿、煤站、用户联为一体的产运销一条龙发展道路。

2002年初，围绕全省煤运系统建设货源基地的总体战略，在平定县县营企业改制领导组的指导下，通过对同意、华兴、兴裕和阳胜四个县营煤矿进行实地调查、全面勘察、科学论证，平定县煤炭运销公司制定了并购四个煤矿的实施方案，并报请县政府审批。4月，县政府以平政发［2002］19号文批复，同意并购方案。5月，并购工作进入实施阶段。

2002年5月13日，平定县煤炭运销公司与平定县安全生产监督管理局（平定县煤炭工业局）正式签订华兴煤矿交接协议。15日开始，职工身份置换、财产移交等相关工作有序推进。5月26日、6月1日，平定县煤炭运销公司又分别与平定县安监局签订了同意、兴裕煤矿交接协议，相关工作陆续展开。6月中旬，三个县营煤矿的并购工作顺利完成。

2002年7月，经县委、县政府研究决定（平政办发［2002］第10号文），要求将华兴、同意、兴裕和阳胜四矿移交平定县东升洁净煤有限公司整合管理，建立生产、运输、销售、加工于一体的企业集团。

2003年1月22日，由东升商贸有限公司实物出资40万元与自然人出资10万元共同组建的平定县东升广告有限公司成立，标志着东升商贸公司开始步入运营资

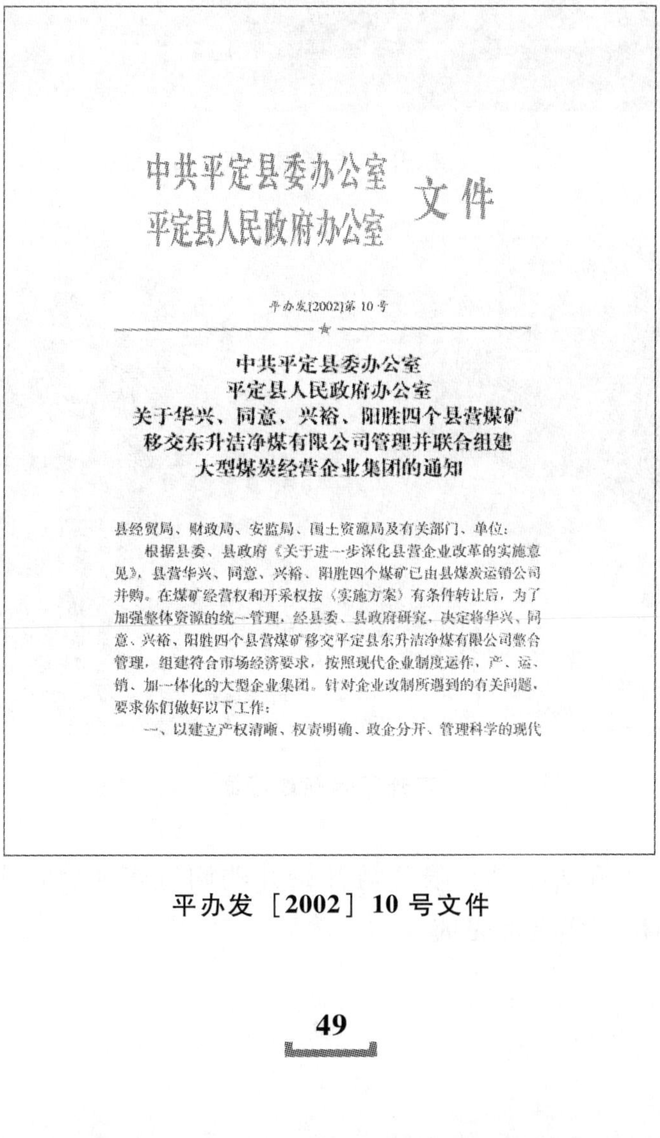
中共平定县委办公室
平定县人民政府办公室 文件

平办发[2002]第10号

中共平定县委办公室
平定县人民政府办公室
关于华兴、同意、兴裕、阳胜四个县营煤矿
移交东升洁净煤有限公司管理并联合组建
大型煤炭经营企业集团的通知

县经贸局、财政局、安监局、国土资源局及有关部门、单位：

根据县委、县政府《关于进一步深化县营企业改革的实施意见》，县营华兴、同意、兴裕、阳胜四个煤矿已由县煤炭运销公司并购。在煤矿经营权和开采权按《实施方案》有条件转让后，为了加强整体资源的统一管理，经县委、县政府研究，决定将华兴、同意、兴裕、阳胜四个县营煤矿移交平定县东升洁净煤有限公司整合管理，组建符合市场经济要求，按照现代企业制度运作，产、运、销、加一体化的大型企业集团。针对企业改制所遇到的有关问题，要求你们做好以下工作：

一、以建立产权清晰、权责明确、政企分开、管理科学的现代

平办发［2002］10号文件

本、扩张规模、拓展产业、提升效益的新阶段。

2003 年 2 月 8 日，东升商贸有限公司与东升洁净煤有限公司共同出资 150 万元组建的平定东升房地产开发有限公司成立，着手开发建设东升花园。

东升广告有限公司

东升花园初建场面

2003 年 4 月，东升洁净煤有限公司开始并购阳胜煤矿，7 月初并购工作结束。至此，并购县营四矿工作全部完成。

2004年，根据平定县人民政府平政发［2004］36号和50号文件精神，经县、市、省工商局逐级核准，华兴煤矿、同意煤矿、兴裕煤矿和阳胜煤矿分别变更为国有控股的有限责任公司，名称相应地变更为山西东升华兴煤业有限公司、山西东升同意煤业有限公司、山西东升兴裕煤业有限公司和山西东升阳胜煤业有限公司。同时，东升商贸公司、东升广告公司、东升房地产开发公司和平定县煤炭运销公司，分别变更为山西东升恒泰商贸有限公司、山西东升恒泰广告有限公司、山西东升恒泰房地产开发有限公司和平定县东升煤炭运销有限公司。7月28日，以上单位共同组建成立了山西东升煤业集团有限公司。

其中管理体制改革重点是：

一　创立以财务为中心的管理原则

2004年，贯彻“以财务为中心”管理原则，明确财务部职能，对东升计划、资源、价格、预算、资金及会计等业务实行归口管理。

二　建立母子公司体系

为实现东升发展战略，以投资组建、合资入股等方式建立众多子公司，形成多元化发展格局。

三　规范母公司对子公司管理

2004年始，东升陆续出台各种管理办法，对子公司人事、财务、工资、法律事务等方面作了详尽规定，既规范对子公司管理，又给予足够发展空间，促进其健康发展。

第二节　民主管理

1996～2006年，共召开50余次职工代表大会。

职工代表在历次职工代表大会上都认真地听取东升领导的工作报告，讨论并审议有关企业劳动工资、劳保福利、奖金分配、职工住房、医疗费用、劳动关系等诸方面的改革方案和执行办法；积极参与企业的民主管理，参加对东升行政领导的民主评议。体现了东升充分发扬工人阶级主人翁精神，全心全意依靠职工群众办好企业。

第二章　基层管理

1996年后，东升集团继续推进班组长制、标准化作业、自主管理配套的现场管理制度，以班组长为中心，以标准化作业为准绳，以自主管理为基础，全面加强基层基础管理，以提高企业管理素质和水平为目标。

第一节　班组长制

为加强现场管理，实现“竞争在市场，竞争力在现场”管理模式，班组长制推进主要内容是：

一　推进机构

班组是企业的基础。1996年开始，东升强化班组管理，实施班组长制，通过健全完善班组管理制度，明确班组长职责，从搞好班组日常工作开始，推进公司整体工作上水平。

二　班组长队伍培养

随着公司生产规模扩大，班组长人数迅速增长，提高班组长素质迫在眉睫。1996年以来，多次举办业务培训班，提高班组长业务素质。

三　班组长队伍管理

煤炭生产销售主业和非煤产业各公司都制订了班组长管理制度，完善了班组长任职条件、管理职责、教育培训和队伍管理等机制，加强日常管理力度，为强化现场管理提供了决策依据。

四　推进重点

1996 年以来，班组长制的推进重点是抓成本和质量。在成本管理方面，通过推进关于加强作业区域成本管理的工作，班组长成本意识有明显提高。各公司通过召开班组长推进成本管理会议，确定以“以成本管理为突破口，整体、系统推进现场管理”工作方针。2004 年集团成立后，降成本活动向深度发展，以确定成本控制为重点，提高成本管理有效性。在质量管理方面，2004 年后东升以创建质量标准化矿井为契机，强化作业区质量管理，努力营造“比、学、赶、帮”良好氛围。

煤矿班前会

第二节　标准化作业

2002 年并购煤矿后，进一步健全煤矿安全生产管理一系列规章制度，层层落实安全责任制，完善井上、下安全设备设施，为实现安全生产奠定了基础；各煤矿生产步入正常化，职工思想稳定，安全状况改善，产销实现平衡，经营效益得到提高，为公司可持续发展创造了有利条件。

2003 年，在巩固提高华兴、同意、兴裕三个煤矿安全生产水平的基础上，投巨资并购了阳胜煤矿，并增加投入用于该矿的生产启动和改造工程，使其初步进入正常生产准备期；同时，公司又投入大量资金，对同意、华兴和兴裕三个煤矿进行开拓工程建设和安全设施装备。2004 年，所属四个煤矿共完成煤炭产量 51 万吨，各煤矿均安装了瓦斯监控系统，完善了“三专两闭锁”工程，购置报警头灯 300 余盏，自救器 500 余台，便捷式报警仪 120 余台，更新设备 85 台件，提高了安全装备水平和综合抗灾能力，安全生产条件得到明显改善，为煤矿的发展奠定了坚实的基础。

2004 年，东升集团强化安全工作，以安全促生产。将安全工作放在重要议事日程，建立了一系列的安全管理制度，层层落实安全生产责任制；坚持“安全第一，预防为主”的方针，以“一通三防”为安全工作重点，以强化现场管理为突破口，常抓不懈的抓好安全工作，为稳定生产创造了有利条件。近年来，集团公司投资完善了四个煤业公司的主提升绞车、主扇风机、主要回风巷道扩掘、防尘洒水系统、双回路供电、报警矿灯、便携式报警仪、自救器、瓦斯监控系统“四道安全防线”等，使煤矿抗灾能力不断增强。加强职工培训，提高全员素质。坚持“以人为本，教育先行”的方针，按照“强化培训、分级管理、考核发证、提高素质”的原则，进行了各类安全培训，提高员工的技术水平，增强了安全生产法治意识和安全责任感，提高了自保互保能力。煤业公司行政领导全部参加了矿长资格培训，210 多人参加了阳泉市培训中心的专业业务培训和岗位培训，集团公司还举办了为期 50 天的测量专业培训，培训人员达 40 余人。组织四矿安全矿长、安全科长、安全员参加由公司、县安监局、县广播局主办的“煤业公司安全知识竞赛”，不仅提高了全

煤业公司安全知识竞赛

员的安全意识，而且营造出了良好的安全氛围。停产整顿期间进行了《安全作业规程》、《安全生产法》全员培训，通过培训员工素质明显提高，为公司可持续发展奠定的扎实基础。

2005 年，东升集团围绕开展“质量标准化，安全上水平”活动，加快了创建标准化矿井的步伐。按照创建质量标准化矿井的总体安排，集团公司和四个煤业公司分别成立了标准化领导组和采、掘、机、运、通等 7 个专业组，大力开展了“质量标准化、安全创水平”活动。四个煤业公司共计粉刷巷道 6000 米，重新悬挂电缆 12000 米。同意、兴裕煤业公司建起了百米安全文化长廊，修缮了生产生活设施，矿容矿貌大为改观。阳胜、同意煤业公司投资 260 万元，分别硬化了入矿公路。经过井上井下并重，软件硬件齐抓，兴裕、同意、华兴煤业公司分别跨入全县一、二、三级质量标准化矿井行列。

2006 年，东升集团围绕质量标准化，提升安全生产水平。东升健全目标考核机制，严格考核奖惩兑现，安全质量标准化整体水平得到提高，夯实了安全管理基础。同意煤业公司开展声势浩大的安全质量标准攻坚活动，投资 13 万元用于翻新美化围墙、铺设路沿、架设路灯、种植花草等修缮工程，矿容矿貌明显改观；井上建起了纵横交错的安全文化长廊，井下制作了安全警示灯箱，矿井面貌有了明显改观。华兴煤业公司组织对员工进行安全技能培训，职工熟悉了岗位作业方法，做到了应知应会，掌握标准化工作、标准化作业、标准化操作的知识技能，为安全生产奠定了扎实基础。阳胜煤业公司投资改善了职工澡堂、食堂等设施。兴裕煤业公司加大矿井安全基础设施的投入，更换主提升设备一套，通过建设安全质量标准化矿井，促进了安全生产的健康发展。

第三章　综合管理

东升强化企业的审计、法律事务、工资福利、劳动用工管理和生产经营一贯制考核等各项综合管理工作，促进生产效率、管理效率和企业经济效益不断提高。

第一节　审　计

2002 年起，东升摆脱以查处违纪违规财务收支审计，逐步向以经营管理和经济效益为主审计转变。

一　审计自查

为强化公司资金的规范运作，东升每年自行组织一次审计自查，把问题处理在自查阶段。

二　东升集团及子公司审计

2004 年，东升完善了内部审计工作制度，以此为据，开展所属企业单位内部审计。通过严格审计，发现了东升所属公司在经营管理和会计核算中存在的问题，这对促进所属公司提高经营管理和会计核算水平起了较大作用。

三　法人代表离任经济责任审计

从 2004 年开始，东升开展对子公司经理（法人代表）离任经济责任审计。通过进行离任经济责任审计，督促经营者责任性的提高，有效地堵塞了管理漏洞。

四　其他专项审计

审计工作部还对东升集团财务决算审计及业务活动费使用情况进行审计。根据东升经营实际情况，选择管理薄弱环节开展审计调查或专项审计，对管理漏洞或薄弱环节进行调查，总结经验教训，建章建制，堵塞漏洞，实现了处理与防范并举。

第二节　法律事务

一　工商事务管理

1996～2004 年，办理工商登记和变更事务 15 件。其中 2004 年 7 月组建东升集团时最多，达 7 件。华兴煤矿、同意煤矿、兴裕煤矿和阳胜煤矿、平定县东升广告有限公司、平定县东升房地产有限公司、平定县东升洁净煤有限公司分别更名为山西东升华兴煤业有限公司、山西东升同意煤业有限公司、山西东升兴裕煤业有限公司、山西东升阳胜煤业有限公司、山西东升恒泰广告有限公司、山西东升恒泰房地产开发有限公司和山西东升煤业集团有限公司，并完成了东升集团工商登记工作。

第三节　工资福利

一　工效挂钩

2004～2006 年，公司实行工效挂钩工资总额管理。根据各子公司不同特点采用不同工效挂钩形式。挂钩效益指标包括：利润总额、业务收入、折旧等。

二　工资、奖金分配制度

（一）工资分配

1996 年，东升集团对结构工资制进行改革，制订东升岗效工资制改革方案。岗效工资制由岗位工资、工龄工资和业绩工资（奖金）三个单元组成。

岗位工资是以岗位劳动要素为尺度、以劳动效率和经济效益为依据，体现岗位劳动差别的工资单元。岗薪工资基数由每年经济效益和工资总额决定。岗位归级以岗位劳动要素测评结果为依据，实行“一岗一薪”，“岗变薪变”，工资随岗位变动而变动，与职工职称、级别和资历脱钩，贯彻择优上岗、以岗定薪原则。

工龄工资是专门反映职工劳动积累贡献工资单元，体现职工工作年限不同、积累贡献不同、工龄工资也不同的合理差别。

业绩工资（即奖金）是直接体现职工超额劳动成果的奖励性工资，是一种调节和补充职工利益分配形式；业绩工资分配，与东升对各部门生产经营一贯制责任目标考核结果，和各部门对职工业绩考核结果相挂钩，按季度考核兑现。公司机关各科室和所属公司副职以上领导完成考核任务的，正职为1000元，副职为800元；员工根据效益具体确定。

（二）奖金分配

1996年改革奖金考核和分配办法，把奖金转化为业绩工资纳入到岗效工资制范畴；同时，建立东升对各部门生产经营责任目标考核结果与各部门奖金总额相挂钩、各部门对职工业绩考核结果与职工奖金分配相挂钩的奖金考核和分配办法。

三　职工住房改革

（一）住房公积金制度

东升按照平定县住房公积金制度有关规定，实行住房公积金制度，使全体职工公平享受住房福利待遇，增强职工凝聚力，逐步建立起国家、集体、个人三结合筹资建房机制。职工住房公积金制度采用储蓄方式为职工建立住房公积金个人账户，住房公积金按月计入职工账户，作为职工住房建设发展基金，专项用于职工个人购房和住房大修。

（二）住房分配货币化

2002年，东升实行住房分配制度改革，制定《职工住房制度改革方案》和《职工住房制度改革实施细则》，内容是实行住房分配货币化和商品化，变福利分房为货币分房，变隐性福利分配为显性收入。实行住房分配制度改革后，企业不再福利分房。

（三）改革基本要点

住房分配货币化标准确定：根据企业经济效益状况实行可上可下动态管理；以职工贡献大小、职务高低为主要依据，体现“按劳分配、效率优先、兼顾公平、普遍得益”原则。住房分配货币化体现形式是：对未享受过福利性配售公有住房职工实行住房补贴；对住房建筑面积低于控制标准，或单体成本价购买公有住房职工实行差额补贴；对住房面积达到或超过控制标准的，不予补贴。按照这一办法，东升先后对公司一期、二期、三期原公司福利房进行改革，由职工根据规定一次性出资购买，实现了由福利分房到商品房的改革。

四　职工医疗改革

进行职工医疗制度改革目的，是改进企业对职工医疗费用统包统销传统做法，通过实行职工医疗保险和大病医疗保险办法，形成职工医疗费用由企业和职工共同负担机制，有效控制了不合理医疗支出。职工医药费根据职工工龄长短随同工资按月发给个人，大病住院费用根据有关规定执行。

五　养老保险制度

为完善职工养老保障制度，建立社会基本养老保险和企业补充养老保险相结合保障机制，1996 年以来东升实行职工养老保险制度。东升根据晋劳社养［2006］58 号及阳养险［2006］9 号文件精神，按照平定县参统的国有企业、集体企业养老保险缴费比例为 28%，其中个人账户为 8%，企业账户为 20%，一并记入养老保险个人账户。职工到龄离退休后，按照记入个人账户养老保险本息总额，按月发放给本人。

第四节　劳动用工管理

根据《中华人民共和国劳动法》、《平定县劳动合同规定》及其他有关法规规定，东升于 1996 年 6 月全面推行劳动合同制，初步建立劳动力能进能出机制。

一　推行劳动合同用工管理做法

（一）建章立制，规范管理

推行全员劳动合同制是劳动关系管理一项新举措，东升集团做到研究在前，制订政策在先，先后制订《劳动合同制实施办法》、《劳动合同管理办法》和《岗位聘用管理办法》等管理规定。针对在改制、重组过程中遇到的新情况、新问题，东升对有关规定及时加强调整、完善。对劳动合同管理，依法从制度上加以规范。

（二）完善管理机制

劳动关系建立后，更重要的是调整和完善，使之健康发展。东升集团从维护企业与职工双方合法权益出发，以劳动法律法规和劳动政策基准为依据，充分发挥东升内部劳动关系两个机制，即职工与企业之间自主协商机制和工会组织与企业之间协调机制作用。通过企业与职工签订劳动合同和集体协商订立集体合同，自主确定工资报酬、劳动条件、劳动时间和福利待遇等问题。同时，从上到下建立完善劳动争议调节机构，促进企业劳动关系和谐、稳定。

（三）加强宣传教育

人力资源部、工会及《东升集团》报部门等互相配合，大力进行劳动法规宣传教育，提高各级管理者和一般员工劳动法规意识。

第五节　生产经营目标责任考核

1996 年，东升开始推行生产经营目标责任考核制度。之后，针对外部经营环境和内部管理状况不断发展变化情况，考核工作在导向、内容、运作方式等方面不断调整完善，始终紧扣年度生产经营总目标，确保生产、经营、管理各项工作向预定目标稳步推进。

一　考核导向

在坚持集中管理的原则下，1996 年提出以经济效益为中心，不断推进降低成本、提高运行质量的考核原则。奖金分配主要依据各单位生产管理实绩及难度适当拉开差距。

为适应市场需求不断发展变化，2004 年以后考核办法主要突出以市场需求为导向，以完成任务指标为主线，强化部门责任落实，以完善内部管理保障公司生产经营目标的实现。在过去考核办法基础上，着重提出提高产品产量，进一步提高产品质量，降低生产成本，提高东升整体效益，确保全年生产经营目标完成。

二　考核内容

2004 年以来，注重考核产量和质量。在促进完善内部管理同时，突出对责任状完成情况考核；在进一步理顺管理业务的基础上，强化部门职责和岗位责任落实，提出以“责任落实、降本增效、改善管理、减少事故”为考核重点，建立责、权、利相匹配的责任体系。

三　运作方式

2004 年，东升集团以生产经营和管理业绩指标逐月考核各部门当月奖金。这种考核方式，有效保证各部门严格按照东升要求推进各项工作的开展。

考核分两部分：生产任务考核和成本管理考核，并明确具体奖金计算办法。近几年延续这一思路，更加促进了质量和成本管理。

四　组织体系

2004 年以来，考核工作主要由劳资处和财务部负责组织实施。东升集团成立考核小组，牵头部门为财务部，成员为各有关专业管理部门。考核小组由各专业管理部门指定专人组成，负责公司考核工作日常运作。

年底经营目标责任书签字

第四章　环境保护

随着国内外对环保的高度重视，在环保要求不断严格的情况下，东升集团针对环保工作范围不断扩大和环保要求不断提高的特点，从深化管理入手，狠抓治理改造，理顺废弃物管理，开展综合利用。

第一节　环境管理

2004年起，每年修订“安全卫生、文明生产考核制度”，加大考核力度，有效推进现场环保问题整改。之后，每年不断扩大检查范围，细化考核条款，对重点污染源推行专项考核，把检查渗透于生产全过程，按区域实行重点检查，对污染物跑、冒、滴、漏进行监控，对查出的问题，限期整改。

2004年初，东升成立以总经理任组长的环保综合治理领导小组。定期召开环保工作会议，确定环保目标、政策，审定有关制度、规划；检查全公司环保工作执行情况，并明确各级行政负责人为本部门环保责任人，把环保管理作为生产管理重要组成部分。制定下发“环保目标责任制”，明确责权利，每年评分、考核。

第二节　污染治理

重点抓渗透生产全过程环境管理，获得较好效果，形成各具特色的环保管理模式。

针对东升花园冬季供暖锅炉污染的问题，建设和谐花园，2006年以确保东升花园居民冬季供暖为切入点，投资200余万元更换了锅炉，增加了脱硫设备，既减少了环境污染，又节约了成本费用，使东升花园逐步建设成为绿色、生态、文明、卫生社区，得到了省委特色城镇化建设督察调研组和全市创建国家级园林城市现场观摩团领导的高度肯定和评价。

第三节　废弃物管理与综合利用

煤层气发电站是阳胜煤业有限公司年产 90 万吨改扩建工程的配套工程。有效开发和利用煤层气资源，是国家大力倡导和积极推动的新型环保产业项目，是煤矿企业延伸产业链条、发展循环经济的重要途径。

2007 年 5 月 9 日，由东升集团和阳泉中能煤层气发电有限公司合作建设的煤层气发电站开工仪式在阳胜煤业有限公司举行。

2007 年 6 月 20 日，山西东升煤业集团与阳泉中能煤层气开发有限公司在东升商贸公司四楼会议室举行煤层气发电合作项目签字仪式。

东升集团阳胜煤业有限公司不仅煤质优良、储量丰富，而且煤层气资源也很丰富，东升集团与阳泉中能煤层气开发有限公司合作建设的发电站总装机容量为 10 ~ 500 千瓦、总投资约 3000 万元的煤层之发电项目，建成后可实现年产值 1600 余万元，计划建设工期为六个月。

煤层气发电合作项目签字仪式

第五章　行政管理

东升集团的行政管理注重发挥职能部门的服务、参谋、调研、监督、协调、办事六大功能，积极主动为基层服务成为机关行政管理部门的自觉行动。

第一节　文秘、保密

一　文秘

1996年起，办公室全面负责东升行政系统公文管理、秘书工作。

秘书工作负责东升董事长会议、经理书记会议和东升领导活动安排，会议纪要整理、督办、落实情况反馈，安排重要接待以及东升大型会议组织协调以及总值班工作。

文书工作负责指导、检查，督促各二级单位行政公文处理，各种文件管理、查询、借阅及公文系统日常管理，东升内部各类文件、会议纪要呈送、校对、印制、上报和下发、督办，印章刻制、启用、销毁和介绍信、法人委托书开具等。

另外，负责东升办公设备、公务车辆类固定资产编号、验收、入账及管理，负责机关办公设施配备及办公设施更新计划编报、实施。

二　保密

东升大力加强保密宣传教育，强化保密管理，坚持开展保密检查，落实保密措施，防止了失泄密事件发生。

从1996年开始，凡涉及企业经济、科技等方面内容的文件、资料，需要向外提供、交流或公开发表的，实行三级保密审查制度，严格履行审批手续。

举办保密业务培训班，进行系统教育，参加培训专、兼职保密人员近10人。

保密办公室由档案室和办公室人员组成，配备专职副主任处理日常保密工作。1996年，系统修（制）订保密规章制度，实行保密工作规范化管理。从1996年下半年开始，对保密废纸实行定点、定时统一集中回收销毁处理。

2004年，结合普法活动，在全体职工中开展保密知识竞赛活动，结合东升实际，研究、确定保密要害部门。

第二节 调 研

东升集团行政调研工作由办公室承担。

行政调研工作的主要任务是：起草东升的重要文件和领导在重要会议上的讲话、报告；各级领导视察东升汇报材料；完成领导交办调研任务；向有关史志书刊提供东升文稿。

1996~2006年，行政调研完成了全县劳动模范表彰大会上东升经验交流材料、全国企业改革实践论证会交流材料等等重要会议的材料；完成向梁滨、吕日周、吴博威、谢海、白云等省市领导视察东升的汇报材料；为《平定年鉴》、《六十年见证——纪念平定解放六十周年》、《辉煌阳泉六十年》等提供介绍东升的文字材料。

第三节 接 待

接待工作归办公室管理。主要负责省、市、县各级领导、机关团体、企事业单位到东升视察、参观学习的接待工作。负责有关企业到东升学习考察、交流接待工作。承办东升建设、生产、经营等各类会议组织安排接待。

1996~2006年，接待省、市、县各级领导100人次；各企事业单位到东升学习考察、交流团体20批，1000人次；大专院校及社会团体参观10批，500人次。

完成东升各类会议会务组织服务工作，各种仪式接待工作，计300次，接待各类代表3000人次。

提供并安排会场服务1000场次，共2000人次。

第四节　档　案

档案室设置于1996年，是东升集团信息采集、研究及档案资料管理的职能机构。

档案室负责东升除人事档案以外各类档案的接收、整理、保管、统计、鉴定、编研和提供利用。至2006年底，档案室存有各类档案资料总计1431卷，其中党群工作类126卷，行政管理类102卷，经营管理类227卷，生产技术管理类33卷，基本建设类69卷，设备仪器类13卷，会计档案类654卷（会计凭证442卷、会计报表88卷、会计账簿88卷）；声像档案53册盒，荣誉实物87件，资料108卷。

档案室

档案室结合要求制定和完善10余种档案管理制度、工作规范和操作规程，内容涵盖东升档案管理各方面。1996年12月，东升档案管理获国家二级档案管理认定。档案室拥有现代化管理手段。科技档案管理方面，除缩微设备外，引进计算机光盘系统，实现整编、缩微、扫描管理网络化。至2006年底，东升主业、三产工程图纸、文字资料全部或输入系统，或拍成缩微片，或扫描进了系统。档案信息资源以电子文件形式，可在线传送到遍及东升网络终端上，利用者既可在档案室进行检索查阅，也能通过网络远程调阅档案图文信息，大大提高传输和档案信息使用，实现资源共享。

文书档案管理，充分利用东升办公自动化有利条件，共享公文系统中已有信息资源，实现东升内部网络归档和远程终端查检档案，达到文书与档案一体化管理。

档案室积极开展档案提供利用工作，开发档案信息资源，以满足生产、建设、经营等各项需要。1996～2006 年，档案室共提供利用 200 人次，调阅案卷 1000 卷。

第五节　公务车辆管理

1996 年以来，将东升机关公务车辆、司机集中到行政办公室，实现了公务用车集中管理、统一调度使用。

东升集团公司行政办主要任务是：负责东升领导公务用车；负责机关各科室公务用车，外来客人及各类会议接待用车；昼夜为生产经营提供服务用车。

东升集团公司车管科承担东升公务车辆新增、更新、上牌、保险、修理、报废等管理业务；对机关专、兼职驾驶员进行安全学习、审证、事故处理、理赔服务管理。

东升集团公司下属子公司公务车辆管理由各公司行政办负责。

第六章 安全保卫

1996 年以来，东升集团综治办与保卫科实行两块牌子一套班子管理。主要负责集团公司机关安全保卫工作以及下属各公司安全保卫工作的督察落实。

为了维护东升市场秩序，经过省公安厅、市县公安局批准，于 2001 年 9 月正式成立东升市场派出所，并展开了工作。东升市场派出所对外行使辖区公安执法权限；对内履行公安执法和内部保卫两种职能。所里配有所长 1 名、警员 7 名及警车一部，完善的设施及警员们过硬的作战本领，严厉地打击了市场内小偷小摸及各种扰乱市场秩序的行为，为东升的健康发展切实起到了保驾护航的作用。市场内还设有保卫消防部，拥有保卫消防人员 10 名，强化了综合治理工作，促进了经营工作的正常开展。

东升市场派出所民警在巡逻

东升公安保卫工作紧紧围绕生产建设和改革发展这个中心，坚持“公司及下属各公司周边严厉打击、严肃整治，公司及下属各公司内部以严密防范、严格管理”和东升商贸公司以防火、防盗为重点，四个煤业公司以治安管理为重点的做法。在阳胜煤业公司90万吨改扩建工程项目投产后，又以治安管理为重点逐步向生产保卫过渡。通过严厉打击刑事犯罪，整治周边治安环境，开展安全防范检查，强化要害和重点防火部位管理，创造治安稳定环境，保障了生产经营目标顺利实现和重点工程建设有序进行。

东升集团综治办与保卫科坚持把维护东升稳定放在首位，落实维护一方平安措施；同时完善工作预案，明确责任，依靠各级安全保卫组织网络，妥善处置各类治安问题。确保了不安定因素全部解决在基层，解决在内部，没有发生影响大局稳定的事件。

东升市场保安部警钟长鸣，严密防范，加强巡逻，严细检查，防火、防盗、防煤气等工作扎实开展，有力维护了市场的正常经营秩序。2005年在安全管理方面，把综合市场消防系统改造工程列入重要议事日程，投资50余万元，在一、二期市场安装了喷淋系统，彻底消除了不安全隐患。

2006年，东升市场保安部始终坚持“安全第一、预防为主、综合治理、整体推进”的方针，长鸣警钟，狠抓落实，安全工作保持了平稳态势。一是强化检查，

东升市场保安部人员为商户演练灭火方法

消除隐患。保安部充分发挥安全监管职能，查隐患，堵漏洞，反“三违”，防事故，深入开展了防火、防盗、防煤气等专项检查18次，处理问题50余处，并且全部做到了安全排查不断线，处理问题不过夜，隐患整改不手软。二是突出重点，深化整治。我们把消防安全作为重中之重，联合公安消防大队和市场派出所共同下发并严格执行了《关于进一步加强消防安全管理的通知》，综合市场有效解决了堵占消防通道问题，仓储后勤部全部实现了人货分离。由于消防工作扎实有效，杜绝了火灾事故发生，被市政府授予“落实消防安全责任制先进单位”。三是加强教育，扩大宣传。先后累计对77名新商户进行了安全培训，并派员参加了省消防总队举办的全省消防安全培训；突出“安全发展，国泰民安”这一鲜明主题，积极组织开展全国安全生产月和“11·9”消防宣传日等安全宣传教育活动，进一步提高了全体员工和商户的安全思想意识和自保互保能力。

集团及下属各公司坚持把厂区封闭作为东升开展治安综合治理工作的重要环节。在厂区实行封闭管理并取得成效后，将这种管理模式运用到新增的改扩建厂区。从狠抓基建初期临时围墙入手，积极推进厂区封闭设施完善。制定人员、车辆出入厂区以及物资出厂规定，从而保证了生产和重点工程建设的安全。

第五篇

重 点 工 程 建 设

第一章　规划与设计

第一节　前期规划

阳胜煤业公司年产 90 万吨改扩建工程是东升集团公司立足当前，着眼长远，坚持科技兴企，实现跨越式发展的一项“希望工程”。工程设计立足于矿井实际和发展要求，定位于建设现代化矿井的目标，时间紧，任务重，要求严格，困难重重。

作为集团公司矿井建设重中之重的阳胜煤业公司年产 90 万吨改扩建工程，总概算 1.4 亿元，涉及 5 大类、16 个系统、40 个项目。

第二节　可行性研究和初步设计编制与审定

山西东升阳胜煤业有限公司系山西东升煤业集团公司的骨干矿井之一，也是平定县史无前例的一个百万吨现代化矿井。2004 年 8 月，山西东升煤业集团本着“做大、做强、做实”的原则，对该公司进行新的技术改造，即一期 90 万吨/年、二期 150 万吨/年的改扩建工程。改扩建工程的立项、可研、初设、安全专篇、环境影响评价的编制与审批均经省煤炭工业局批准进行开工建设。

第二章　工程投资与投资管理

第一节　资金筹措

一　资金来源

工程建设资金主要由东升集团自筹。东升集团批准的工程初步设计总概算投资为14175.30万元。其资金来源：为了解决资金上的困难，除了争取银行贷款9000万元外，主要通过东升集团董事会成员以家产抵押担保和积极发动职工入股筹集资金，解了燃眉之急。

二　资金筹措

东升集团分别与建设银行、信用合作社等建立银企合作关系。并先后与建行等金融部门就投资等金融服务的一系列问题签订银企合作协议。对阳胜煤业公司年产90万吨改扩建工程建设，银行方面给予贷款。

2005年8月17日，建设银行阳泉市分行与山西东升煤业集团“银企合作签字仪式”隆重举行。县委副书记、县长李春泽，建行阳泉市分行行长张权、副行长张宏伟、公司部经理康瑞国，建行平定县支行行长曲宏卫、副行长李勇，东升集团董事长、总经理王伸，董事李蔚峰、史新华、王振华出席签字仪式。此次阳泉分行给予东升集团9000万元一般授信额度贷款，对于顺利推进阳胜煤业公司年产90万吨改扩建工程提供了强力保证。

三　资金管理

工程建设总概算投资为14175.30万元，这对资金筹措和管理是一个严峻考验。资金管理既要为工程建设提供充分资金保障，避免因资金短缺而影响工程正常进

建设银行阳泉市分行与东升集团银企合作签字仪式

展，又要努力提高资金使用效率，尽可能减少资金占用。

加强工程进度真实性审核拨付工程进度款的重点是对建设完成量及甲方供料真实性审核，无统计报量或统计报量不准则拒绝向施工单位支付工程进度款。压缩库存材料，降低库存资金，做到工完料清。各施工单位必须按时填报东升材料转账物资库存数，并据此对施工单位库存抽查核实。加大财务监督力度。在设计费等其他基建费用的支付方面，严格按照合同条款规定执行，对于不符合合同条款规定支付的，坚决予以拒付。实行资金预算管理，根据投资计划制订资金预算目标，并按材料、设备等不同管理职能，落实到各预算归口管理部门。在预算执行中，加强资金预算监控并进行定期分析，因特殊原因须调整预算的，查明情况，实行逐项申报审批。

第二节　投资管理

工程坚持实事求是，保证工程所需投资足额；在保证工程质量和建设工期的前提下，贯彻“重点工程重点节约”的方针，千方百计降低工程造价，大大节省概算投资。

在投资管理上，指挥部既精打细算，千方百计降低工程造价；又坚持实事求是，保证建设所需费用，确保概算不超，以满足工程高水平建设需要。

一　强化设计阶段的投资控制

在设计工作阶段，重视多方案设计选择。在满足产品质量、规格、品种、产量的前提下，要求设计单位设计多个方案，并进行技术比较、经济分析和效果评价；同时组织有关方面专家进行评审，择优选定。

指挥部严格把关，控制设计标准，坚决整改，并在实施过程中进行跟踪管理。

二　逐步推行招标制度

为履行项目法人责任制，根据各级关于建设工程施工承发包、招投标管理规定，在工程建设中逐步推行议标、招标确定施工单位的办法。使项目责任者、建设管理者与施工单位三者之间目标、责任关系更加清晰、明确，保证了对工期、质量和投资的有效控制。

为加快工程建设，尽早确定施工单位，在可行性研究和估算批准后，通过对各单位所报标书评议，择优选定工程施工总承包单位，签订了建设项目施工协议，确保按期开工。

指挥部成立招标领导小组，下设招标办公室，具体负责建设项目全面推行招投标制度的组织实施和管理工作，相继对大型设备和工程项目通过招投标择优择廉确定施工单位。

三　设备费控制

搞好设备费控制是工程投资控制重点之一。工程设备管理坚持和完善“集中管理、分段负责、费用承包”一级管理体制，在确保设备质量和交货时间前提下，控制了设备造价。由指挥部统一组织对有关设备制造厂家进行考察、资质审查，并进行询价，按照公平竞争、货比三家、择优择廉原则确定供货厂家。在采购方式上，通过细化分类报价等方式，有效防止设备制造厂商乱报价现象，使设备价格确定在一个比较合理目标范围内。

第三章　工程建设

2004年底，开始实施年产90万吨改扩建工程。先后经省煤炭厅、省环保厅、省煤监局的晋煤行发［2004］1110号、晋煤行发［2005］147号、晋煤规发［2005］293号、晋煤规发［2005］404号、晋煤办基发［2005］637号、晋环函［2005］293号、晋煤监安字［2005］569号、晋煤基局发［2005］59号等有关文件批复，各项工程相继开工建设。

2004年12月1日，以主斜井的开工为标志，改扩建工程五大类16个系统、31项单项工程现已全面启动和展开。2006年4月12日，阳胜煤业公司树起“90万吨/年改扩建工程试生产倒计时”牌，标志该工程进入冲刺阶段。2006年11月14日，阳胜煤业公司举行第一套综采成套设备模拟演练，标志着年产90万吨改扩建工程进入实战阶段。该矿成为全县首个使用综采设备的煤矿。

截至2007年3月累计完成投资1.77亿元，其中：井巷工程5786.41万元，土建工程1909.14万元，设备购置6355.65万元，设备安装2271.18万元。2007年3月10日进入井上下设备联合重载调试，开始进行试生产。2007年4月12日进行联合试运行，利用6个月的时间完成改扩建的验收工程，2007年10月正式完成由基建向生产矿井转型。

一　井巷工程

以2004年12月1日主斜井开工为标志的井巷工程，概算投资3412.02万元，实际完成投资5786.41万元。开工后共完成进尺7979.4米，硐室1700立方米，其中：开拓进尺3120.9米，回采进尺4858.5米，工作面煤仓150立方米，井底煤仓1500立方米，水仓50立方米。主要完成了主斜井、二采区开拓大巷和15201综采工作面的布置，施工期间为确保工程进度采取平行和交叉作业的方式，圆满完成了21个工程贯通，尤其是土斜井贯通误差仅为1毫米，井底煤仓在施工条件极为不利的情况下，施工高度54米、容量1500立方米的仓体成功建成，掘进工艺采用新奥法施工，综合机械化掘进，锚网喷支护、U 型钢棚支护等新的施工工艺。这些先进技术及工艺，都是平定煤炭历史之首例。

二　土建工程

以 2005 年 5 月 1 日地面生产系统装车仓开工为标志的土建工程，概算投资 1793.44 万元，实际完成投资 1909.14 万元。开工后共完成建筑面积 11863.6 平方米，建筑体积 10633.6 立方米，皮带走廊、涵洞等 510.96 米，电缆水暖沟 1160 米，场面硬化 3500 平方米。重点完成了地面生产系统（井口房、筛分间、筒仓等）；主扇基础及风道；35 千伏配电室；瓦斯抽放站；高山静压水池；井口等候室；综合调度大楼；综采设备材料库及机修车间；锅炉房工程正在进行。施工中地面装车仓 45 米施工高度，容量 10000 吨使用滑摸的先进工艺成功完成。

地面生产系统装车仓土建工程

三　设备购置与安装

以 2005 年 6 月 1 日地面主扇风机安装为标志的设备购置与安装工程，概算投资 6794.37 万元，实际完成投资 8626.82 万元。开工后共购置和安装设备 1000 多台件，其中：山西太行建设安装工程公司安装完成了两台 160 立方米/秒广东佛山水环式瓦斯抽放泵和 6000 米瓦斯抽放管路系统；由阳泉聚源电力有限安装 15 公里

主扇基础及风道

35 千伏配电室

瓦斯抽放站

综合调度大楼

综采设备材料库及机修车间

35 千伏双回路供电专线和 2 台 5000 千伏安变压器、30 面综合自动化控制柜，建成无人值守的自动化矿井地面变电站；安装了运城安运风机厂生产的 2×315 千瓦高效节能对旋轴流式主扇风机；大型设备和工程都采用招标的方式进行选择，大型设备现已全部到货并圆满完成了各项安装工程。

四　2007 年正在实施的重点基本建设工程

1. 二采区胶带大巷、轨道大巷、回风大巷开拓共计 780 米，工程正在实施中，计划投资 600 万元。

2. 锅炉房辅助工程、地面路面和厂区硬化、单身宿舍楼和职工洗浴福利设施等工程，工程正在进行中，共计房屋建筑 4000 平方米，路面和厂区硬化 5000 平方米，计划投资 1000 万元。

3. 地面洗煤厂建设计划投资 1800 万元，目前设备已经考察完毕，正在筹措设备的招标订购和土建工程的开工建设，其中：土建工程 600 万元，设备购置 1000 万元，设备安装与调试 200 万元。

4. 环保工程项目计划投资 600 万元，其中：矿井水和生活污水处理站 280 万元，挡风抑尘网 150 万元，矸石 1 山生态环境处理 80 万元，锅炉的脱硫除尘 70 万元，地面厂区环境绿化 12 亩、投资 20 万元。

五　煤层气开发

煤层气发电站是阳胜煤业有限公司年产90万吨改扩建工程的配套工程。有效开发和利用煤层气资源，是国家大力倡导和积极推动的新型环保产业项目，是煤矿企业延伸产业链条、发展循环经济的重要途径。

2007年5月9日，由东升集团和阳泉中能煤层气发电有限公司合作建设的煤层气发电站开工仪式在阳胜煤业有限公司举行。2007年6月20日，山西东升煤业集团与阳泉中能煤层气开发有限公司在东升商贸公司四楼会议室举行煤层气发电合作项目签字仪式。东升集团阳胜煤业有限公司不仅煤质优良，储量丰富，而且煤层气资源也很丰富，这次与阳泉中能煤层气开发有限公司合作建设的发电站总装机容量为10~500千瓦、总投资约3000万元的发电项目，建成后可实现年产值1600余万元，计划建设工期六个月。

煤层气发电站开工仪式

六　竣工验收

指挥部要求把工程竣工验收贯穿于建设全过程，为主体项目顺利投产创造条件。

2007年6月10日，东升成立工程竣工验收领导小组。竣工验收会议决定，工程指挥部为工程竣工验收归口管理部门，项目组负责组织、协调各工程竣工验收工作及遗留问题处理。各施工单位、煤矿职能科室相应成立竣工、验收管理部门，专人负责办理竣工验收事宜。

东升集团制定了工程竣工验收管理办法。为加强工程交工验收工作，明确职责，多次召开竣工推进会，坚持每周例会检查竣工完成情况，加强考核，促进竣工验收。

投产验收动员大会

2007 年 8 月 22 日，东升集团积极组织和邀请省卫生厅专家及有关人员组成的验收组一行在东升阳胜煤业有限公司对职业卫生工作情况进行了验收。

职业卫生工作情况验收会

2007年9月10~12日，由省煤炭工业局工程质量监督中心站组织相关专家对东升阳胜煤业有限公司90万吨/年改扩建项目工程质量进行了认证。

工程质量认证会

第六篇

后 勤 服 务

第一章 饮食服务

为方便职工就餐的需要，1996 年东升集团公司开设职工食堂，多年沿用以票券兑饭菜的方式就餐。

为改善职工就餐条件，减轻食堂工作人员的劳动强度，不断提高服务质量和劳动生产率，对原食堂进行了更新改造，增添空调、冰箱设备等设施。

在保证一日三餐供应基础上，不断提高服务质量和改进供应方式，受到职工好评。

东升集团公司职工食堂坚持预防为主，把饮食卫生列为评比考核的主要内容。1996 年以来先后制订《餐具清洗消毒制度》、《饮食、环境卫生制度》等可操作性较强的规章制度，坚持炊事工作标准化作业，严格把好进货、加工、烹调、出售、保管五关，确保了饮食卫生。

第二章 医疗卫生

第一节 职工保健

医疗卫生工作由公司人力资源部统一归口管理。

根据平政发［2004］18号“平定县人民政府关于印发《平定县城镇职工基本医疗保险实施办法》试行的通知”的文件精神，为了适应我国社会主义市场经济体制发展的需要，根据集团公司的总体情况及发展趋势，从2006元月1日起，所属各单位的城镇正式员工、内部退养人员以及离退休人员（四个煤矿为内部退养人员及离退休人员），全部参加由县医疗保险统筹的基本医疗保险及大病保险。

一 缴费标准

单位缴费率为本人工资总额的6.8%，职工个人缴费率为本人工资收入的2%。退休人员不缴纳医疗保险费。用人单位缴费基数低于本省职工平均工资的60%的，按本省职工平均工资的60%计算。

二 保险待遇

职工生病住院（包括离退人员）可凭“医疗保险证”及有关住院手续，由县医疗保险所按规定报销费用。

日常用药可凭医疗消费卡到指定药店购买。医疗消费卡内金额，由职工个人缴纳的基本医疗保险费和按规定比例划入的医疗保险费及利息构成。

划入比例为：

35岁（含35岁）以下的职工，按本人工资收入的0.5%划入；

36岁至45岁（不含45岁）的职工，按本人工资收入的1%划入；

45岁（含45岁）及其以上的职工，按本人工资收入的1.5%划入；

退休人员，按本人退休费的4%划入；

新中国成立前参加工作的退休人员，按本人工资收入的5%划入。

个人账户的本金和利息归个人所有，可以结转使用和依法继承，但不得发给现金。职工调动时，个人账户一并划转，继续使用。

三　职工大病统筹保险

大病统筹保险费按基本医疗保险参保人数（含离退人员）由用人单位和个人共同缴纳，每人每月5元，其中，个人每月缴纳3元，用人单位每人每月缴纳2元。从2006年起，每人每月10元，其中，个人每月缴纳5元，用人单位每人每月缴纳5元。

大病统筹保险费用于支付基本医疗保险统筹基金最高限额以上的大额住院医疗费用。统筹基金最高支会限额为10万元。

第二节　工厂卫生

工业卫生和职业病防治由公司人力资源部归口管理。开展东升防尘，岗位有害因素治理，定期体检和职业病防治工作。

第三节　计划生育

东升集团坚持抓计划生育工作不放松。计划生育委员会推行科学管理和优质服务相结合的管理模式，发挥管理网络作用，进一步促进计划生育工作开展。在加大避孕药具知识普及和强化避孕知识教育的基础上，全面推广避孕方法知情选择，降低人流率，保护育龄女职工身体健康。1996～2006年，计划生育率一直控制在99.9%以上。

第七篇

职工队伍

概　述

建设一流职工队伍是争创一流企业的保障。

东升集团成立初期，就提出了思想好、技术精、作风正、纪律严的一流职工队伍建设目标。随着生产建设的发展，又提出了实现职工高素质的具体要求，即服务高质量，工作高效率，技能高水平，言行高格调。东升始终致力于加强职工队伍尤其是人才队伍的建设，经过多年的努力，一支能够基本适应东升生产经营和发展，专业门类齐全，年龄、专业结构比较合理，后备力量充足的职工队伍已初步形成。

东升紧紧抓住思想政治和作风建设这一根本，结合自身的实际，以学习中国共产党十五、十六大精神为主线，在职工中广泛进行政治理论教育、形势任务教育、荣辱观教育、普法教育等，不断提高职工思想政治素养，增强职工把东升建设好、管理好这一重大使命的光荣感、责任感、紧迫感。

东升高度重视人才培养，根据总体发展战略，研究制订东升人才发展规划，围绕培养经营管理、专业技术、技能操作人才目标，进一步健全、完善人才的选拔、培养与激励机制，分层次、有针对性地开展岗位技能培训和继续工程教育。在工作实践中，大批年轻优秀人才成长起来，顺利实现东升干部队伍的新老交替。

东升不断优化人力资源配置，在全面编制各级各类岗位规范的基础上，推行全员劳动合同制，工资分配制度改革，则是建立了以岗位劳动责任、技能、环境等要素为尺度，以劳动效率和经济效益为分配依据的“岗效工资制”。

东升坚持两个文明一起抓，把塑造现代企业的良好形象作为精神文明建设的重要抓手，为丰富职工业余生活，增建新的文娱、体育设施，组织开展健康向上的群众性文化娱乐、体育活动。并有发行量为1.2万份的《东升集团》报，坚持正确的舆论导向，为职工提供优良精神产品。

第一章　队伍结构

1996年以来，新加入东升职工队伍的人员，主要来自高校毕业生，中专、技校毕业生，从社会上招聘的各类专业人才，以及转业、复员军人。东升各岗位人员精干，政治素质好，文化程度高，年龄结构合理。操作岗位人员掌握先进的技术和现代化装备，生产出符合市场需求的优质产品；管理和技术岗位人员在工程建设、生产技术、经营管理等各专业方面，均具有较高的技术、业务水平。

第一节　队伍组成与分布

自1996年开始，东升集团逐步探索按岗位需要进行招聘的新方式，即以岗位规范为依据，以岗位聘组、劳动合同为依托，注重招聘工作的针对性，保证了招聘工作与生产经营需要紧密结合。

一　高校毕业生

为规范高校毕业生招聘接收工作，东升集团于1996年制订《招聘接收工作管理办法》，对不同层次的毕业生采用不同的考核、测评，探索科学选人的机制。

对大学生的招收，着重于毕业生个人基本素质、基本能力和潜力的考核。

二　中专、技校生

中专、技校毕业生招收工作本着“择优、公开、平等”的原则，全面考核学生的德、智、体情况。为保证招工质量，公司尝试与阳煤集团技校变招工为招生，在社会上公开招生，定向培养煤炭生产技术专业人才。

三　招聘、引进人才

随着东升集团向商贸、煤炭生产、房地产、广告等产业的拓展，1996 年以来东升进行了大规模的社会招聘。2004 年集团成立后，根据东升发展的需要，又进行了管理人员的社会招聘。截至 2006 年，共引进人才 400 人，这些人才到工作岗位后，很快成为本专业的业务骨干。

四　岗位人员基本情况

东升集团各种岗位是按精干、高效原则结合本企业特点而设置的，结构注重科学、合理。2006 年底，岗位人员分布情况见下表：

2006 年底东升岗位人员分布情况

表 3　　单位：人

项目 单位	总数	男	女	党员	大专	中专	50 岁以上
集团公司机关	297	221	76	52	52	96	35
阳胜煤业公司	690	650	40	15	21	92	70
兴裕煤业公司	240	220	20	17	13	45	44
同意煤业公司	550	535	15	24	18	60	30
华兴煤业公司	210	198	12	13	8	26	23
合计	1987	1824	163	121	112	319	202

第二节　队伍素质

东升集团职工队伍是一支政治素质好，文化和技术素质较高、以中青年职工为主体的现代职工队伍。共产党员的比例较高，共青团员占适龄青年的绝大多数。

专业技术员工在东升经营管理、工程建设、市场拓展过程中，业务技术水平迅速提高，在掌握引进技术和设备的同时，生产工艺、技术等方面都有许多创新，涌现出一批技术员工，形成一支能够掌握技术和装备，生产服务符合市场需求的队伍，并正朝着队伍精干，复合型方向发展。

第二章 劳动管理

1996年以来，东升集团继续以创造一流劳动生产率为目标，不断追求高质量、高效率、高效益。随着社会主义市场经济的逐步建立和完善，在传统劳动管理方式的基础上，进一步更新观念，突出人力资源的经营意识、竞争意识和开放意识，建立合理利用人力资源与人力资本增值的有效途径，树立效率是企业效益源泉等观念。

随着社会的不断发展，国家对煤矿企业管理不断加强，尤其是《工伤保险》推行以后，过去的用工办法已相对滞后，不能适应当前的形势要求。2004年12月，东升集团颁发《关于制定各煤业公司用工办法的通知》，明确所属各煤业公司员工录用程序，对员工的考核与奖惩、队伍建设等进行规范管理。

第一节 劳动定员合理化

东升集团在经济效益保持稳定增长的情况下，在坚持岗位测定、效率分析等原有成功做法的基础上，进一步推进定员合理化，劳动生产率不断提高。

岗位定员核定的原则：管理和专业技术岗位定员按精干、高效、满负荷原则确定。

定员合理化的措施：(1) 实施精干主体，主辅分离，形成母子公司体制。(2) 重点项目实行统一管理，并严格控制管理和专业技术岗位的设置，减少了管理和专业技术人员的数量，提高了效率。(3) 积极推进人事制度改革，对一些技术、技能要求较低的岗位，通过协力、劳务等多种用工方式，实行社会化专业协作，减少企业固定用工。(4) 通过实施培训，使定员合理化工作从追求数量上的精减，转变为同时追求人员质量上的提高。

第二节 劳动合同制

实施劳动合同制的实质是对原已存在的劳动关系进行“再造”，形成新的契约式劳动关系。因此，职工观念的转变和法律知识、法规的普及是劳动合同制顺利实施的前提和基础。东升从1996年开始着手组织劳动法律、法规知识学习。

1996年，东升召开职代会讨论通过了《劳动合同制实施办法》，确定职工与公司通过劳动合同建立劳动关系。这样作为劳动合同重要组成部分的岗位聘用书签订工作结束，标志着原固定工转制工作基本完成。

2007年5月，平定县煤炭运销公司重新成立与东升集团分开运作后，7月，东升集团在册的300名职工全部签订了劳动合同。

第三节 实行动态劳动管理

1996年以来，随着企业面临的市场和社会环境的变化，东升集团结合深化内部劳动人事制度、工资分配制度的改革，进一步加强动态劳动管理，合理定员和优化劳动组合，提高劳动效率。

实行动态劳动管理的主要措施有：

1. 在东升推行、完善职工综合业绩考核制度。

2. 通过实施全员劳动合同制，依法规范企业、职工之间的劳动关系，改变了过去“能进不能出”的僵化模式，建立起双向选择、能进能出的动态的劳动关系管理模式。按照劳动合同管理规定，在劳动合同到期时，职工可以自主决定是否继续留在企业，企业也可以“择优汰劣”。

3. 在岗位聘用管理上，打破原有的干部、工人身份界限，对集团公司所有员工实行按岗位管理，按照“公开、公正、平等、择优”的原则和管理权限，逐级聘用；并根据生产经营需要和职工业绩、技能等方面的综合考核结果实行动态管理。

4. 发挥工资分配的杠杆作用。1996年，东升出台了岗效工资制，工资分配与岗位、业绩紧密结合，实现了“上岗得薪，升岗升薪，下岗降薪，岗变薪变”。使员工工资分配向出效益、有贡献者倾斜。

第三章　干部管理

1996~2006年，东升集团人事工作围绕企业的生产经营、重点工程建设和多元产业发展，突出以建设一流队伍为重点，不断深化人事制度改革，大力加强干部队伍和后备干部队伍建设，加快培养、造就一批高素质的经营管理者和各类专业技术带头人以及高技能人才，在干部的培养、选拔、任用、考核、交流等方面不断创新，激励和发挥各级干部的积极性和创造性，带领全体职工争创一流水平。

第一节　任免、考核、交流

一　干部任免

1996年，东升集团对副职以上领导干部作了调整、充实，干部队伍结构得到优化，一批年轻人走上了领导岗位，其中煤炭生产销售、商贸、广告、房地产等产业全部由年轻人主持行政工作。

根据东升多元化产业发展的进程，从2004年开始，东升选派50名领导干部到子公司工作。

二　干部考核

1996年，东升集团下发关于强化干部考核的实施意见，明确对副职以上领导干部考核由日常业绩考核和年度综合考核组成。日常考核以业绩考核为主，考核结果与副职以上领导干部的季度奖挂钩，对工作失误较严重的采用下发整改通知的办法，限期整改，并在整改期间下浮岗薪系数。年度综合考核结果与副职以上领导干部的岗位调整相结合，对不称职或不适应现岗位工作的干部，作低聘或转岗；业绩、能力、品德考核结果为优秀的干部，给予嘉奖或有计划地调整到重要岗位任职。考核工作在东升集团董事会领导下，由人力资源部门牵头，行政、财务等业务主管部门制定考核指标，定期报告考核指标完成情况，并对干部实施民主评议。考核结果在每年年初进行反馈。

三　干部交流

东升集团制订公司子公司干部管理的办法，规范子公司领导干部的交流机制。干部交流坚持与干部考核、培养、使用有机结合。

第二节　后备干部队伍建设

随着社会主义市场经济的不断完善，东升集团发展步伐的加快，重点建设项目已全部达产，东升相应的干部准备明显不足。2004 年起，为加大后备干部培养、选拔的力度，坚持了“五提倡五破除”，即：提倡“人才难得”，破除论资排辈旧思想；提倡“用人看主流，看实质，看发展”，破除求全责备，以偏概全的偏见；提倡“早压担子，早成才”，破除对年轻干部不放心、不敢用的顾虑；提倡“注重实绩，竞争择优”，破除照顾工作年限长，没有功劳也有苦劳的旧观念；提倡“广开进贤之路”，破除“由少数人选人，在少数人中选人”的不良风气。根据东升生产经营战略发展目标，人才开发工作在理顺思路的基础上，确立了东升人才一体化、专门化、系列化、层次化开发模式和培养目标，通过构建人才选拔、考核、引进、培养机制，营造尊重知识、尊重人才、有利于人才成长的环境，造就一支宏大的后备队伍。

第三节　人才开发

2004 年，制定并开始实施东升人才发展战略，目标是：通过实施整体性的人才资源开发，建立一支以技术人才、经营管理人才为龙头，素质优良、结构合理、专业门类配套、后备力量充足，能够适应社会主义市场经济要求和东升总体发展战略的一流人才队伍；并通过人才的不断开发与积累，建成有一定影响和吸引力的人才高地。

根据东升发展战略对人才的需求，面向社会、面向世界，广为吸纳技术人才、经营管理人才到东升长期或短期工作。

第四章 离退休职工管理

1996 年起，离退休职工管理服务工作由人力资源部集中管理。1996 ~ 2004 年，是东升离退休职工集中管理以后，离退休管理服务工作逐步规范、稳步发展的一个重要阶段。

东升设有活动室 1 个，向离退休职工开放。

东升坚持重阳节、春节前召开东升老干部职工座谈会、团拜会，向老干部职工通报生产和建设情况。东升领导层坚持重大节日走访慰问离退休的老干部职工。每逢召开重要会议、节日纪念活动都邀请离退休的老干部职工参加。

东升坚持对重病住院、特困的离退休职工进行走访慰问；每年春节、敬老日向离退休职工发放慰问品。

东升集团重阳节老干部职工座谈会

东升集团春节团拜会

第五章　教育培训

1996年以来，东升广大干部职工认真学习邓小平理论、党的“十五大”、“十六大”精神，用以指导生产实践和经营实践，使职工转变观念，加快改革步伐，树立起“光荣感、责任感、紧迫感、危机感、使命感”。

第一节　政治理论教育

1996年起，东升政治理论教育已发展成为提高领导干部工作决策水平的一种教育管理。政治理论教育按照“管精”、“管用”的原则，紧紧围绕东升的发展，着眼于理论的运用与对东升实际问题相结合，通过政治理论的系统培训和日常教育，形成“带问题研修理论，用思路指导工作”的鲜明特点，养成学理论、重实效和求创新的良好习惯，突出政治理论教育的重点和效果。

第二节　形势任务教育

1996年，为了将东升商贸公司一步到位组建为股份制企业，公司就股份制企业的发展前景进行广泛宣传教育。经过深入细致的思想政治工作后，职工们领会到走股份制道路发展的意义所在，放下了包袱，打消了顾虑，纷纷入股。第一次募集股金就达190万元。1996年9月，东升商贸有限公司召开股民大会，会议通过了公司章程，并由近千名职工以股民身份选出了7位代表，加上34名自然人组成了股东会，股东会又选举产生了董事会和监事会，相继健全了有关章程和制度并形成决议，从而宣告东升商贸有限公司成立。

为配合东升收购煤矿、发展煤源基地工作，2001年总结表彰会上王伸董事长大胆而响亮地提出了“用活现时手中的资本，买资源，搞开发，抓延伸，尽快实现市场、资源、运销的合理配置，实现经营集团化”的长远发展规划。在统一思想的基础上，公司健全机构，经过广泛调查科学论证，决定实施对同意煤矿、华兴煤矿、兴裕煤矿、阳胜煤矿四个县营大矿的并购。

2002 年 11 月 10 日，为促进东升花园的开发，东升商贸有限公司召开第六次股东大会。王伸董事长在会上指出，东升花园的建设是公司“步步为营，稳步快走”经营策略的进一步延续与提升，与县政府城建东扩战略部署相吻合，既能培育固定消费群体，推动东升市场可持续发展，又能使公司实现多元化跨越发展。通过发动，股东们普遍认识到建设东升花园是公司抢抓机遇、改革发展、与时俱进的具体表现，符合企业集团化、产业多元化，经营集约化的发展思路，表示一定要团结领导公司各级继续发扬东升精神，把东升花园建设成社会效益、经济效益双向提高的规范化小区。经过充分的准备，2003 年 4 月 11 日东升花园建设工程隆重举行了奠基仪式。

开展宣传教育，营造安全氛围，是提高全员安全意识的良好途径。而举办煤矿安全知识竞赛，则是提升企业形象，不折不扣落实安全生产法，促进安全生产的一种有效形式。2004 年 11 月 28 日下午，由山西东升煤业集团、平定县安监局、平定县广播电视局主办的东升集团煤矿安全知识竞赛在平定县广播电视局隆重举行。分别由东升集团公司下属的东升同意煤业有限公司代表队、东升阳胜煤业有限公司代表队、东升华兴煤业有限公司代表队、东升兴裕煤业有限公司代表队参加了竞赛活动。煤矿安全知识竞赛的举办，促进了国家安全生产法和各级政府关于强化安全管理指示的落实，提高了职工安全素质，使干部职工树立起了“安全为天，安全责任重于泰山”的意识，为切实抓好煤矿安全生产，推动公司经济持续健康发展，营造出良好的安全氛围。

2004 年 8 月 14 日，山西东升煤业集团有限公司举行成立以来的首次工作会议，集团公司董事长王伸在会上做了重要讲话。指出，山西东升煤业集团的成立是顺应政策、符合民心的一件大事，也是广大干群励精图治、奋力拼搏的成果。公司严格按照《中华人民共和国公司法》进行操作，弘扬求真务实、与时俱进的企业精神，走产业多元化、资本多元化、企业集团化的道路，改革创新，实现了货源基地、市场、体制三个做实，为长远发展搭建起了平台。集团公司的成立标志着东升的事业进入一个新的战略机遇期。通过教育引导，广大干部职工认识到集团公司要在新体制下创造新业绩，铸造新辉煌，全体干群必须要围绕大局，统一思想，扎实工作；

必须要凝聚人心，坚定信心，开拓进取；必须要与时俱进，改革创新，再鼓干劲，才能在做实的基础上把集团公司做大做强。

东升集团公司工作会议

第三节　职业道德建设

2002 年以来，东升集团广泛组织干部职工认真学习科学理论，用马列主义、毛泽东思想、邓小平理论、“三个代表”重要思想和党的十六大精神武装头脑；同时组织学习业务、市场、法律知识，开展热爱党、热爱祖国、热爱社会主义的教育，用科学思想和先进文化教育广大职工，增强了干部职工对加快发展的责任感和使命感。2002 年 5 月，东升市场经理张兵荣获第四届“平定县十大杰出青年”称号。2003 年 9 月 22 日，东升市场经理张兵荣获首届“阳泉青年五四奖章”。

2006 年，东升集团以“八荣八耻”要求为准则，坚持以人为本，大力弘扬以团队建设为核心的企业精神和以改革创新为核心的时代精神，倡导社会主义基本道德规范，扎实推进队伍建设，营造建设和谐集团的良好氛围。

公民道德建设是全面建设小康社会和构建社会主义和谐社会的重要组成部分。2006 年，是全面贯彻落实党的十六届五中全会精神，实现“十一五”规划的开局之年，也是《公民道德建设实施纲要》颁布五周年。为了大力弘扬以爱国主义为核心的民族精神和以改革创新为核心的时代精神，大力弘扬社会正气，倡导社会主义基本道德规范，扎实推进公民思想道德建设，营造建设和谐平定的良好社会氛围，县文明办举办了以“加强公民思想建设、提高公民道德素质”为主题的“十大公民道德建设系列先进典型人物”评选活动。在活动中涌现出一大批公民道德建设先进典型人物，他们在平凡的工作岗位上默默无闻地奉献，用自己的实际行动诠释着“八荣八耻”的基本要求，展示了新时期社会主义“四有”公民风采。

经过层层推荐、严格推选、群众投票和县精神文明建设指导委员会认真审核把关，评选出文化创新人物十名、爱岗敬业模范十名、诚信建设使者十名及其他方面先进人物共一百名。其中，东升集团公司葛海林被评选为文化创新人物、裴海柱被评选为爱岗敬业模范、张秀屏被评选为诚信建设使者。

葛海林，东升集团东升广告公司经理，山西省作家协会会员。他创作的一批反映风土人情的电视剧本受到观众的好评，参与策划摄制的电视剧《承诺》获山西省精神文明建设第四届“五个一工程”优秀作品奖。2005 年，他编著的长篇报告文学《东升》更是气势磅礴，好评如潮。

张秀屏，山西东升恒泰商贸有限公司副总经理。在工作中，张秀屏认真负责，狠抓基础管理，完善机构，明确责任，积极配合市场各部门耐心细致地解决各类投诉和经济纠纷；健全制度，规范管理，制定了一系列符合实际的规章制度，引导员工转变观念，变管理为服务，以服务促管理，使诚信始终贯穿于经营管理全过程，做到了文明竞争、守法经营、综合治理、齐抓共管。带领市场管理人员定期不定期地深入商户严查细检，杜绝了假冒伪劣产品流入市场，规范了市场交易行为。近年来，东升市场荣获“省文明规范市场”、“省级诚信单位”等多项荣誉称号。

裴海柱，山西东升华兴煤业有限公司总经理。25 年来，他扎根煤海，献身矿山，怀着一颗对工作负责、对集体负责的高度责任心，积极创新工作方法，坚持以人为本的经营管理理念，紧紧抓住“法、人、投、管、标、培”六项工作，大打“安全、质量、技术、成本”四个硬仗，2005 年实现利税 175 万元，实际上缴税金 191 万元。2002 年 6 月至 2006 年 5 月取得连续四年安全生产原煤 52 万吨零死亡的好成绩。2006 年 5 月受到阳泉市社会主义劳动竞赛委员会“五一”表彰并荣立三等功。

公民道德建设先进典型人物表彰大会

第四节　精神文明创建工作

物质文明是企业存在的形式，精神文明是企业的灵魂，两者相互依存，缺一不可。多年来，东升集团加强精神文明建设，巩固创建水平，为企业发展创造出更加宽松的环境。

2002年，东升集团继续以双文明创建活动为契机，开展企业文化建设。首先积极培育企业文化。“七一”前夕，组织排演了三个大型歌舞节目和一个合唱节目，参加分公司组织的文艺汇演，分别获得了两个二等奖、一个三等奖和优秀组织奖。通过上述活动，活跃了职工的文化生活，充分展示了煤运职工的风采，弘扬了企业精神。其次是巩固宣传阵地。公司设立了11块宣传栏，宣传精神文明建设的丰硕成果，培育企业文化。通过丰富职工的文化生活，充分调动了广大职工的工作积极性和创造性。引导全系统干群树立“三为”（即为用户服务、为煤矿服务、为地方经济服务）思想，增强服务意识，坚决杜绝收黑钱、放黑车和煤炭销售中的黑环节以及乱收费、乱罚款的各种以权谋私行为，树立东升良好形象，创建具有东升特色的企业文化。按照《山西省企事业档案管理标准》，进一步规范档案管理，调整公司档案管理领导组，建立健全档案管理制度，对现有档案重新组卷，实现档案的微机化管理，通过上硬件、抓软件，公司档案管理达到“国家二级标准”，通过构建企业文化体系，促进了公司两个文明的协调发展。

2005 年，“两节”期间，集团公司文艺活动阵容强大，富有特色，荣获全县“两节”活动特殊贡献奖。组织承办了全县纪念抗日战争胜利 60 周年暨“群星风采”广场文化活动，受到社会各界的广泛好评。组织职工参加了平定县第五届运动会，并取得了荣膺八强的优异成绩。作为全县企业文化建设先进单位之一，在全县企业文化建设现场会上作了先进经验介绍。《东升集团》报坚持正确的舆论方向，围绕中心，突出重点，全面记录和宣传报道了集团公司的新变化、新情况、新面貌。年底，中国文联出版社出版了反映东升集团十年来改革创业发展史的长篇报告文学《东升》。另外，妇女、共青团等各项工作也走在了全县前列。

“群星风采”广场文化活动

2006，年初集团公司组织举办了锣鼓队表演、“旭日东升”大型电视专场文艺晚会、元宵灯展等文艺活动，不仅展示了企业的发展成果，而且扩大了企业的对外影响。组织承办了“群星风采”广场文化活动，受到了社会各界的广泛好评。组织职工参加了阳泉市第五届职工运动会，女子拔河代表队取得了第四名的优异成绩。集团公司被市总工会授予“优秀单位”。同时集团公司足球代表队参加了阳泉足协杯比赛，获得了亚军。10 月 18 日，举办了“东升创建十年盛大庆典活动”，并在活动现场向县政府捐款20万元，用于帮扶贫困学子圆梦，极大地提升了东升品牌，凝聚了人气，促进了东升的持续发展。在“送温暖、献爱心”捐款活动中，公司系统向民政局捐款7000余元。集团公司锣鼓队还参加了刻花瓷艺术节民间艺术展演，深受与会专家和群众好评。《东升集团》报坚持正确的舆论方向，围绕中心，突出重点，全面记录和宣传报道了集团公司改革发展取得的新成果。另外，妇女、共青团等各项工作也走在了全县前列。有1名下属公司领导被团县委授予“平定县首届五四青年奖章”。在团县委组织的爱心捐助活动中，系统团委所属各支部共捐衣物1500多件。

东升创建十周年盛大庆典活动

第六章　文化教育

东升集团提高职工素质水平的主要措施之一，是不断地安排职工接受各类教育培训。

1996年以来，为适应生产、经营发展的需要，东升不断加强教育培训。

各类干部职工教育培训有：管理干部培训，包括集团科室负责人培训，下属公司的矿长经理培训；经营管理培训，包括经营管理人员的营销、法律法规、财会电算化、质量管理培训。

继续工程教育有：计算机培训、新进厂大学生培训。

操作岗位培训有：上岗培训、交通、消防安全培训、特种作业安全技术培训。

此外，东升与阳泉煤专、阳煤集团职业学校等本地中专、大专院校在培养专业人才方面进行了广泛而密切的合作，培训出一批实用人才。

东升为职工参与文化艺术活动构筑广阔的舞台。投资于1996年建成职工之家；2007年举行首届职工运动会。

《东升集团》报配合企业各个时期的中心工作和重大活动进行宣传报道，特别是2004年集团成立之初推出连续报道，对于推进企业改革创新起了很大的促进作用。在平定电视台每年都推出主题突出、时代性强的东升系列报道。

1999年7月28日，东升商贸有限公司获准使用“阳泉东升”互联网国际域名，东升商贸有限公司成为因特网中一员。2000年9月7日、8日，阳泉电视台播出连续报道专题片《东升现象探秘》。2001年12月初，由东升商贸有限公司策划、设计、制作的《平定风光壬午年》挂历印刷工作完成。2002年12月，由中国文联出版社出版的反映平定县煤炭运销公司改革发展历程的报告文学图书——《根在延伸》正式出版。2005年1月21日，《经济日报》刊发了题为《煤运公司转型启示》的评论员文章。2005年11月中旬，反映东升集团改革发展历程的长篇报告文学《东升》出版。由阳泉电视台录制的《东升十年大型庆典文艺晚会》在阳泉电视台、平定电视台播出，获得山西省电视艺术片一等奖。2006年2月19日，《光明日报》刊发了题为《东升煤业改革发展成效显著》的新闻报道。2006 年 2 月底，《中国经济建设》2005 年第二期刊发了题为《山西省煤运系统改制的一面旗帜——山西东升煤业集团改革发展纪实》的中国经济建设先进单位巡礼文章。

东升集团设计制作的挂历

反映东升集团改革发展历程的长篇报告文学《东升》

第一节　文化娱乐设施和活动

一　文化娱乐设施

由东升集团投资建造的东升职工之家，于 1996 年建成。其中有多功能歌舞厅、卡拉 OK 厅、展览厅、图书室和台球房等各类娱乐活动室。

二　文艺活动演出

2004 年 10 月 16 日，由阳泉市摄影家协会、平定县政协办公室、山西东升煤业

图书室

集团、共青团平定县委组织的为期近半月的“东升杯”摄影大赛拉开序幕。2004年11月28日，东升煤业集团组织的煤矿安全知识竞赛，在平定广播电视局举行。2005年7月8日，平定县纪念抗日战争胜利60周年暨2005年“群星风采”广场文化活动在东升花园启动。2005年7月26日，平定县第三届“东升杯”青年业余歌手大奖赛在东升花园中央广场拉开帷幕。

“东升杯”青年业余歌手大奖赛

三　举办大型文艺展演

2004 年 2 月 18 日，东升商贸有限公司、平定县文联、平定广播电视局联合举办了“东升之光”电视演唱会。2004 年 2 月 9 日，阳泉市“天元杯”百花迎春春节文艺汇演在市宾馆举行，“东升之光”大合唱荣获三等奖，东升商贸有限公司获组织奖。2005 年 3 月 8 日，山西东升煤业集团举办“三八”文艺晚会。2006 年 2 月 16 日，东升集团举办“旭日东升”大型文艺晚会。2006 年 10 月 18 日，东升创建十年大型庆典活动隆重举行。

“东升之光”电视演唱会

第二节　体育活动

2004 年 7 月 28 日，东升集团太阳队参加阳泉市“中国移动杯”足球联赛，位居第五名并获二等奖。

2006 年 6 月 12 日，东升集团女子拔河队在阳泉市第五届职工运动会上获得第四名。2006 年 7 月下旬，东升集团代表队获阳泉市“足协杯”足球联赛得第二名。

2007 年 6 月 26 日，正当全县人民喜迎建党 86 周年华诞之际，东升集团首届职工运动会在东升花园文体活动中心广场隆重开幕。东升集团全体董事以及东升集团公司所属阳胜煤业公司、同意煤业公司、华兴煤业公司、兴裕煤业公司、乱流煤站、东关煤站、商贸（物业、广告）公司组成的 8 个代表队、约 300 多名运动员和 22 名裁判员参加了开幕式。本届职工运动会共设篮球、拔河、乒乓球、羽毛球、4×100 米接力、象棋、华牌、台球等 8 个项目 11 个分项的比赛。各代表队将在赛场上展开激烈角逐。经过为期七天的激烈角逐，东升煤业集团首届职工运动会圆满完成各项赛程，于 6 月 29 日胜利闭幕。

东升集团首届职工运动会

通过七天的比赛，东升商贸公司获本届运动会团体总分第一名，乱流煤站、兴裕煤业公司分别获得团体总分第二、三名。阳胜煤业公司、华兴煤业公司、集团公司机关代表队、东关煤站、乱流煤站、同意煤业公司获最佳组织奖；东升商贸公司获特别组织奖；同时东升商贸公司和兴裕煤业公司获精神文明奖。在七天的比赛中，参赛运动员发挥自己的最佳状态、最高水平，更发扬“更高、更快、更强”的奥林匹克体育精神，赛出了风格，赛出了水平。经过比赛，各项赛事的冠、亚、季军各有所属。阳胜煤业公司赵计升、乱流煤站张瑞波、同意煤业公司王富平、兴裕煤业公司李春花、东升商贸公司张宏亮、华兴煤业公司王彦平分别获得乒乓球、羽毛球、台球、象棋等个人比赛项目冠军；乱流煤站张宏、王育斌获华牌比赛冠军；东升商贸公司获 4×100 米接力第一名；同意煤业公司、阳胜煤业公司分获男、女拔河比赛冠军；东升商贸公司篮球队获本届职工运动会男子篮球第一名。

第三节　报　刊

1999 年 5 月 14 日，《平定报 · 东升商讯》创刊，开创了平定县企业与党报联合办报的先河。2002 年 9 月 30 日，《东升商讯》加入山西省县市报协会。2002 年 12 月，《东升商讯》增刊审批手续批复，从 2003 年起，商讯改为周刊。2003 年 10 月 13 日，《东升商讯》经山西省新闻出版局批准，更名为《东升集团》。1999 年 8 月 15 日，东升商贸有限公司与平定报社联合举办《我眼中的东升》征文。2000 年 2 月 1 日，由平定东升商贸有限公司和平定报社联合主办的《我眼中的东升》有奖征文颁奖暨优秀通讯员座谈会在《东升商讯》编辑部举行。2000 年 11 月 3 日，“东升杯”第三届平定新闻奖揭晓，葛艳红采写的《乱流蔬菜与东升联姻缘喜煞本地商户和群众》荣获报纸类二等奖。2003 年 6 月，山西省市县报十一届好新闻评选揭晓，《东升商讯》的三件作品获奖。

2004 年东升集团成立后，《东升集团》报围绕深化企业改革、完成生产经营目标、加快重点工程建设、推进科技进步、精神文明建设等中心工作及重大活动进行宣传报道。特别是为庆祝东升创建十周年，《东升集团》报从生产、经营、管理、科技、党建、精神文明等多方面进行了全面系统的总结和报道。

《东升集团》报

第八篇
党 群 工 作

第八篇

[illegible]

概　述

1996年以来，东升集团各级党组织高举邓小平理论和“三个代表”重要思想伟大旗帜，始终坚持“围绕发展抓党建，抓好党建促发展”的方针，认真贯彻执行党的各项路线、方针、政策，重点落实《党章》中规定的“支持股东会、董事会、监事会和经理（厂长）依法行使职权”和“加强党组织的自身建设，领导思想政治工作、精神文明建设和工会、共青团等群众组织”等有关要求，团结凝聚职工群众，维护各方合法权益，促进企业健康发展。

各级工会充分发挥维护职工权益、提高职工待遇的主导职能，组织职工参加养老、医疗、失业和大病医疗互助等各类保险，开展“扶贫济困送温暖”等一系列活动，有力保证了职工的主人翁地位，呈现出职工与企业同呼吸、共命运、心连心的浓厚氛围。共青团、妇女、计划生育等其他工作有条不紊、有声有色，走在了全县先进行列。

第一章　共产党组织

1996年以来，在中共平定县委和平定县经贸系统党委的正确领导下，东升集团充分发挥各级党组织的政治核心作用和广大党员的先锋模范带头作用，坚持以开展“三讲”教育、“三个代表”重要思想教育和保持共产党员先进性教育活动为主线，通过不断加强党的组织建设、思想建设、作风建设和廉政建设，逐步使党建工作经常化、制度化、规范化，党组织的创造力、凝聚力和战斗力显著增强，企业呈现出“领导班子好、党员队伍好、工作机制好、发展业绩好、群众反映好”的良好态势。

第一节　组织建设

一　党委

中国共产党山西东升煤业集团有限公司委员会（以下简称东升集团党委）隶属于中共平定县经贸系统委员会。

2007 年 9 月 29 日，经平定县委组织部平组字［2007］59 号文批准，东升集团党委正式设立。

2007 年 9 月，中国共产党山西东升煤业集团有限公司委员会第一次代表大会选举产生第一届党委委员、副书记和书记。

书记：王　伸

副书记：李蔚峰　李福盛

党委委员：王　伸　李蔚峰　李福盛　史新华　祁爱生　王振华　刘君明
黄迎喜　刘宝国　朱世忠　马　健　李吉升　张志峰

二　党支部

东升集团党委辖 9 个党支部，支部及支部书记分别为：

中国共产党山西东升煤业集团有限公司机关支部委员会　书记：段合义
中国共产党山西东升阳胜煤业有限公司支部委员会　书记：黄迎喜
中国共产党山西东升同意煤业有限公司支部委员会　书记：刘宝国
中国共产党山西东升兴裕煤业有限公司支部委员会　书记：朱世忠
中国共产党山西东升华兴煤业有限公司支部委员会　书记：马　健
中国共产党山西东升煤业集团有限公司乱流煤站支部委员会　书记：李吉升
中国共产党山西东升煤业集团有限公司东关站支部委员会　书记：张志峰
中国共产党山西东升恒泰商贸有限公司支部委员会　书记：刘君明
中国共产党山西东升煤业集团有限公司汽车队支部委员会　书记：王加举

三　党员

截至东升集团党委成立，共有党员 220 人，按结构划分，其中：大专以上学历的党员占37%，女性党员占9%，45岁以下党员占61%；按支部划分，其中：公司机关党支部共有党员30名，东升阳胜煤业公司党支部共有党员39名，东升同意煤业公司党支部共有党员43名，东升兴裕煤业公司党支部共有党员37名，东升华兴煤业公司党支部共有党员17名，乱流煤站党支部共有党员14名，东关煤站党支部共有党员14名，东升恒泰商贸公司党支部共有党员11名，汽车队党支部共有党员15名。

东升集团党委认真贯彻“坚持标准，保证质量，改善结构，慎重发展”方针，把发展党员工作的重点放在生产一线关键岗位的优秀工人、班组长、优秀团干部、知识分子，特别是新进厂的大中专毕业生上。强化积极分子培养，注重从思想、组织、业务上引导、教育和激励积极分子。从确定发展对象、选送办班培训直至发展新党员进行全过程跟踪管理，确保发展新党员的质量。

通过不断发展党的组织，壮大党的队伍，东升集团各类先进人物中党员的比例超过80%，2/3的党员成了生产一线的骨干、技术攻关的能手，技改项目的负责人多数是共产党员。同时，东升集团的入党积极分子人数达120人。

第二节　思想建设

一　“三讲”教育

2001年下半年，根据县委关于深入进行以“讲学习、讲政治、讲正气”为主要内容的党性、党风教育工作的安排部署，东升集团各级党组织遵循必须始终立足于学习提高。必须紧紧围绕全面贯彻党的基本路线，把开展“三讲”教育同推动当前工作结合起来。必须充分发扬党内民主，坚持群众路线。必须认真开展批评和自我批评，进行积极的、健康的思想斗争的“四项原则”，即思想发动，学习提高；自我剖析，听取意见；交流思想，开展批评；认真整改，巩固成果的“四个步骤”，紧密联系改革、发展、稳定的实践，紧密联系干部的思想实际和工作实际，以整风的精神扎扎实实开展了“三讲”教育，达到了思想上有明显提高，政治上有明显进步，作风上有明显转变，纪律上有明显增强的“四大目标”。

二　“三个代表”重要思想教育

公司党委提出，生产经营是“本”，党建和思想政治工作是“魂”的理念。强调各级党组织领导是政治工作的第一负责人，党政干部承担生产经营和思想政治工作双重职责。同时建立起层层有人抓、事事有人管的思想政治工作网络和信息反馈网络，公司党委和行政部门可以及时掌握第一线员工的思想动态。

公司抓住时代特点，通过开展政治、业务、技术和文化培训，举办各种报告会、研讨会，开展技术知识、文艺、体育、朗诵等竞赛活动，造就了一支高素质职工队伍。

集团公司还提出“还权于民，让民参政”的政策，实行厂务公开，行政工作报告、公司重大决策、职工生活中的难点热点等都交给职工广泛讨论。面对企业和职工的困难，公司党委带领领导干部进职工门，知职工情，解职工难，暖职工心。

东升集团在学习“三个代表”重要思想时，在实践中突出党委的领导作用，把“三个代表”重要思想与职工身边的具体事结合起来，与企业发展相结合。在集团公司实现利润稳定增长的同时，职工收入也比往年有了较大幅度的提高。这说明在社会主义市场经济条件下，公司党委利用职工身边事开展“三个代表”重要思想教育，党组织成为职工的“主心骨”，成为东升集团围绕市场转动的“轴心”。

三　先进性教育

2005 年 7 月 15 日，东升集团召开保持共产党员先进性教育动员大会。会议宣读了《山西东升煤业集团开展保持共产党员先进性教育活动的实施方案》，明确提出了开展保持共产党员先进性教育活动的指导思想、目标要求、时间安排、方法步骤和组织领导。自此，东升集团保持共产党员先进性教育活动正式开展。

集团公司各级党组织坚持理论联系实际，务求实效；以正面教育为主，认真开展批评与自我批评；发扬党内民主，走群众路线；领导干部带头，发挥表率作用；区别情况，分类指导的原则，采取切合实际的方式方法，开展有效的教育活动。

通过建立领导责任制、党员领导干部联系点制度、督察制度和群众监督评价制度，经过第一阶段的学习动员，第二阶段的分析评议，第三阶段的整改提高，达到了提高党员素质、加强基层组织、服务人民群众、促进各项工作的良好目的。

之后，根据中共中央《关于加强党员经常性教育的意见》、《关于做好党员联系和服务群众工作的意见》、《关于加强和改进流动党员管理工作的意见》和《关于建立健全地方党委、部门党组（党委）抓基层党建工作责任制的意见》等四个保持共产党员先进性长效机制文件，东升集团党委将党的先进性建设作为一项长期任务，进一步巩固和扩大了先进性教育活动成果，更好地发挥了广大党员的先锋模范作用，增强了各级党组织的创造力、凝聚力和战斗力。

第三节　作风建设

一　“八个坚持，八个反对”

党的作风，关系党的形象，关系人心向背，关系到党的生命。2001 年，根据党的十五届六中全会审议并通过的《中共中央关于加强和改进党的作风建设的决定》和省市县党委的安排要求，东升集团集中开展了“坚持解放思想、实事求是，反对因循守旧、不思进取”；“坚持理论联系实际，反对照搬照抄、本本主义”；“坚持密切联系群众，反对形式主义、官僚主义”；“坚持民主集中制，反对独断专行、软弱涣散”；“坚持党的纪律，反对自由主义”；“坚持艰苦奋斗，反对享乐主义”；“坚持清正廉洁，反对以权谋私”；“坚持任人唯贤，反对用人上的不正之风”的作风大整顿，从思想、政治、组织、纪律、制度等方面进一步端正了党风，纯洁了行风，纯化了民风。

二　“八荣八耻”

2006 年，根据胡锦涛总书记提出的：“以热爱祖国为荣、以危害祖国为耻，以服务人民为荣、以背离人民为耻，以崇尚科学为荣、以愚昧无知为耻，以辛勤劳动为荣、以好逸恶劳为耻，以团结互助为荣、以损人利己为耻，以诚实守信为荣，以见利忘义为耻，以遵纪守法为荣、以违法乱纪为耻，以艰苦奋斗为荣、以骄奢淫逸为耻”的社会主义荣辱观，东升集团各级党组织带领全体党员和群众深入开展了“八荣八耻”社会主义荣辱观教育，进一步激发了全体员工“践行社会主义荣辱观，争当东升集团好员工”的主动性、积极性与创造性。

三　八个方面良好风气

为认真贯彻胡锦涛总书记在中纪委第七次全体会议上提出的领导干部在工作中大力倡导“勤奋好学、学以致用，心系群众、服务人民，真抓实干、务求实效，艰苦奋斗、勤俭节约，顾全大局、令行禁止，发扬民主、团结共事，秉公用权、廉洁从政，生活正派、情趣健康”八个方面的良好风气，2007年东升集团各级党组织根据新形势新任务的要求，全面加强思想作风、学风、工作作风、领导作风、干部生活作风建设，弘扬新风正气，抵制歪风邪气，着力解决突出问题，努力实现领导干部作风的进一步转变，为构建和谐企业提供了有力保障。

第四节　廉政建设

一　领导干部廉洁自律

1996年以来，东升集团相继制订《领导干部收入申报制度》、《重大事项报告制度》、《业务招待费使用情况向职代会报告制度》、《礼品、礼金登记制度》、《关于副职以上干部廉洁自律的若干规定》等制度。每年，东升党支部至少召开一次以廉洁自律为主题的民主生活会，自查自纠；建立监督岗和党风监督网络，发挥群众监督作用。

1996年以来，通过严格控制新建和装修办公楼、严格控制各种庆典活动和精简各类会议、全面清理通讯工具等工作的开展，共节省资金100余万元。

二　效能监察

东升制定公司效能监察实施意见，突出以提高企业的经济效益为重点，对企业财务管理、物资管理、工程管理等开展效能监察。1996~2006年，效能监察共立项50个，为企业增创经济效益10万元。

第二章　工　会

第一节　组织建制与工会会员代表大会

截至2006年底，东升集团公司工会委员会（简称东升工会）设主席1人，副主席2人。东升工会下属有集团公司机关、东关、乱流铁路发运站、同意、阳胜、兴裕、华兴煤业公司7个基层工会委员会，工会会员757人。

2005年11月20日，东升集团召开第一次工会会员代表大会，103名工会会员代表、28名列席代表参加了大会。县委常委、县总工会主席杨艳红，县人大副主任刘选民，县政协副主席王伸，县总工会副主席毕书玉等领导应邀参加会议并讲话，东升集团董事会全体成员出席了会议。大会总结过去几年工会工作，明确今后一个时期工会工作指导思想，提出全面实现公司的煤炭安全、生产、销售、矿井建设、商贸流通、房地产

东升集团第一次工会会员代表大会

开发、广告业务等多种产业持续发展的奋斗目标，动员和组织职工发扬主人翁精神，充分发挥工会组织作用，特别是发挥全体员工的主力军作用，为东升经济快速、持续、健康发展作出新的贡献，为实现集团公司的宏伟目标而努力奋斗。大会修订、完善工会各项规章制度，建立工会委员会定期向会员代表大会报告工作制度。大会民主选举产生东升工会第一届委员会、经费审查委员会。会议通过等额选举办法，依法投票选举李福盛、马健、祁爱生等11名同志为东升集团第一届工会委员；选举王振华、石销、段合义3名同志为东升集团第一届工会经费审查委员会委员。东升集团董事、副总经理李福盛当选为第一届工会主席，刘宝国、刘利峰当选为第一届工会副主席。

第二节　劳动竞赛和评选先进

一　社会主义劳动竞赛

东升集团各级工会围绕生产经营目标，组织职工开展劳动竞赛。

二　职工技术操作比赛

东升集团工会每年开展注重质量、实绩和针对性强的操作比赛活动。积极开展岗位练兵、技术比武等活动，组织丰富多彩的文体活动，丰富了职工文化生活。2006年11月，集团公司组织举办了安全技术比武大赛，在企业内部形成了比、学、

比武大赛

赶、帮、超的氛围，对培养技术型人才，实现科学化管理起到极大的推动作用。

三　劳模、先进评选表彰

1996～2006年，东升共评选表彰先进个人300个；获得全省、市、县劳模称号的有：全省劳模1人，全市劳模20人，全县劳模50人。

2006年，东升集团被山西省劳动竞赛委员会授予“山西省集体二等功”；东升集团公司工会被县总工会授予“先进集体”荣誉称号的；同时集团工会及所属基层工会组织在阳泉市职工代表大会标准化建设中，被市总工会认定为三星级职工代表大会。

山西省劳动竞赛委员会授予东升集团集体二等功

第三节　集体合同与工会法律工作

一　建立平等协商、签订集体合同制度

2005年11月，为配合东升集团建立和实施劳动合同制，东升工会经广泛征求群众意见和充分酝酿，拟订出东升集团公司集体合同初稿，提交东升工会全委扩大会讨论审议通过；并与东升行政部门进行集体协商后，确定《集体合同》草案，提交东升职工代表大会审议通过。为确保《集体合同》落实，监督委员会对《集

体合同》履行情况进行监督检查。在东升工会与有关部门配合下，《集体合同》得到较好落实。

二　工会法律工作

东升工会及时编印《中华人民共和国劳动法》小册子等宣传资料，发至各个班组，组织全体职工和各级工会干部认真学习，并进行劳动法专题讲座和辅导。组织召开职工座谈会，收集职工意见和建议；举办大型咨询活动，为职工进一步领会劳动法的精神实质提供服务。

第四节　劳动保护

一　劳动保护工作

1996~2006年，工会加强劳动保护培训，共举办劳动保护培训班100余期。从1996年起，东升强化劳动保护的源头参与，将安全措施、环境保护措施项目及经费使用列入职代会审议和表决范畴，组织职工代表参与安全措施、环境保护措施计划的制定，增强劳动保护决策的民主化和科学化。1996年后，通过《集体合同》把劳动保护方面的内容，以企业规章制度的形式加以确定，为职工劳动保护的具体实施提供法律保障。

二　加强监督检查

1996~2006年，各级工会共组织各类巡检达100余次，发现各种隐患达千余项，大部分得到了整改。1997年，组织巡检或会同行政部门巡检达109次；重点工程现场巡视检查10次，提出20条意见和建议，并跟踪整改。

三　劳动保护群防群治活动

各级工会组织坚持每年开展“百日安全无事故”竞赛活动，发动职工查隐患、堵漏洞、促整改。东升工会坚持每年开展高温现场慰问。2002~2006年，组织煤矿吸尘岗位职工2000人进行职业病体检；并安排发现患吸肺职业病的煤矿职工进行治疗。

第五节 帮困捐助

1996年以来，东升集团多次修订“职工困难补助办法”，共补助职工约300人次，金额达10万元。每年春节，各级工会开展“送温暖”活动累计达200人次，慰问金额达5万元。

1996～2006年的春节前夕，各级工会发动职工开展向困难职工“献爱心”活动，共捐款10万元。2006年在“送温暖、献爱心”捐款活动中，公司系统向民政局捐款7000余元。

公司领导慰问困难职工

第六节 班组建设

1996年以来，东升集团建立100多个岗位规范项目。积极开展先进班组创建活动。班组建设突出降成本、增效益和提合理化建议等指标，把各项指标落实到班组。每年，东升召开班组建设工作会议，推动班组建设不断深入。截至2006年底，在东升300个现场班组中，共评出先进班组50个。

东升集团总结表彰大会

第七节　女职工工作

各级工会组织重视维护女职工的特殊利益，增强女职工“四自”（自尊、自信、自立、自强）意识，努力提高女职工对市场经济的适应能力。东升工会组织全体女职工学习《中华人民共和国劳动法》、《中华人民共和国妇女权益保障法》，发动女职工参加妇女权益保障法知识竞赛。各级工会鼓励女职工“精一门、会二门、学三门”。截至2006年，共组织30期、3000人次女职工参加技术和业务学习，提高女职工岗位技术水平。

第三章 共青团

第一节 组织建制与组织建设

一 组织建制

中国共产主义青年团东升集团公司委员会（简称东升团委）由刘利峰任团委书记。截至2006年底，有直属团支部3个，团员10人。1996～2006年，共推荐40名优秀团员加入中国共产党。

二 组织建设

1996～2006年，东升团委积极推进团的自身建设，先后颁发《关于加强共青团团干部队伍建设的若干意见》、《推荐优秀团员青年作为党的发展对象工作制度》、《关于团费收缴和管理使用的规定》以及团干部述职考核、团员民主评议制度等文件，使团组织活动进一步制度化、正规化。切实加强对基层团组织的严格考核，年底对基层团支部进行评定，并将考核结果与团干部的述职考核、输送及培训相挂钩，做到奖惩分明。

第二节 团员教育与管理

一 培训骨干

1996～2006年，东升集团团委积极组织团干部系统地学习团的基础知识，以提高团干部的政治理论水平和业务工作能力；选送优秀团干部参加学历培训及会计知识、财务知识、计算机应用等技能培训，着力培养高素质、复合型的团干部。

二　团员青年思想教育

1996~2006年，东升集团团委发挥东升团校的教育阵地作用，有计划、有重点地对团员青年进行系统培训。组织团员青年认真学习邓小平理论和中共十四大、十五大、十六大精神，对团员青年进行“三观”（世界观、人生观、价值观）、“三德”（社会公德、职业道德、家庭美德）、“三个主义”（爱国主义、集体主义、社会主义）、“五感”（光荣感、紧迫感、责任感、危机感、使命感）教育；并组织一系列具有教育意义的活动，引导青年树立远大理想，肩负起企业改革创新的使命。

三　民主教育评议

1996~2006年，东升集团团委和各基层团组织每年开展团员民主教育评议工作，以“做表率、树形象、创一流”为主题，通过学习教育、民主评议、组织处理等程序，并辅以团章、团史知识竞赛等活动，强化团员先进模范意识，增强团组织活力。

第三节　希望工程

东升集团团委积极参与做好为希望工程捐资助学工作。2006年，在团县委组织的爱心捐助活动中，系统团委所属各支部共捐衣物1500多件。10月18日，在“东升创建十年盛大庆典活动”，东升集团董事长在活动现场代表公司向县政府捐款20万元用于帮扶贫困学子圆梦，极大地提升了东升品牌，凝聚了人气，促进了东升的持续发展。

第四节　技术比武和青年岗位能手活动

1996以来，东升团委广泛开展“青年岗位能手”活动。各基层团支部制定出台“青年岗位能手”活动的方案、实施细则和配套措施，激励青年不断进取、岗位成才。广大青年立足岗位争当能手，涌现出一批全县、全市的“青年岗位能手”。2006年，东升广告公司经理葛海林被团县委授予“平定县首届五四青年奖章”。

第五节　青年文化活动

1996~2006年，东升集团团委加强青年文化建设，开展各种文化、体育活动，展示青年精神风貌，营造良好文化氛围。每年举行东升青年文化活动，开展文化体育比赛；邀请专家、学者作专题讲座，与青年畅谈人生。团委加强青年文化活动的阵地建设，新建活动室、文化室和图书室，作为青年工余时间参加文体活动主要场所，为青年免费提供舞会、卡拉OK、报刊阅览及乒乓球、台球等活动项目，丰富东升青年业余文化生活。

第九篇

多元产业

概　述

东升集团多元产业缘起于体制改革。为进一步加快发展，东升积极培育新的经济增长点，逐步建立自负盈亏的多元产业。1996～2006年，先后在商贸流通、煤炭生产销售、广告、房地产、物业管理等产业中组建了一批全资子公司、控股公司。商贸流通领域组建了山西东升恒泰商贸有限公司；煤炭生产销售领域组建了山西东升阳胜煤业有限公司、山西东升同意煤业有限公司、山西东升兴裕煤业有限公司、山西东升华兴煤业有限公司；广告领域组建了山西东升恒泰广告有限公司；房地产领域组建了山西东升恒泰房地产开发有限公司；物业管理领域组建了平定县东升物业管理有限公司。

东升多元产业的发展方向为，一是以东升为市场，立足服务东升；二是提高经济效益和社会效益，尽快实行资产增值；三是发展相关产业，巩固和提高东升形象。多元产业各公司在与东升确定互相法律关系、行政关系和经济关系的基础上，发展成为相对独立的经营实体。子公司具有法人资格，实行自主经营、独立核算、自负盈亏；子公司按照市场经济原则，在为东升服务好的前提下，面向市场，开展经营。东升是子公司的出资者，依法享有子公司的全部或大部分的资产所有权和资产受益、重大决策、授聘经营管理者等权利。

第一章　商贸流通业

商贸流通业是东升多元产业中的重要产业，山西东升恒泰商贸有限公司创办的实体——东升市场，由综合市场、建材市场、农贸市场、购物中心、灯饰城、电器城和超市组成，注册资金2529万元。

发展和壮大商贸流通业，是东升发展战略的重要目标之一。通过1996～2006年的十年发展，东升已经建成包括综合市场、建材市场、农贸市场、购物中心、纺织品城、电器城和超市于一体，占地80余亩，营业面积8万平方米，交易摊位

1000余个，入驻商户涉及十余省市逾千家，日客流量近5万人次，年成交额超2亿元的晋东地区最大的商品集散地和大型物流中心。

第一节　东升商贸有限公司诞生

1996年6月25日，太旧高速公路正式通车，石太高速公路随之贯通。平定县煤炭运销公司紧紧围绕“依托黄金通道，开发特色产业”的战略构想，决定在距离石太高速公路平定出入口处仅50米的平定县煤炭运销物资公司兴建批发市场。8～9月，经过紧张的筹备，首次募集资金190万元，正式组建平定东升商贸有限公司，开始开发建设东升批发市场。

1996年8月30，平定县煤炭运销公司召开平定东升商贸有限公司组建成立大会。会议议定：平定东升商贸公司注册资金190万元，全部是职工合股基金会出资。王伸、李蔚峰、李福盛、葛树标、张兵、李志银、王振华、王文平、褚惠莲、徐振邦、崔爱青、刘双明、石销、丁玉利、张秀屏、高丽华、王加菊、刘振启、刘宝国、李恒周、岳建军、祁爱生、赵署光、王华平、刘俊文、张辉、田瑞林、白二虎、岳金仁、黄迎喜、史桂平、刘晋华、卢瑞明、褚惠生等34名自然人出资15万元，占8%。会议选举王伸任东升商贸公司总经理，葛树标、翟振泽任副经理。

在完成一系列审批手续的基础上，9月7日，平定东升商贸有限公司经平定县工商行政管理局核准，予以登记注册，正式宣告成立。

第二节　体制架构

东升商贸有限公司从成立之初就组建为股份制企业，多年来大力倡导并推动建立了适应现代企业制度要求的管理体制，进一步理顺了决策层、经营层、管理层、监督层之间的职权关系，形成了运作规范、各负其责、协调运转、有效制衡的管理体制。

一　股东会

1998年4月22日，平定东升商贸有限公司召开首次股东大会。会议议定：公司股东出资总额为1000万元，由15个股东组成。其中股东分别为：平定县煤炭运销公司个人合股基金会（代表：王伸）、乱流煤炭发运站个人合股基金会（代表：张兵）、东关煤炭发运站个人合股基金会（代表：李蔚峰）、白羊墅煤炭发运站个人合股基金会（代表：李福盛）、南謩石煤焦销售营业站个人合股基金会（代表：赵署光）、锁簧煤焦销售营业站个人合股基金会（代表：刘俊文）、平定县煤炭运销物资公司个人合股基金会（代表：葛树标）、晟桥鞋厂个人合股基金会（代表：王平）、平定县煤炭运销公司（法人代表：王伸）、乱流煤炭发运站（法人代表：张兵）、东关煤炭发运站（法人代表：王文平）、白羊墅煤炭发运站（法人代表：丁玉利）、平定县煤炭运销物资公司（法人代表：翟成春）、平定县煤炭运销公司汽车队（法人代表：王加举）、平定县煤炭运销服务中心（法人代表：褚惠生）。8个职工合股基金会共计出资512.92万元，占总股本的51.3%，7个法人单位共计出资487.08万元，占总股本的48.7%。

1998年5月8日，平定东升商贸有限公司召开第一届股东会第二次会议，审议通过了《平定东升商贸有限公司章程》，决定公司注册资本增加810万元，为1000万元，并选举产生了第一届董事会、监事会。

东升商贸有限公司召开首次股东大会

2001年1月8日，平定东升商贸有限公司第一届股东会第五次会议议定：成立公司时原7个法人的出资额分别转让给与其对应的职工合股基金会，各职工合股基金会推选代表人参加股东会，行使股东权利。34 名自然人股东增加出资额，并加入股东会。公司总股本为 1500 万元，其中：平定县煤炭运销公司职工合股基金会（代表：田凤军）、乱流煤炭发运站职工合股基金会（代表：史吉怀）、东关煤炭发运站职工合股基金会（代表：王玉琳）、白羊墅煤炭发运站职工合股基金会（代表：高素婷）平定县煤炭运销物资公司职工合股基金会（代表：翟有蝉）、平定县煤炭运销公司汽车队职工合股基金会（代表：李吉升）、平定县煤炭运销服务中心职工合股基金会（代表：朱世忠）等 7 个职工合股基金会出资额共计 1215.1 万元，34 个自然人股东出资额共计 284.9 万元。

2001 年 1 月 10 日，平定县工商行政管理局核准了 7 个职工合股基金会递交的申请登记注册书，下发了职工合股基金会登记证书，正式批准登记注册。1 月 12 日，7 个法人与其相对应的职工合股基金会分别签订股权转让协议。1 月 17 日，阳泉科信会计师事务所出具验资报告（阳科信会验字［2001］第 2 号）。1 月 18 日，平定县工商局核准平定东升商贸有限公司递交的公司变更登记申请书，正式核发了新的营业执照。

2001 年 3 月 10 日，平定东升商贸有限公司第二届股东会第二次会议审议通过《平定东升商贸公司章程》修正案，同意公司注册资本增至 2529 万元。3 月 26 日，阳泉科信会计师事务所出具验资报告（阳科信会验字［2001］第 14 号）。

2004 年 7 月 3～18 日，7 个职工合股基金会进行换届选举。张志峰、段计生、王玉琳、高素婷、李吉升、朱世忠、翟有蝉分别当选为平定县煤炭运销公司职工合股基金会、乱流煤炭发运站职工合股基金会、东关煤炭发运站职工合股基金会、白羊墅煤炭发运站职工合股基金会、平定县煤炭运销公司汽车队职工合股基金会、平定县煤炭运销服务中心职工合股基金会、平定县煤炭运销物资公司职工合股基金会新一届代表。

2004 年 7 月 26 日，山西东升恒泰商贸有限公司根据山西省工商行政管理局（晋）名称变核企字［2004］第 515 号《企业名称变更核准通知书》，平定东升商贸有限公司的名称变更为“山西东升恒泰商贸有限公司”。7 月 28 日，平定县工商行政管理局为其核发新的营业执照。

2005 年 9 月 10 日，第三届股东会第二次会议审议批准了《关于增补刘君明为股东的建议书》，同意刘君明依法受让岳建军转让的出资额，并增补为公司股东。

至此，历经数次股金转让与职工合股基金会代表调整，山西东升恒泰商贸有限公司股东会共有股东 38 名，分别为：王伸、张兵、李蔚峰、史新华、李福盛、葛

职工合股基金会进行换届选举

树标、王振华、祁爱生、刘宝国、黄迎喜、刘双明、王华平、张志峰、段计生、王玉琳、高素婷、李吉升、朱世忠、翟有蝉、张秀屏、刘君明、石销、田瑞林、褚惠莲、李恒周、崔爱青、高丽华、史桂平、徐振邦、刘晋华、张辉、白二虎、丁玉利、岳金仁、赵署光、卢瑞明、王加举、褚惠生。

二　董事会

1998年5月8日，平定东升商贸有限公司召开第一届股东会第二次会议，选举产生第一届董事会。董事会成员为：王伸、张兵、李蔚峰、李福盛、丁玉利、王文平、赵署光、刘俊文、张秀屏，共9人。

同日，第一届董事会第一次会议选举王伸为董事长，张兵为副董事长。

2001年1月15日，平定东升商贸有限公司第二届股东会第一次会议选举产生了第二届董事会。董事会成员为：王伸、张兵、李蔚峰、葛树标、李福盛、王文平、石销、翟有蝉、张秀屏，共9人。

同日，第二届董事会第一次会议选举王伸为董事长，张兵为副董事长。

2004年2月1日，平定东升商贸公司第三届股东会第一次会议选举产生了第三届董事会。董事会成员为：王伸、张兵、李蔚峰、史新华、李福盛、葛树标、王振华、张秀屏、祁爱生、刘宝国、黄迎喜、刘双明、王华平，共13人。

同日，第三届董事会第一次会议选举王伸为董事长、张兵为副董事长。

东升商贸公司董事会

三 监事会

1996 年 8 月 30 日，平定东升商贸有限公司股东会召开首次会议，选举李志银为监事。

1998 年 5 月 8 日，平定东升商贸公司第一届股东会第二次会议选举产生第一届监事会。监事会成员为：葛树标、李志银、王振华。

同日，平定东升商贸有限公司第一届监事会第一次会议选举王振华为监事会召集人。

2001 年 1 月 15 日，平定东升商贸公司第二届股东会第一次会议选举产生第二届监事会。监事会成员为：田瑞林、张志峰、翟永庆。

同日，平定东升商贸有限公司第二届监事会第一次会议选举田瑞林为监事会召集人。

2004 年 2 月 1 日，平定东升商贸公司第三届股东会第一次会议选举产生第三届监事会。监事会成员为：石销、田瑞林、张志峰、翟有蝉、翟永庆。

同日，平定东升商贸有限公司第三届监事会第一次会议选举石销为监事会召集人。

四　经理层

1998年5月8日，平定东升商贸有限公司第一届董事会第一次会议聘任王伸为总经理；由总经理王伸提请，经会议表决通过，聘任张兵为副总经理（兼东升市场经理）。

2001年1月15日，平定东升商贸有限公司第二届董事会第一次会议聘任王伸为总经理；由总经理王伸提请，经会议表决通过，聘任张兵为副总经理（兼东升市场经理）。

2004年2月1日，平定东升商贸有限公司第三届董事会第一次会议聘任王伸为总经理；由总经理王伸提请，经会议表决通过，聘任张兵为副总经理（兼东升市场经理）。

2005年9月25日，山西东升恒泰商贸有限公司召开第三届董事会第二次会议，根据王伸关于辞去总经理职务的申请，表决同意王伸辞去总经理职务；聘任张兵为总经理；由总经理张兵提请，经会议表决通过，聘任张秀屏、葛海林、李国华、刘君明为副总经理，聘任王振华为总会计师，贾昆为副总会计师。

2006年12月31日，由总经理张兵提请，经董事会表决通过，聘任李秋云为总经理助理。

第三节　发展过程

十年来，平定东升商贸有限公司通过兴办东升市场、发展商贸流通，培育出新的经济增长点，为公司持久、快速、健康地发展，提供了动力、拓展了空间，公司经营实力明显增强。

1996年8月30日，平定东升商贸有限公司召开第一届股东会第一次会议和第一届董事会第一次会议，通过了公司章程，选举产生了董事会、监事会、经理层等相关机构。

1996年9月7日，平定东升商贸有限公司经工商部门依法注册，签发营业执照，正式宣告成立。

1996年9月10日，平定东升商贸有限公司隆重举行东升市场奠基仪式，一期工程开始动工建设。

东升综合市场一期市场建设场面

1997 年 7 月，占地 9324 平方米、营业面积 15000 平方米的东升市场一期工程按期胜利竣工。10 月 27 日，东升市场举行剪彩仪式，正式开始营业。历经“两条战线”（广告宣传、上门招商）、“三路大军”（华北、华中、华东）招来的 300 余个商户入驻经营。从此，东升市场以其崭新面貌喜迎八方来客。

东升市场一期工程剪彩仪式

整装待发的招商宣传车

东升市场一期工程竣工之际，占地 10000 平方米、营业面积 9000 平方米的东升市场二期工程开工建设。二期工程吸取一期工程的经验，设计更加科学，结构更加坚固，布局更加合理，费用更为节省。

1998 年 6 月，东升市场二期工程竣工。两个市场交相辉映，相得益彰，呈现出一派繁荣兴旺景象。

1999 年，国家计委批准在山西省扶持建设三个蔬菜批发市场。经过积极申报、上级考察论证，国家扶持建设的“菜篮子”重点工程——阳泉晋东蔬菜副食批发市场落户东升。7 月 6 日，东升市场三期工程，即阳泉晋东蔬菜副食批发市场举行开工奠基仪式。9 月 28 日，总投资 1889 万元（其中国家贷款 700 万元）、占地 10000 平方米、营业面积 5000 平方米的阳泉晋东蔬菜副食批发市场蔬菜瓜果区建成营业。

1999 年 10 月，营业面积 10000 平方米的东升市场四期工程，即粮油、建材专营市场开工建设。

2000 年元旦，东升市场四期工程建成营业。

2000 年 3 月 8 日，占地面积 10000 平方米、营业面积 8000 平方米的东升市场五期工程，即建材专营市场开工建设。同年 8 月 1 日，五期市场正式营业。

2000 年 5 月，为了实现从“低档全、中档廉”向“高档精”的新跨越，东升商贸公司募集股金 700 余万元，决定建设东升商厦。6 月 5 日，东升商厦开工兴建。

2001 年 9 月 26 日，立足高起点、高标准、高水平建设的东升商厦隆重开业。商厦从东至西横向跨度 240 米，营业面 4000 余平方米，为四层框架结构，设施先

东升建材市场

进，环境优美，吸引了一批知名品牌经销商代理加盟，开业之初摊位占有率就达95%以上。同时，为商户分两批招聘了百余名大中专毕业生，统一培训上岗，统一服务标准，统一考核奖惩，商厦的整体管理水平和经济效益大幅提高。

东升商厦隆重开业

2002年2月，东升市场一、三期工程同时开始改造。4月，一期改造工程完工。6月23日，三期改造工程完工。

2002年5月8日，东升商贸公司决定开办便利连锁超市。5月28日，秉承“好东西、真便宜”的经营理念，营业面积400平方米的东升便利连锁超市旗舰店——东升超市正式开业。之后，谷头分店、柏井分店、岩会分店相继加盟开业。

东升超市

2003年6月，东升商贸公司对东升市场进行区域调整。二期市场以前经营干货、鲜菜、水产、调味品、生肉、熟肉制品的商户调入三期市场，组建农贸市场；二期市场专营的五金、日杂、小百货，与一期市场共同组成综合市场；粮油、建材市场经营粮油的商户调入农贸市场，此市场专营建材商品，组建新的建材市场。

2004年2月1日，东升商贸公司召开每三届第一次股东大会，审议批准了第二届董事会、监事会工作报告；审议通过了《关于增加股东的建议》和《关于修改公司章程的建议》；选举产生了第三届董事会和监事会。第三届董事会第一次会议选举王伸为董事长，第三届监事会第一次会议选举石销为监事会召集人。

2005年1月1日，东升新区暨东升购物中心、东升电器城、东升纺织品城剪彩仪式隆重举行。

2006年，将纺织品城商户整体搬迁至购物中心，使购物中心的总体实力和竞争能力得到增强。将东升纺织品城改造为精品灯饰城。经过大力招商，重新装饰，年

东升新区暨东升购物中心、电器城、纺织品城剪彩仪式

底进入试营业阶段，经营品种更加齐全。改造了周边小吃一条街，使东升新区环境面貌彻底改变。

东升灯饰城

第四节　经营管理

东升市场开业以来，一直坚持“先发展后规范，规范发展看阶段，发展之中求规范，规范才能大发展”的方针，坚持不懈抓招商，整章建制抓管理，突出特色抓销售，严查细检抓安全，以人为本抓队伍，统筹兼顾抓效益，促使经营结构不断调整，经营规模不断壮大，经营档次不断提升，经营管理不断创新。

1. 低收费，广招商，调结构，扩规模，市场开发不断迈出新步伐。

建市之初，东升市场就制定了“四条凡是”优惠政策：一是凡进驻东升市场的商户，签订两年合同者，可免收一年房租及柜台租金。工商、税务等各种手续由市场代办，并保证商户的切身利益不受侵害；二是凡进驻东升市场的商户，从进入市场之日起半年内免交市场管理费、社会治安费、卫生费和水费；三是凡进入东升市场的商户，在仓储、食宿、子女入学等方面，提供便利条件和优质服务；四是凡来东升市场投资经营的商户，除享受国家及省市县有关优惠政策外，市场在结算开户、产品销售、货物运销、商品广告等方面提供全方位服务，并对引进资金、项目的中介机构和个人予以一定比例的奖励。另外，为了妥善安置外地商户，不到两个月的时间，突击建起了占地1000多平方米、水电暖齐全的仓储、住宿等后勤服务设施。之后，市场一直把“招商、扶商、优商、亲商”作为市场发展引擎，始终坚

仓储、住宿等后勤设施

持“先放水、后养鱼”、“先扶持、后效益”的治市原则，巩固壮大老商户，争取吸引新商户，形成了相对稳定的商户群体。与此同时，从一期市场到五期市场，从东升商厦到购物中心，一年建一个新市场，一年有一个新变化，使东升市场逐步发展成为占地面积60余亩，营业面积6万平方米，仓储、住宿面积5000平方米，交易摊位1200余个，集综合、农贸、电器、建材、灯饰、超市、购物中心等七个市场商场于一体，批发零售相结合，晋东地区最大的商品集散地和大型商贸流通中心之一。

2. 讲诚信，树声誉，除隐患，保安全，综合治理不断取得新成效。

为了建设诚信东升、安全东升、文明东升，市场坚持综合治理、齐抓共管的方针，多管齐下，整体推进，极大地改善了市场环境。2000年4月30日，平定县消费者协会东升市场分会正式成立。分会坚持以《中华人民共和国消费者权益保护法》为指导，紧紧围绕“规范市场行为，净化市场行为，为消费者服务，为经营户服务”的宗旨，建立健全了《东升市场商户管理办法》、《东升市场质量管理规定》、《东升市场争议解决办法》、《东升市场预赔金制度》等相关规章制度，坚持不懈开展了“严打假冒、以质兴市”活动，真正做到了有诉必接、有假必打、有难必解、有案必查。从严打假冒伪劣商品，保护消费者合法权益出发，每年都要处理一定数量的消费纠纷，年均收缴销毁假冒伪劣商品标值2万余元，为消费者挽回经济损失5万余元。县公安局设立了东升市场派出所，市场设有消防保安部，制定了较为完善的保安和消防制度，招聘了具有丰富保卫经验的退伍军人全天候执勤。全体保安人员警钟长鸣，严密防范，加强巡逻，严细检查，防火、防盗、防煤气等工作扎实开展，有力维护了市场的正常经营秩序。2003年，面对突如其来的“非典”疫情，东升市场结合实际制定了“4321”防非措施，即：进货时间、地点、人员、车辆全部认真登记；货物名称、产地、质量全部录入进货台账；进货车、出货车全部消毒；进入市场的每一个外来人员全部进行体温测试。由于措施得力，工作扎实，“防非”工作成效明显。2004年初，高致病性禽流感席卷全国。有了上年防治“非典”的成功经验，东升市场站在维护人民群众生命安全的高度，沉着面对，从容应战。一是加强领导，健全机构，确保防控措施落实到位；二是加强宣传，营造氛围，提高全员防控意识；三是加强监管，从严排查，督促商户规范经营。通过精心组织，周密部署，东升市场杜绝了疫情流入，保证了市场稳定。东升市场先后被省市县有关部门授予“诚信单位”、“文明规范市场”和“综治工作先进单位”等荣誉称号。

3. 搞活动，聚人气，搭平台，促营销，商圈培育不断呈现新亮点。

商业领域竞争日趋激烈，为了巩固扩大市场份额，东升市场以打造人文东升、提升东升品牌为重点，举办承办了“群星风采”广场文化活动、“东升杯”青年业余歌手大赛等一系列形式多样、内容丰富的文艺促销活动。通过文化搭台，商贸唱戏，不仅充分展示了商贸公司和集团公司改革发展的新气象、新面貌、新风尚，而且为东升市场营造氛围、聚集人气、培植商源起到了积极的推动作用。从 2004 年开始，每年都将成功举办平定县春季物资交流会暨东升市场商品展销会作为商圈培育的重头戏，经过周密策划，精心筹备，既呈现出交易场地逐年增大、商品种类逐年增多、参会商户逐年增加，成交总额逐年增高等局面，又达到了扩大商圈、提升品牌、商市互动的良好效果。

平定县春季物资交流会暨东升市场商品展销会

4. 抓学习，练内功，提素质，增合力，团队建设不断跨上新台阶。

商业竞争，归根结底是人才竞争。东升市场把创建知识型团队、学习型企业作为立市之本、活市之源、兴市之基，积极倡导和全面强化了“发展是第一要务、人才是第一资源、科技是第一生产力、学习是第一需要”的先进理念，努力创造条件，积极营造氛围，不断提高整体素质，构建一流队伍。建市之初就制定了“1 + 10”读书活动，组织全体员工认真学习党的方针政策和国家的法律法规，坚定正确的理想信念和政治方向；学习社会主义市场经济知识，用科学理论武装头脑；结合工作实际，坚持学以致用的原则，重点学习了企业管理知识、专业业务知识、市场营销知识。鼓励职工持之以恒地参加各类培训学习，本专科学历的职工人数占到19%，持有会计证、珠算证、电算证、电工证、微机操作证等专业人员占到40%以上。全体员工也把学习当作一种良好习惯自觉地融入到自己的工作生活当中，从自身特点和需要出发，有针对性地学习，提高了自身的素质和业务水平，也提高了工作效率，市场的管理水平和销售业绩上了一个新台阶；同时，不断创新用人机制，不拘一格选人才、用人才，营造出人尽其才、才尽其能的良好局面，为开拓市场、发展商贸提供了强有力的人才保证。

5. 严管理，细考核，转机制，创活力，经济效益不断实现新增长。

管理是企业永恒的主题。十年来，市场始终围绕招商、促销、降耗、提效等重点工作，进一步夯实了管理基础，创新了管理体制，实现了增收目标。招商工作推行下达指标、按月考核的管理办法，职责严明，奖惩分明，激发了广大员工的积极性与主动性；促销工作逐月下达销售计划任务，量化指标，细化到人，形成了你追我赶、争先恐后的竞争氛围；降耗工作严格执行审批制度，深挖潜力，堵塞漏洞，反对浪费，厉行节约；提效工作积极学习借鉴和吸收引进先进企业的科学管理模式，努力实现企业管理扁平化、日常管理标准化、部门之间合作化、市场经理职业化、常规工作规范化、工作结论考核化，最终达到经济效益最大化。

1996~2006年十年来，东升市场紧紧围绕董事会的决策部署，始终坚持“经营者得收益、消费者得实惠、投资者得回报”的办市宗旨，以“机制创新、管理创新、理念创新”为基础，靠“规模优势、交通优势、政策优势、管理优势、服务优势、宣传优势”赢得了商户，凭“环境保优美——让您舒心；服务保热情——让您顺心；商品保质量——让您放心；价格保低廉——让您称心；设施保完善——让您开心”吸引了顾客，推动东升商贸在激烈的市场竞争中提升了诚信品牌，塑造了良好形象，增强了竞争能力，实现了健步发展，成为享誉晋东大地的商业明星。

第五节　发展状况

一　综合市场

东升市场一期工程竣工启动之际，来自浙江、福建、湖南、山东、河南、河北、内蒙古及省内周边地区的各路商家从四面八方纷至沓来。面对初战告捷的招商局面，王伸经理并未沉浸在庆祝胜利的欣喜之中，而是敏捷地抓住迎面扑来、方兴未艾的勃勃商机，立即组织全体施工人员马不停蹄地投入二期工程建设。

1997 年 9 月 20 日，占地 10000 平方米的东升市场二期工程开工建设。二期工程吸取了一期工程的经验，设计更加科学，结构更加坚固，布局更加合理，费用更加节省。

1998 年 6 月，东升市场二期工程竣工。一期与二期两个市场交相辉映，人气旺盛，共同组成了占地近 2 万平方米，建筑面积 1.7 万平方米，营业面积 9600 平方米的综合市场。

2002 年，针对一期工程屋顶面板使用期限已到，存在老化、裂缝、漏雨等问题，2 月 18 日，东升商贸公司第二届股东会第三次会议讨论通过了综合市场一期工程改造方案，决定在不改变主体框架的基础上，采用防火、防水、保温、耐用的拼接式彩钢复合板。4 月，一期改造工程完工。主要包括：投资 30 万元，采用内添阻燃玻璃棉的并接式双层彩钢板，替代了原先的有机玻璃瓦顶棚，不仅美观大方，封闭严密，而且能够完全达到消防安全标准，使用期限延长至 60 年；将所有的普通照明设施更换为光亮度更高的节能灯；二楼架置天桥，增设摊位。

2003 年 6 月，综合市场二期经营干货、鲜菜、水产、调味品、生熟肉的商户全部调至农贸市场，专营五金、日杂、小百货，一改过去货物拥挤杂乱、经营受到限制的状况。

综合市场经营区

2004年8月，东升市场实行整体区域调整。综合市场主要经营烟酒副食、茗品茶具、五金日杂、服装鞋袜、笔墨纸张、箱包玩具、家具用品、大小百货等40个大类千余种商品。其中：一期一楼经营副食、饮料、烟酒、大小百货、日化用品，二楼经营服装，三楼经营鞋袜。二期一楼经营日杂、五金、茶叶，二、三楼经营家具、窗帘。

综合市场一直注重消防安全设施建设，从1996年建市到2006年，累计投入300余万元，配齐了灭火器、消防栓，对消防设施定期检修更新。2005年9月，根据消防部门要求，投资50万元，由阳泉市隆泰自动化工程有限公司负责安装了消防喷淋系统，11月底，该项工程通过竣工验收。

二　农贸市场

围绕建设大市场、搞活大流通的发展思路，经县政府批准，1999年5月21日，东升商贸公司股东会审议决定，融资购买二期市场东面闲置的县水利车队，开发建设三期工程，即大型蔬菜市场。这样既可盘活闲置资产，为县营企业改革作贡献，又能扩张市场规模，培育新的经济增长点。

经过七天募集，5月28日近千名股民的500余万元交到市场财务部，用于开发建设三期市场。

与此同时，国家计委批准在山西省扶持建设三个蔬菜批发市场。经过积极申报、上级考察论证，国家扶持建设的“菜篮子”重点工程——阳泉晋东蔬菜副食批发市场落户东升。山西省工程咨询公司编制了《阳泉晋东蔬菜副食批发市场可行性报告》。按照规划，项目总投资1889.21万元，其中国家专项贷款700万元，东升商贸公司筹资1189.21万元。项目一期工程占地3万平方米，土建总面积9082.5平方米，其主要设施为：交易大厅1430平方米，蔬菜瓜果交易大棚2119平方米，蔬菜瓜果库1600平方米，恒温库及装配式冷库1617.5平方米。

1999年7月6日，东升市场三期工程，即阳泉晋东蔬菜副食批发市场举行开工奠基仪式。副市长樊盛武、县委书记王元寿、县长王七孩、县委副书记赵玉振、县人大常委会主任穆建民、县政协主席李铭魁等市、县领导出席奠基仪式，东升商贸公司董事长、总经理王伸介绍工程情况。

凭着建设一、二期工程积累的成功经验，三期工程建设速度明显加快。仅用两月有余，9月28日，占地10000平方米的阳泉晋东蔬菜副食批发市场蔬菜瓜果区建成营业。为了培育市场，东升商贸公司对入驻三期市场的商户给予了免收半年租金以及2000年8月底以前的工商税务费用由市场代缴等优惠政策；并且通过提供储运、住宿、宣传等一条龙服务，促使三期市场迅速启动。它不仅填补了平定县没有大型蔬菜瓜果批发市场的空白，也充分起到了平抑物价、调节市场、丰富城乡居民“菜篮子”、带动周边农民发展“菜园子”的积极作用。

蔬菜瓜果批发市场自9月底营业以来，以其齐全的品种、低廉的价位、良好的信誉，有力缓解了全县居民特别是周边群众买菜难、吃菜贵等矛盾，吸引了众多消费者。在此基础上，针对全县还无一处规模较大、设施较全的粮油及水产品批发市场的情况，东升商贸公司董事会抢抓机遇，超前决策，决定在三期市场以东新上四期工程，即粮油水产品专业批发市场。该工程为砖混网架结构建筑。1999年10月18日，四期工程开工建设。经市场考察、研究决定，四期工程调整为粮油、建材市场。2000年元旦，东升市场四期工程建成营业。

2000年4月28日，由王士福个人投资3.5万元兴建的移动冷库组装完毕投入使用。该冷库具有制冷速度快、制冷温度低、保鲜时间长、气候适应性强等特点，夏季主要储存冷饮和速冻食品，冬季主要储存蔬菜和肉蛋。该冷库的建成，填补了东升市场空白，提高了市场竞争能力。

为了建立稳固的货源基地，让群众吃上更鲜、更嫩、更便宜的蔬菜，2000年开春，东升市场与乱流、南上庄、锁簧和张庄等地的蔬菜种植大户签订了产销合同。6月中旬，东升市场培育起来的蔬菜基地以其鲜嫩性、口感好、无污染、价格低等诸多特点，赢得广大消费者的青睐，促进了蔬菜市场的发展繁荣。

三期市场开业之初，以其品种全、规模大、价格低等竞争优势，迅速成为全县蔬菜瓜果批发中心，但由于周边环境污染比较严重，防尘设施不够完善，加之本县几个蔬菜基地没有形成，经2002年2月18日东升商贸公司二届三次股东大会讨论通过，决定将三期市场改造成大厅式经营场所，与一、二、四期市场连为一体。6月中旬，三期改造工程完工。改造后的三期市场长90米，宽43.5米，高11米，棚体采用轻钢单跨结构，不仅防尘效果好，而且经营空间大，停车场地宽。当月23日，东升商贸公司召开二届五次股东大会，主要研究三期市场改造竣工后如何进一步创新经营思路，拓宽招商渠道，优化经营环境，发展批发大户，使其直正繁荣兴旺。会议议定，三期市场要借鉴仓储式超市的经营方式，最大限度地顺应批发市场车辆进出频繁，货物交易量大等特性。

2003年6月，为了优化资源配置，提升经营实力，经多方考察论证，综合市场二期经营干货、鲜菜、水产、调味品、生熟肉的商户，以及四期市场经营粮油的摊位，全部调至三期市场，正式组建为农贸市场。调整成立的农贸市场，营业面积近4000平方米，设有干菜、鲜菜、生肉、熟肉、水产和粮油等摊位，布局更加合理，划分更加明细，商品更加集中，规模更加扩大，营销更加方便。

东升农贸市场

三　建材市场

2000年3月8日，东升市场五期工程，即建材专营市场在四期市场以东开工建设。8月1日，五期市场正式开业，主要营销板材线材、地板墙砖、灯具开关、水暖管件、卫生洁具、工艺玻璃、油漆涂料、铝合金型材等十几个大类、500余种装饰材料，成为当时晋东地区规模最大的建材专营市场之一。

2003年6月，四期市场经营粮油的商户全部调至农贸市场，专营建材产品，与五期市场连为一体，使建材市场由原先的三个区增至四个区，营业面积达到5300余平方米，市场规模进一步扩大，市场份额进一步提高。

东升建材市场开业以来，随着房产市场持续升温，加之服务好、价格低等诸多优势，不仅稳居全县建材行业龙头地位，并且吸引周边市县居民前来选购建材产品，一直保持了良好的经营态势。

东升建材市场经营区

四　东升电器城（原东升商厦）

2000年5月，为了实现从“低档全、中档廉”向“高档精”的新跨越，经股东会研究决定，全体股东募集股金700余万元，准备建设东升商厦。商厦东西横跨农贸市场和建材市场，与综合市场相互贯通，横向跨度240米，营业面积4000余平方米，为四层框架结构。6月5日，东升商厦开工兴建。

为了吸引和扶持商户，商厦推出了至2002年底8月底免收摊位费，工商税务费用由市场代办等优惠政策，特别是为有一定实力和良好信誉的商户提供5万~20万元专项贷款担保。商厦设计摊位130个，通过边建设，边招商，截至2001年8月初，已有123户客商达成入驻意向，其中94户申报经营品牌项目并且交纳定金。

2001年8月19日，东升商贸有限公司第二届股东会第二次会议议定：即将开业的东升商厦要严把质量关，提升商品档次，提高服务水平，搞好安全防范，加快配套设施建设，使“实惠满意、一站购齐”的经营理念深入人心。

2001年9月26日，立足高起点、高标准、高水平建设的东升商厦宏张开业。一楼为名优摩托车、自行车经营区，二楼为品牌家电展销中心，三楼主要经营高档服装、鞋类、针纺织品等六大类上百种商品，四楼为快餐店、娱乐厅、图书屋。商厦设施先进，环境考究，吸引了大批全国知名品牌经销商加盟，开业之初摊位占有率就达95%；同时，市场为商户分两批招聘了百余名大中专毕业生，统一培训，统一上岗，统一服务标准，统一管理考核，商厦整体水平和经济效益大幅提高。

2002年5月28日，东升超市进驻商厦一楼。东升商厦以其品牌多、品种全、品质优的特点，日益成为平定人民购物消费的首选商场之一。

2005年元旦，伴随着东升购物中心、纺织品城的建成和东升新区的成立，东升商厦一分为三，实现规模扩张，品质提升。商厦保留经营电器、厨具等商品的商户，正式更名为东升电器城；经营服装、鞋类的商户迁至东升购物中心；经营针织、床上用品的商户迁至东升纺织品城。4月16日，位于一楼的东升超市迁至购物中心。

东升电器城经营区内景

五　东升购物中心

2005年元旦，经营面积15000平方米的东升购物中心正式开业。

开业之初，购物中心一层主要经营首饰、眼镜、花卉、日化用品，二楼主要经营中高档皮鞋、内衣和床上用品，三楼主要经营品牌男女时装。5月1日，东升女装超市开始运营。2006年6月，东升纺织品城商户全部搬到购物中心。之后，四楼开始经营家具。

经过不断调整规范，东升购物中心成为主要经营日化用品、健身器材、床上用品、针织内衣、名牌皮鞋、精品男装和高档家具的大型高档商城。

东升购物中心经营区内景

六　东升灯饰城（原纺织品城）

2005 年元旦，汇集多种名优针织商品的东升纺织品城正式开业。由于经营状况持续低迷，次年 6 月商户迁至东升购物中心。经过市场考察，董事会决定将其改为东升灯饰城重新装潢、调整布局。2006 年底，作为全县规模最大、品种最全的灯饰商城——东升灯饰城各项准备工作基本就绪，即将开业。

七　东升超市

2002 年 5 月 8 日，东升商贸公司第二届股东会第四次会议研究通过了关于开办便利连锁店的有关事宜，决定采用统一进货、统一配送、统一核算、统一价格、统一布点、统一管理、统一形象的“七统一”运营模式，在东升商厦一楼设立东升连锁超市总部，在地处商业中心地段的村镇设立分店，以进一步扩大市场规模，满足群众消费。

2002 年 5 月 28 日，秉承“好东西、真便宜”经营理念、营业面积 400 平方米的东升便利连锁超市旗舰店——东升超市正式开业。卖场布置成食品区和非食品区两大区，主要经营 7 大类 3000 多种商品。

2002 年 9 月 8 日，由赵拉孩加盟的首个连锁分店——谷头分店正式开业。10 月 13 日，由郭素军负责经营管理的第二个连锁分店——柏井分店开业。11 月 4 日，由杨三梅开办的第三个连锁分店——岩会分店在移穰村开业。

2005 年 4 月 16 日，扩容提质后的东升超市开始试营业。新超市启用东升购物中心负一层 1200 平方米和一层 384 平方米的经营场地，营业面积同比翻了两番，商品品种增至 5000 余种。5 月 1 日，运行平稳的东升超市正式营业。

第六节　物资交流

2004 年 4 月 29 ~5 月 8 日，由平定县工商局和东升商贸公司联合牵头主办的平定县 2004 年春季物资交流大会暨东升市场首届商品展销会在东升市场举行。交流会期间，组织得力，秩序井然，商家云集，游客纷至，气氛热烈，规模空前，300 多家商户抢滩 400 个摊位，人流量达到 10 万人次，总成交额突破 350 万元。

2005 年 5 月 1 ~7 日，由平定县工商局和东升商贸公司联合主办的平定县 2005 年春季物资交流大会暨东升市场第二届商品展销会在东升市场举行。与上届春交会相比，呈现出交易场地增大、商品种类增多、参会商户增加等诸多特点。

2006 年 4 月 30 ~5 月 6 日，平定县 2006 年春季物资交流大会暨东升市场第三届商品展销会隆重举行，共设摊位 286 个，参展商品千余种，日客流量逾万人，日均成交额 50 余万元。

第七节　基础设施

一　金融网点

1999 年，中国建设银行阳泉分行平定城东分理处落户平定电厂。随着东升市场的发展壮大和东升新区的迅速崛起，为了满足日益增长的业务需求，2006 年 6 月 18 日，该分理处迁至东升纺织品城一楼西侧大厅。建行阳泉市分行副行长李彦宁、人行阳泉市分行副行长王建民、平定县银监局副局长池乃泉、建行平定县支行行长曲红卫、东升集团总会计师王振华为是日迁址剪彩。新址占地面积 350 平方米，宽敞明亮、装饰一新、环境幽雅、设施一流。

2005 年 4 月 6 日，位于东升纺织品城（现东升灯饰城）一楼东侧大厅，营业

中国建设银行阳泉分行平定城东分理处

面积300平方米的平定县东升农村信用合作社开业运营。该社前身为平定县东大街农村信用合作社，随着县城东扩步伐加快，迁至日渐崛起的东升新区。

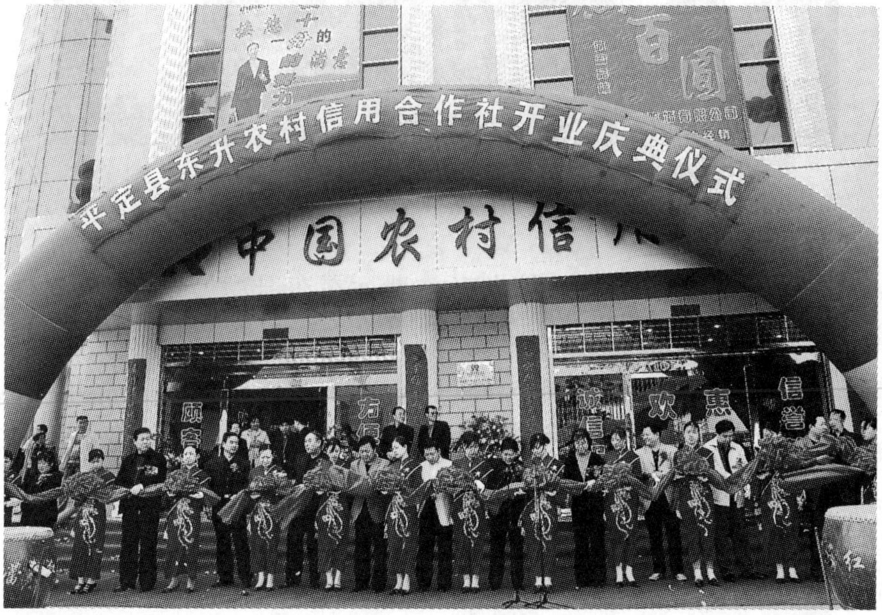

平定县东升农村信用合作社

二　邮政通信

随着东升市场外来商户及往来信函的日渐增多，为了方便和服务商户，市场积极与邮政部门协商确定，2000年4月20日，东升邮政所正式开业，主要办理函件、包件业务，同时开设邮票、信封、报刊零售及公话业务。东升邮政所在为市场商户提供快捷服务的同时，也满足了周边厂矿企业和广大居民的邮政需求。2006年8月19日，平定县邮政局东升支局正式落户东升购物中心一楼东部，增加了邮政储蓄、电子汇兑等多项业务。

平定县邮政局东升支局

2003年9月4日，中国移动通信东升收费厅在东升商厦以东50米处正式开业，后迁至东升电器城一楼。

2005年6月29日，位于东升电器城一楼的网通平定分公司东升社区服务中心举行揭牌仪式。县领导李春泽、赵玉振、李建恩、张存喜、刘选民、张金凤、王伸，网通阳泉分公司党委副书记史通祥，平定分公司经理梁志言，共同为中心开业运营揭牌。

中国人民财产保险股份有限公司平定支公司东升营销部，于2007年8月在东升购物中心一楼开业运行，为东升市场的商户和社区居民办理保险理赔业务提供了极大的便利。

中国移动通信东升收费厅

网通平定分公司东升社区服务中心

财产保险股份有限公司平定支公司东升营销部

三 餐饮娱乐

随着东升市场的逐渐繁荣，小吃摊点应运而生。位于东升市场对面的简易帐篷小吃店虽然方便快捷，但环境条件差，影响城市形象和整体环境。为此，2001 年 4 月15 日，20 余户小吃摊点整体拆迁，搬入三期市场通道后区的 30 个摊位房内，形成小吃一条街，既提高了餐饮卫生质量，又改善了市场周边环境。2006 年 4 月，稳步运营了 5 年小吃一条街实施拆建。该工程投入资金 23 万元，于 5 月 1 日建成运营。改造后的摊位总面积增至 600 平方米，每个推位由 10 余平方米扩到 40 平方米，通道由原先的 4 米拓成 6 米，房屋全部采用砖混结构，设施齐全更加完善，管理更加规范。

2004 年 2 月 27 日，由河南汤阴朝阳建筑工程有限公司在东升花园临街地段投资兴建的东升商贸公司的招商引资项目——东海岸大酒店（后更名为山海天假日酒店）举行奠基仪式。县四套班子领导、东升商贸公司和河南汤阴朝阳建筑工程有限公司主要领导出席奠基仪式。工程建筑面积 10000 平方米，预计投资 1600 万元，是平定县规模最大、功能最全、品位最高、环境最优的综合性大性酒店之一。

东升小吃一条街

2004 年 9 月上旬，酒店完成主体工程。2005 年 11 月，山海天假日酒店开始营业。

山海天假日酒店

2004年11月20日，紧毗平定县综合办公大楼、东升市场以西50米的金源国际酒店举行奠基仪式，县四大班子领导为工程奠基培土。该工程由山西汇丰投资有限公司投资兴建，是一所集住宿、餐饮、休闲、娱乐、会议招待于一体的多功能综合性四星级大酒店，总建筑面积18000平方米。2006年底，该酒店进入装潢冲刺阶段，开业在即。

四　安全保卫

2001年9月26日，平定县公安局东升市场派出所正式挂牌成立。阳泉市公安局副局长王占山，县委常委、政法委书记赵珍珠，县公安局政委李宝祥，县公安局副局长王新元、史成明、张建明出席挂牌仪式。

东升市场派出所坚持以立警为公、执法为民为宗旨，始终致力于为市场创造良好的对外形象，为商户维持正常的经营秩序，为顾客提供安适的购物环境，在加强社会治安综合治理，促进东升市场保卫安全工作中发挥着重要作用。

五　消费服务

2000年底，东升市场投资15万元，安装了IC卡网络管理系统，在全县首家推出IC卡刷卡消费服务。

2001年底，东升商贸公司投资260万元，在东升商厦安装中央空调。该空调购自洛阳东信中央空调有限公司，冬季通过一个热交换机，利用热蒸气加热冷水取暖；夏季通过冷水机组，利用溴化锂冷却水制冷，可使商厦四季如春。

六　道路交通

1998年8月，阳泉桃河桥开往平定东关的2路车，延伸至东升。

2001年12月25日起，东升市场代办阳泉市公交公司2路、18路公交月票，极大方便了沿线乘客。

2003年9月18日，连接东升花园与东升市场的东西两座过街天桥开工建设。天桥单座全长43.8米，跨度34米，宽度4.3米，净宽4米，高度跨径为7.75~22.5米，建筑面积382平方米，耗用钢材90吨。天桥上部主梁为单厢两室箱梁结构，下部为钢管混凝土柱，11月底，两座天桥同时建成，有效缓解了交通压力，保障了行人安全，方便了群众通行。

2004年底，县公安交警部门在东升市场门前公路设置隔离带，有效避免了车辆

阳泉桃河桥开往平定东关的 2 路车延伸至东升

东升过街天桥

逆行和行人横穿马路。

2005 年 3 月 31 日，平定路东段改线工程举行开工仪式。市委常委、常务副市长王舰民及市公路局和平定县领导出席开工仪式。长期以来，平定路东段车辆剧增，环境污染严重，经常发生堵车现象，直接影响交通秩序和县城形象。为此，县委、县政府将解决这些问题作为 2006 年重点工作之一，实施平定路东段改线工程。该工程东起石太高速公路平定北出入口，西至维社口铁路桥，全长 1273 米，路宽 30 米，拆迁面积 9065 平方米，动用土石方 70000 立方米，总投资 1600 万元。10 月 10 日，改线工程竣工通车，极大地改善了县城东部的交通秩序和环境质量。

七　电视网络

到2000年底，东升市场已有商户1000余家，其中一半是来自江南水乡、泰山脚下和内蒙古草原的南商北贾。为了让他们及时了解国家时事，掌握商务信息，通晓家乡状况，丰富业余生活，2001年5月，东升市场投资10余万元购进卫星电视接收器，建立地面接收站，架设信号传输线，为广大外地商户开通了“老乡台”，架起了“信息桥”。

八　基础教育

2003年4月11日，东升双语学校举行奠基仪式。该校是平定县唯一一所由私人兴建的集小学、初中为一体的全日寄宿制学校。9月14日，平定县直属机关幼儿园东升分园举行奠基仪式。

2004年9月，东升双语学校建成开始招生。该校以优美的环境、先进的设施、雄厚的师资力量，吸引了大批城乡学生入读。开学后，以优异的成绩博得社会好评。2006年，该校在中考达线率，升入平定一中、二中重点班录取率，双居全县第一。

东升双语学校

2005年6月1日，平定县直属机关幼儿园东升分园正式开园。该园楼高三层，建筑面积2900平方米，配有办公室、活动室、文体室、盥洗室、寝室和操场，设全日寄宿制幼儿班6个，可接收入托幼儿240人。

平定县直属机关幼儿园东升分园

九 医疗设施

2003年7月25日，平定县人民医院东升分院举行奠基仪式。县领导吴学斌、李建恩、张映涛、郃福田、王伸出席。作为县城东扩的重点建设项目和东升花园的

平定县人民医院东升分院

重要配套设施，东升分园建筑面积2500平方米，预计投资200万元，是以县医院本部为依托，集医疗、预防、保健、社区服务于一体的综合性医疗机构。2006年10月9日，正值平定县医院建院60周年之际，东升分院举行落成典礼。

2006年5月1日，经县卫生局批准，位于东升购物中心一楼的原黄大夫诊所更名为东升花园社区卫生服务站，正式挂牌运营。该服务站配有执业医师、护士各2名，设有接诊专线，并为东升花园小区居民建立健康档案，提供医疗服务。

十　绿化美化

2001年春夏之交，东升商贸公司投资10万元，在东升市场门前广场黄金地段辟出300平方米空地修建花坛，种植了冬青、草皮、松柏等多种花草树木，市场环境进一步绿化美化。

东升市场绿化美化景色

第二章　煤炭生产销售业

第一节　并购煤矿

2000 年 9 月 30 日，平定县煤炭运销公司与石家庄光华余热电厂共同组建的平定县东升洁净煤有限公司正式成立，公司逐步走上煤矿、煤站、用户联为一体的产运销一条龙发展道路。

2002 年初，围绕全省煤运系统建设货源基地的总体战略，在平定县县营企业改制领导组的指导下，通过对同意、华兴、兴裕和阳胜四个县营煤矿进行实地调查、全面勘察、科学论证，平定县煤炭运销公司制定了并购四个煤矿的实施方案，并报请县政府审批。4 月，县政府以平政发［2002］19 号文批复，同意并购方案。5 月，并购工作进入实施阶段。

2002 年 5 月 13 日，平定县煤炭运销公司与平定县安全生产监督管理局（平定县煤炭工业局）正式签订华兴煤矿交接协议。15 日开始，职工身份置换、财产移交等相关工作有序推进。5 月 26 日、6 月 1 日，平定县煤炭运销公司又分别与平定县安监局签订了同意、兴裕煤矿交接协议，相关工作陆续展开。6 月中旬，三个县营煤矿的并购工作顺利完成。

2002 年 7 月，经县委、县政府研究决定（平政办发［2002］第 10 号文），要求将华兴、同意、兴裕和阳胜四矿移交平定县东升洁净煤有限公司整合管理，建立生产、运输、销售、加工于一体的企业集团。

2002 年 12 月 16 日，平定县人民政府《关于办理华兴、同意、兴裕、阳胜四个县营煤矿产权转移手续的通知》文件规定，经县政府会议研究决定：鉴于四个县营煤矿均资不抵债，且长期经营性亏损，同意四矿以承员承债零资产出售给平定县东升洁净煤有限公司。县财政局代表县政府与平定县东升洁净煤有限公司签订出售协议书。出售后四个煤矿的产权归平定县东升洁净煤有限公司所有。

2003 年 4 月，东升洁净煤有限公司开始并购阳胜煤矿，7 月初并购工作结束。至此，并购县营四矿工作全部完成。

第二节　公司制改造

2004 年 5 月 10 日，平定县县营企业改制领导组制定了《关于对同意、阳胜、华兴、兴裕四个县营煤矿进行改制重组的实施方案》，提出了改制形式、工作步骤和职工安置及其他事项。

5 月 30 日，平定县人民政府《关于〈对同意、阳胜、华兴、兴裕四个县营煤矿进行改制重组的实施方案〉的批复》（平政发［2004］36 号），原则同意四个县营煤矿按有限责任公司形式重组为四个新公司。同时鉴于煤炭企业的改制政策性强，操作复杂，提出如下主要意见：一是认真做好煤矿交接、清产核资、资产评估、债务接转等工作。企业改制后，国有资产由平定县兴平资产经营中心负责监管，股权收益上交平定县兴平资产经营中心。二是妥善安置职工，确保改制工作顺利进行。三是认真做好煤矿生产衔接工作，加强矿山的安全保卫工作。四是坚持可持续发展原则，强化监管职能。

6 月 1 日，山西省工商行政管理局分别以（晋）名称变核企字［2004］第 339 号和（晋）名称变核企字［2004］第 340 号《企业名称变更核准通知书》，正式核准平定县地方国营同意煤矿的企业名称变更为山西东升同意煤业有限公司，平定县地方国营阳胜煤矿的企业名称变更为山西东升阳胜煤业有限公司。6 月 4 日，该局又分别以（晋）名称变核企字［2004］第 350 号和（晋）名称变核企字［2004］第 351 号《企业名称变更核准通知书》，正式核准平定县兴裕煤矿的企业名称变更为山西东升兴裕煤业有限公司，平定县华兴煤矿的企业名称变更为山西东升华兴煤业有限公司。

7 月 1 日，山西银康会计师事务所（有限公司）提交了《平定县兴裕煤矿审计报告》（晋银康会审［2004］0022 号）、《平定县华兴煤矿审计报告》（晋银康会审［2004］0023 号）、《平定县地方国营同意煤矿审计报告》（晋银康会审［2004］0024 号）和《平定县地方国营阳胜煤矿审计报告》（晋银康会审［2004］0025 号）。

7 月 12 日，山西银康会计师事务所（有限公司）提交了《平定县地方国营同意煤矿验资报告》（晋银康验［2004］0003号）、《平定县地方国营阳胜煤矿验资报告》（晋银康验［2004］0004号）、《平定县华兴煤矿验资报告》（晋银康验［2004］0005号）和《平定县兴裕煤矿验资报告》（晋银康验［2004］0006号），分别证明，截至当日，山西东升同意煤业有限公司（筹）已收到全体股东缴纳的注册资本合计756万元，其中平定县财政局以实物方式出资386万元，平定县东升洁净煤有限公司以货币方式出资370万元，出资比例分别为51.06%和48.94%；山西东升阳胜煤业有限公司（筹）已收到全体股东缴纳的注册资本合计615万元，其中平定县财政局以实物方式出资315万元，平定县东升洁净煤有限公司以货币方式出资300万元，出资比例分别为51.22%和48.78%；山西东升华兴煤业有限公司（筹）已收到全体股东缴纳的注册资本合计1131万元，其中平定县财政局以实物方式出资971万元，平定县东升洁净煤有限公司以货币方式出资160万元，出资比例分别为85.85%和14.15%；山西东升兴裕煤业有限公司（筹）已收到全体股东缴纳的注册资本合计805元，其中平定县财政局以实物方式出资635万元，平定县东升洁净煤有限公司以货币方式出资170万元，出资比例分别为78.88%和21.12%。

7月12日；平定县财政局、平定县煤管局、平定县东升洁净煤有限公司联合向山西省工商局递交了四个煤矿的变更申请。其中：平定县地方国营同意煤矿变更为山西东升同意煤业有限公司，注册资本由453.8万元变更为756万元，出资情况由原平定县煤炭工业局出资453.8万元变更为平定县财政局出资386万元，平定县东升洁净煤有限公司出资370万元，由国有经济变更为有限责任公司；平定县地方国营阳胜煤矿变更为山西东升阳胜煤业有限公司，注册资本由200万元变更为615万元，出资情况由原平定县煤炭工业局出资200万元变更为平定县财政局出资315万元，平定县东升洁净煤有限公司出资300万元，由国有经济变更为有限责任公司；平定县华兴煤矿变更为山西东升华兴煤业有限公司，出资情况由原平定县煤炭工业局出资1131万元变更为平定县财政局出资971万元，平定县东升洁净煤有限公司出资160万元，由国有经济变更为有限责任公司；平定县兴裕煤矿变更为山西东升兴裕煤业有限公司，出资情况由原平定县煤炭工业局出资805万元变更为平定县财政局出资635万元，平定县东升洁净煤有限公司出资170万元，由国有经济变更为有限责任公司。

7月13日，平定县人民政府《关于对同意、阳胜、华兴、兴裕四个煤矿改制重组工作授权委托的通知》（平政发［2004］50号）明确规定：在同意、阳胜、华兴、兴裕四个县营煤矿改制工作中，决定授权平定县财政局代表平定县人民政府签署各种企业重组的法律文件；以国有资产所有权人的身份，采用实物投资方式，与平定县东升洁净煤有限公司共同出资组建新的有限责任公司，并依据《中华人民共和国公司法》规定，行使股东权利，履行股东义务；委派刘同礼担任改制重组后四个新公司的国有股股东代表，参与公司的管理和监督工作；委派郭鹏林担任改制重组后四个新公司的监事会监事，行使公司监事职权。

7 月 15 日，平定县地方国营同意煤矿、平定县地方国营阳胜煤矿、平定县华兴煤矿和平定县兴裕煤矿分别委托山西省工商企业注册事务所登记“山西东升同意煤业有限公司”、“山西东升阳胜煤业有限公司”、“山西东升华兴煤业有限公司”、“山西东升兴裕煤业有限公司”。

7 月 19 日，平定县财政局向省工商局出具了《关于对平定县地方国营同意煤矿改制重组证明的函》（平财企便［2004］2 号）、《关于对平定县地方国营阳胜煤矿改制重组证明的函》（平财企便［2004］3 号）、《关于对平定县华兴煤矿改制重组证明的函》（平财企便［2004］4 号）、《关于对平定县兴裕煤矿改制重组证明的函》（平财企便［2004］5 号），以及《关于对平定县地方国营同意煤矿资产评估确认的函》（平财企便［2004］6 号）、《关于对平定县地方国营阳胜煤矿资产评估确认的函》（平财企便［2004］7 号）、《关于对平定县华兴煤矿资产评估确认的函》（平财企便［2004］8 号）《关于对平定县兴裕煤矿资产评估确认的函》（平财企便［2004］9 号）。7 月 20 日，平定县财政局向省工商局出具了《关于对山西东升同意煤业有限公司注册资本及出资情况证明的函》（平财企便［2004］10 号）、《关于对山西东升阳胜煤业有限公司注册资本及出资情况证明的函》（平财企便［2004］11 号）、《关于对山西东升华兴煤业有限公司注册资本及出资情况证明的函》（平财企便［2004］12 号）和《关于对山西东升兴裕煤业有限公司注册资本及出资情况证明的函》（平财企便［2004］13 号）。

经平定县工商局、阳泉市工商局逐级同意上报，7 月 30 日山西省工商行政管理局分别为山西东升同意煤业有限公司、山西东升阳胜煤业有限公司、山西东升华兴煤业有限公司和山西东升兴裕煤业有限公司签发营业执照，标志着四个公司正式组建成立。

第三节　煤炭生产企业

一　山西东升同意煤业有限公司

山西东升同意煤业有限公司位于平定县冠山镇西锁簧村，井田面积7.5607平方公里，地质储量8810万吨，设计生产能力30万吨/年，批准开采5#、8#、12#、15#煤层，现采15#煤层。矿井始建于1947年，原名平定县地方国营同意煤矿，1979年领取营业执照并正式投产，原主管部门为平定县煤管局。

2002年5月，东升洁净煤公司对平定县同意煤矿实施并购。2004年7月，平定县同意煤矿成立改制为山西东升同意煤业有限公司。

2004年7月12日，山西东升同意煤业有限公司召开第一次股东会议，会议达成以下决议：股东会由平定县财政局和平定县东升洁净煤有限公司组成；本公司不设董事会，设执行董事一名，执行董事为法定代表人，选举刘富生担任公司执行董事，并聘任其为公司总经理；本公司设监事一名，选举郭鹏林担任公司监事。

东升同意煤业有限公司销售场面

二　山西东升阳胜煤业有限公司

山西东升阳胜煤业有限公司，位于平定县城西南15公里的张庄镇南阳胜村东，井田面积19.3356平方公里，地质储量18224.3万吨，设计生产能力30万吨/年，可采储量 11550.85 万吨，批准开采 $8^{\#}$、$15^{\#}$煤层，现采 $15^{\#}$煤层。矿井始建于 1983 年 8 月，原名平定县地方国营阳胜煤矿，2003 年领取营业执照并正式投产，原主管部门为平定县煤管局。2003 年由东升洁净煤公司并购，2004 年实施公司制改造，现隶属于山西东升煤业集团有限公司，现有员工 541 人。

2003 年 4 月，东升洁净煤公司对平定县地方国营阳胜煤矿实施并购。2004 年 7 月，平定县地方国营阳胜煤矿成立改制为山西东升阳胜煤业有限公司。

2004 年 7 月 12 日，山西东升阳胜煤业有限公司召开第一次股东会议，会议达成以下决议：股东会由平定县财政局和平定县东升洁净煤有限公司组成；本公司不设董事会，设执行董事一名，执行董事为法定代表人，选举焦以军担任公司执行董事，并聘任其为公司总经理；本公司设监事一名，选举郭鹏林担任公司监事。

东升阳胜煤业有限公司

三　山西东升华兴煤业有限公司

山西东升华兴煤业有限公司位于平定县冶西镇刘家庄村，井田面积 1.2739 平方公里，地质储量1052 万吨，批准开采 $6^{\#}$、$8^{\#}$、$15^{\#}$煤层，现采 $15^{\#}$煤层。设计生产能力15 万吨/年。1985 年由部队投资兴建，原名军兴煤矿，1988 年2 月投产。1994 年 1 月，移交地方，更名为平定县地方国营华兴煤矿，由平定县煤管局管理。1997 年 8 月 22 日，由同意煤矿托管经营。1999 年 2 月 11 日，解除托管关系。

2002 年 5 月，东升洁净煤公司对平定县华兴煤矿实施并购。2004 年 7 月，平定县华兴煤矿成立改制为山西东升华兴煤业有限公司。

2004 年 7 月 12 日，山西东升华兴煤业有限公司召开第一次股东会议，会议达成以下决议：股东会由平定县财政局和平定县东升洁净煤有限公司组成；本公司不设董事会，设执行董事一名，执行董事为法定代表人，选举裴海柱担任公司执行董事，并聘任其为公司总经理；本公司设监事一名，选举郭鹏林担任公司监事。

东升华兴煤业有限公司

四　山西东升兴裕煤业有限公司

山西东升兴裕煤业有限公司位于平定县冶西镇苏村，井田面积 4.9557 平方公里，地质储量 3854 万吨，批准开采 12#、15#煤层，现采 15#煤层。设计生产能力 21 万吨/年。始建于 1982 年，原名平定县苏峪煤矿，为城镇集体所有制企业。

2002 年 5 月，东升洁净煤公司对平定县华兴煤矿实施并购。2004 年 7 月，成立改制为山西东升兴裕煤业有限公司。

2004 年 7 月 12 日，山西东升华兴煤业有限公司召开第一次股东会议，会议达成以下决议：股东会由平定县财政局和平定县东升洁净煤有限公司组成；本公司不设董事会，设执行董事一名，执行董事为法定代表人，选举刘波担任公司执行董事，并聘任其为公司总经理；本公司设监事一名，选举郭鹏林担任公司监事。

东升兴裕煤业有限公司

第四节　煤炭销售企业

一　乱流煤站

乱流煤炭发运站始建于1979年10月，位于乱流村东南300米，石太线乱流车站西南100米，占地面积3.6万平方米，建筑面积2600平方米，固定资产441万元，是股份制煤炭转运企业。1980年电气化铁路开通以后，又投资110万元，进行了改扩建工程，当年年底竣工，1981年元月正式投产发运。已拥有铁路专用线1.28公里，西郊至乱流运煤专用线11公里，高压供电线路4000米，20米×400米煤库一座，储煤量6万吨，作业场地10250平方米，大型龙门吊4台，60型推土机1台，50铲车1辆，机动车辆4辆，50吨地衡2台，生产生活等地面建筑2600平方米，生产生活条件日趋完善，年发运量可达360万吨，是平定县目前发运条件最好、规模最大、发运量最高的发运站。建站以来，职工由最初的3人发展到现在的85人，其中党员14人，中青年占职工总数的87%，多次受到市、县各级政府的表彰。1982年以来，一直保持着“先进集体”、“文明单位”、“优秀发煤站”、“双文明先进单位”的荣誉称号。

乱流煤炭发运站煤炭外运

二 东关煤站

东关煤炭发运站始建于1987年9月17日，拥有800米的铁路专线、容量5.2万吨的煤仓、16000平方米的高货台、长500米宽8米的进出站公路、全长6000米的防尘洒水工程、建筑面积9119平方米的办公生活设施，龙门吊、推煤机等机械设备配置齐全。

经过二十年的发展，职工人数已达40人，中青年占职工总数的80%，多次受到市、县各级政府的表彰，多年来一直保持着“先进集体”、“文明单位”、“优秀发煤站”、“双文明先进单位”的荣誉称号。

东关煤炭发运站

第三章 房地产业

2003 年 2 月 8 日，东升商贸有限公司与东升洁净煤有限公司共同出资 150 万元组建的平定东升房地产开发有限公司领取营业执照，标志公司正式组建成立。

2004 年 7 月 15 日，平定东升房地产开发有限公司召开第二次股东会议，会议议定：平定东升商贸有限公司将 30 万元股权转让于平定东升洁净煤有限公司，由平定县东升洁净煤有限公司出资认购。公司股本结构由原来的平定东升商贸公司出资 100 万元、平定县东升洁净煤有限公司出资 50 万元，变更为平定县东升洁净煤有限公司出资 80 万元、平定东升商贸公司出资 70 万元。会议通过了公司章程修正案。

2004 年 7 月 26 日，平定东升房地产开发有限公司召开第三次股东会议，会议议定：根据山西省工商行政管理局（晋）名称变核企字［2004］第 514 号《企业名称变更核准通知书》，平定东升房地产开发有限公司的名称变更为“山西东升恒泰房地产开发有限公司”。

2004 年 12 月 5 日，山西东升煤业集团委派张兵为山西东升恒泰房地产开发有限公司执行董事（法定代表人）、总经理。

2007 年 5 月，山西东升煤业集团委派刘君明为山西东升恒泰房地产开发有限公司执行董事（法定代表人）、总经理。

第一节 东升花园

一 前期准备

2002 年，位于东升市场南面的县水泥厂破产，利用闲置土地开发建设与东升市场相配套的商住小区，既是东升商贸公司建设大市场、搞活大流通、实现大发展的重要举措，也是县委、县政府促进县城东扩的重大决策。

县水泥厂旧貌

东升商贸公司董事会经过慎重决策，决定出资 1000 万元购买水泥厂土地，开发建设东升新村。在制定并上报建设东升新村的可行性报告和实施方案后，10 月 30 日县政府召集经贸、城环、工商、国土、公安等职能部门及冠山镇负责人，就开发建设东升新村有关事宜进行了协调商议，并于 11 月 1 日下发了《关于印发〈东升新村建设工程实施办法〉的通知》（平政办发［2002］80 号），明确了东升新村开发建设的时间、范围、内容、方式、进度计划、涉及问题的解决办法、优惠政策、组织机构及职责分工等具体事项。

《通知》规定：东升新村南起水泥厂办公楼后围墙，北至义平公路，东起检车线围墙，西到水泥厂旅店后围墙，开发建设面积约 110 亩，工程计划投资 8000 万元，通过实行公司集一块、股民入一块、银行贷一块、业主付一块、中标建设者垫一块的“五个一”筹资办法，确保建设资金足额到位。工程建设参照平定县《武衙门住宅小区改造工程实施办法》（平政办发［2001］18 号），享受同等优惠政策。即：免征城市基础设施配套费、水电增容费及排污费、人防费、消防建设配套费，所免费用用于新区辅助设施建设；县财政按新区所交房屋销售税额度返还补贴，专门用于新村的市政工程建设；凡在新区购房的农户，均给予办理农转非手续，鼓励农民进城购房；建成以后，三年内免收行政事业性收费，税收实行定额管理；建设期间，东升新村实行全封闭管理办法，除安全、质量检查部门履行正常业务外，未经东升新村开发建设工程领导组批准，其他部门一律不准进入，为新村建设创造良好环境。

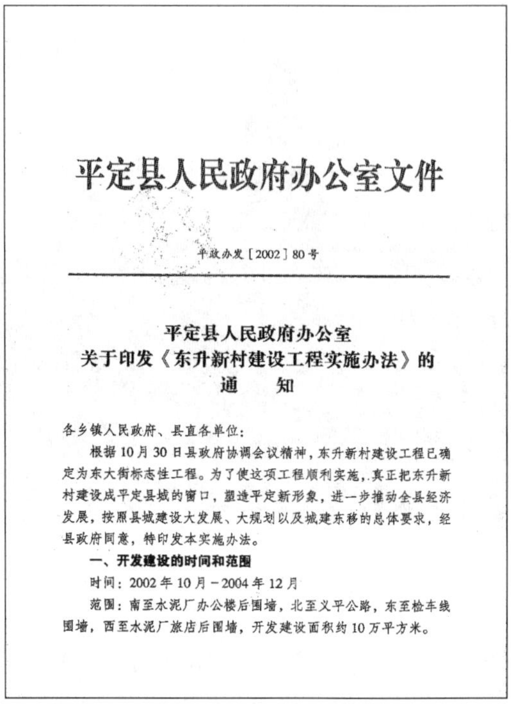

平定县人民政府办公室文件

平政办发［2002］80号

平定县人民政府办公室
关于印发《东升新村建设工程实施办法》的
通　　知

各乡镇人民政府、县直各单位：

根据10月30日县政府协调会议精神，东升新村建设工程已确定为东大街标志性工程。为了使这项工程顺利实施，真正把东升新村建设成平定县城的窗口，塑造平定新形象，进一步推动全县经济发展，按照县城建设大发展、大规划以及城建东移的总体要求，经县政府同意，特印发本实施办法。

一、开发建设的时间和范围

时间：2002年10月－2004年12月

范围：南至水泥厂办公楼后围墙，北至义平公路，东至检车线围墙，西至水泥厂旅店后围墙，开发建设面积约10万平方米。

《关于印发〈东升新村建设工程实施办法〉的通知》

2002年11月10日，东升商贸公司召开第二届股东会第六次会议传达贯彻了10月30日县政府协调会议精神，研究讨论了开发东升新村的具体方案和前期准备工作。

东升商贸公司召开第二届股东会第六次会议

县委、县政府站在城建东扩和提高县城市品位的战略高度，决定将东升新村的建设范围东扩至检车线东围墙，西扩到罗家峪村口，建设面积增至160亩。2002年11月19日，县领导李春泽、苏秀瑞、张映涛、郤福田、李维程又会同县直有关部门负责人专门就东升新村开发建设事宜进行实地勘察、现场办公。李春泽代县长代表县政府指出，东升新村的开发建设，文化内涵要深厚，设计规划要超前，配套功能要齐全。各部门负责人均作了表态发言，表示一定发挥职能，加强协调，密切配合，搞好服务，共同确保工程顺利推进。

县委、县政府对开发建设东升新村工作高度重视，2002年12月1日，平定县人民政府办公室下发《关于成立东升新村开发建设领导组的通知》（平政办发［2002］93号），专门成立了由副县长张映涛任组长，县政协副主席、东升商贸公司董事长兼总经理王伸任常务副组长，县经贸局局长刘选民、县计划发展局局长王晓华、县国土资源局局长王毓彬、县城建环保局局长张希政、县交通局局长梁金山任副组长，教育、卫生、工商、供水、公安、财政、国税、地税、消防、广电等政府职能部门领导及冠山镇等单位负责人为成员的东升新村开发建设领导组；同时，东升商贸公司成立东升花园工程指挥部，具体负责开发建设各项事宜。

2002年12月3日，东升新村开发建设领导组全体成员在东升商贸公司四楼会议室召开第一次工作会议，就各项前期准备工作作了详细安排，并将工程扫障、拆除搬迁、土地占用、规划设计、手续办理和交通疏散等工作具体落实到相关部门和单位。

东升新村开发建设领导组成员现场办公会

2003年1月21日，县领导吴学斌、李春泽、赵玉振和东升新村开发建设领导组成员在实地视察东升新村工地后，听取了关于水泥厂厂房拆除、职工安置进展情况，以及东升新村规划设计等前期准备工作。县领导要求，作为县城东扩的启动点和标志性工程，新村建设要坚持有利于生产要素的合理配置，有利于培育黄金地段黄金产业、窗口地段窗口工程的原则，立足高标准、大手笔，力争做到起点前瞻、功能齐全、绿化超前、标志明显。

东升商贸公司踌躇满志，在县委县政府大力支持下，东升新村建设在即。

二　启动实施

2003年1月18日，东升新村正式开始地质勘探工作；2月1日，工程进入设计阶段；2月8日，由东升商贸公司与东升洁净煤公司共同出资150万元组建的平定县东升房地产开发有限公司正式成立。

随着以开发建设东升新村为起点的东升房地产开发公司的成立，2月9日东升商贸公司第二届股东会第七次会议审议批准了《东升商贸有限公司董事会投资建议书》和《关于成立东升新村建设工程资金审核领导组的通知》。会议认为，董事会的投资建议书计划翔实、意向明确；东升新村建设资金审核领导组的成立，为确保建设资金发挥最大效益提供了有力保障。

3月11日，东升花园（东升新村更名）开发建设领导组召开全体会议，听取了东升商贸公司董事长、总经理王伸关于工程扫障和招标准备情况。副县长、东升花园开发建设领导组组长张映涛在对前期工作给予充分肯定的基础上，对下一阶段的工程招标工作作了安排部署。领导组各成员一致表示要各负其责，通力合作，共同为建好东升花园贡献力量。

经过全体参建队伍的紧张工作，扫障工作按期完成任务。4月6~7日，东升房地产开发公司委托县城环局招标办公室组织的东升花园一期工程招标仪式在晋洲大酒店举行。东升花园一期工程包括13幢427套住宅楼（1#、2#、3#、7#、8#、9#、10#、11#、12#、13#、15#、16#、22#楼），以及平定县直机关幼儿园东升分园（4#楼）、东升购物中心（5#、6#楼）和东升纺织品城（14#楼）。按照《山西省房屋建筑和市政基础工程施工招标投标管理实施细则》（试行），在县纪检委工作人员的全程监督下，15家建筑施工企业通过公开、公平、公正的竞标，平定县建筑安装公司、平定县第二建筑安装公司、河南林州市太行建筑工程有限公司、四川华蓥建筑工程第一公司等5家单位中标。4月11日，备受全县关注的东升花园奠基仪式隆重举行。吴学斌、李春泽、王永珍、王永先、李铭魁、李建恩、王继凯、祁雨珠、张映涛、王伸等县四套班子领导，东升花园工程领导组全体成员，东升商贸公司及施工单位的领导和员工共计300余人参加仪式。从此，东升花园建设工程正式启动实施。

东升花园奠基仪式

三　顺利推进

2003年春夏之际，就在东升花园建设工程如火如荼拉开之际，一场非典型性肺炎（SARS）流行疾病席卷全国，为了坚决打胜防治“非典”这场不见硝烟的战役，确保东升花园建设工程正常施工，东升花园开发建设领导组和工程指挥部采取了一系列强有力的措施，有效防控了“非典”侵袭，有力保证了工程进度。

2003年5月31日，东升花园工程指挥部召开推广无架眼操作技术和负筋保护专用工具“负筋宝”的会议。无架眼操作是承建1#楼的河北邢台一建引进的一项新技术。其特点是用边角材料制成专用工具搭架，改变在砌墙、浇铸过程中留架眼的传统做法；优点是既能保证建筑工程整体结构的安全性，又省工、省时、省料、省钱。由平定建筑工程质量监督站推荐的负筋保护专用工具“负筋宝”的优点在于：避免结构隐患，消除质量通病，确保工程安全。通过推广运用这两项新技术新工艺，东升花园的建设进度明显加快，工程质量得到提高。

7月6日，东升商贸公司第二届股东会第八次会议审议批准了董事会提交的《关于进一步增量扩股加快公司改革发展的意见》。募集资金，增量扩股，既是确保东升花园建设工程顺利推进的需要，又为公司集团化发展奠定基础。7月12日，各位股东会集商贸公司募集股金。从1万元、8万元，到10万元、30万元，共募股金300万元，全部用于弥补东升花园建设资金缺口，确保工程有序推进。

东升商贸公司第二届股东会第八次会议

8月6日，二期工程4幢238套住宅楼正式启动。经过公开招标，河北邢台一建公司承建20#、21#楼，23#、24#楼分别由河南林州四建公司、河南林州太行公司和四川华蓥一建公司承建。

自1999年贷款建设晋东蔬菜市场，东升商贸公司与中国建设银行阳泉分行和平定支行形成战略合作伙伴后，2003年9月10日双方再次联手。是日，东升花园项目贷款仪式在东升商贸公司会议室成功举行。此次建行平定支行共发放贷款8000万元，其中3000万元用于支持东升花园工程建设，5000万元用于东升花园个人住房消费专项贷款。此举不仅有助于加强银企合作，实现互利双赢，而且为加快东升花园建设步伐提供了强力支持。县委副书记李建恩、副县长薛晓明、建行阳泉分行副行长李彦宁、建行平定县支行行长张朋仁以及东升商贸公司董事参加签字仪式。

11 月 2 日，东升商贸公司第二届股东会第九次会议审议批准了董事会提交的《关于东升花园房价下调的建议》。平均房价降低 11.6%，调至 863.8 元/平方米，此价位一推出，吸引了更多城乡中低收入者前来签约购房。

截至 11 月中旬，东升花园一期工程全部封顶。其中：$1^{\#}$、$2^{\#}$、$3^{\#}$、$11^{\#}$、$15^{\#}$楼完成工程总量的 95% 以上，$9^{\#}$、$10^{\#}$、$16^{\#}$楼完成 85% 以上，其他楼盘完成 70% 以上。同时，二期工程全部铺开，其中：$20^{\#}$、$21^{\#}$楼完成总量的 60%，$23^{\#}$、$24^{\#}$楼完成 45%。

2004 年 5 月，东升花园历经一年开发建设，一、二期主体工程全部完工，完成建筑面积 12 万平方米，完成投资 7000 万元。小区供电、供水、供暖、供气、通信、污水处理等地下管网工程同时铺开。6 月，东升花园的重要配套设施锅炉房正式开工，该工程采用彩钢拱形屋顶结构，建筑面积 1200 平方米，管路跨越河槽 70 米，是平定县最大的供热设施。9 月中旬，锅炉房完成主体工程和设备安装。

2004 年 8 月，东升花园一期工程 427 套住宅楼全部安装环保安全、高效节能、热效能好的“日丰”低温热水地板辐射采暖系统（日丰地暖），此项工程由晋中万鹏新型管道安装有限公司承担。同月下旬，一期住宅楼工程全部完工。

四　竣工验收

东升花园一期工程竣工后，在完成资料验收的基础上，2004 年 8 月 26 日开始，山西豪士公司、阳泉市建筑设计院、平定质检站联合对一期工程 13 幢住宅楼进行实体初验。11 月，二期工程竣工，资料审查、实体验收随之展开。

在经过三个月的基础工程资料审查，主体结构进行初验、复验，装饰工程进行初验、复验等工作后，2005 年 1 月 10 日，东升花园工程指挥部召集施工单位的项目经理、技术员、资料员，山西豪士公司、阳泉市建筑设计院地质勘察处、平定县城建局和省、市监理公司等单位有关人员，举行一、二期住宅楼工程竣工验收仪式。当日，验收组成员签署了工程竣工验收记录。这标志着历经一年零九个月的开发建设堪称全县规模超前、设施一流的东升花园一、二期 17 幢、665 套、8.7 万平方米的住宅楼工程正式竣工，移交使用。

五　后期建设

随着东升花园一、二期工程的成功开发与胜利竣工，三期工程呼之欲出。经过紧张筹备，2005 年 6 月 18 日，三期工程在礼炮轰鸣声中奠基动工。

三期住宅楼位居小区西南，共计7幢、384套住房，与一、二期住宅浑然一体。三期工程充分借鉴一、二期工程的开发经验，设计了89~100平方米两室一厅经济户型和100~120平方米三室两厅实用户型，以充分满足工薪阶层购房需求。开盘预售之后，呈供不应求之势。

东升花园三期工程开工

2006年7月15日，东升花园三期工程17#、18#、19#、29#楼竣工，正式交付业主。同期，26#、27#、28#、30#楼完成主体工程。

2006年12月上旬，东升花园三期384套住房售罄，整个小区房屋售出率达到97%。

2006年12月27日，由山西鑫阳房地产开发有限公司开发、山西鑫阳建筑工程公司承建、山西东升恒泰房地产开发有限公司冠名和协助销售的东升花园四期工程举行开工奠基仪式。市政协主席宋林岭和县领导王永先、李铭魁、李维澜、杨艳红、张映涛、杜平华、梁岗平、刘选民、张金凤、薛晓明、张志先、王伸参加奠基仪式。

东升花园四期工程位于紧毗东升花园一期的原县二轻驾校，占地面积20余亩，将建设中小户型为主的商品房4幢、264套，总建筑面积30000平方米，计划投资3000万元，预计2008年4月竣工并交付使用。

六　花园综述

紫气腾旭日，红墙接碧瓦。过曲径穿回廊，高楼映彩霞。绿树丛花芳草，蜂飞蝶舞雀跃，环境幽且雅。城东添锦绣，怡景美如画。

起点高，功能全，规模大。建筑彰显时尚，风格多元化。交通条件便捷，配套设施完善，各方面俱佳。和谐新社区，各界都来夸。

——水调歌头·东升花园

东升花园小区是县委、县政府提出“城建东扩”的首批建设工程，由东升集团东升恒泰房地产开发有限公司负责开发建设。2002 年冬季拆除原水泥厂后，于 2003 年 4 月动工，投资上亿元，分四期工程进行施工。一、二、三期工程相继在 2004 年 7 月、10 月、2006 年 11 月竣工，千余套商住房现已全部交用户使用，四期工程正在建设之中。东升花园努力在园区美化、绿化、环保上做文章，立足建设全县一流的标志性建筑，取得了良好的经济效益和社会效益，成为阳泉小区绿化的亮点和闪光点。

东升花园小区总占地面积达 200 余亩，总建筑面积 22 万余平方米。拥有 3 栋商业楼、26 栋住宅楼，是一个能够容纳千户居民，规模宏大、风格多元、功能齐全、和谐文明的现代化新兴商住小区。酒店、商店、医院、学校、幼儿园、文体活动中心等功能性建筑 4.5 万余平方米，其建筑物均为欧式风格，布局合理，色彩大方，彻底改变了传统的直线布局方式。小区北面沿街是东升市场商业广场，“孺子牛”铜雕象征东升人脚踏实地为民造福的创业精神，夜间霓虹灯、景观灯五光十色，十分迷人。小区东西两座大门，可供车辆出入。中间设步行凯旋柱廊大门，建音乐喷泉广场，“平定八景”大壁画光彩夺目。区内道路幽畅，楼倚园林，乔灌花草藤树其及亭台楼阁一应俱全，双车道、单车道、人行道齐备，路灯林立，可为小区居民出则入市、入则安居、购物方便、就医方便。在阳泉地区率先推出地暖入户，水、电、暖、气全部分户计量，设施先进，布局合理；物业管理坚持以人为本，安全保卫到位，服务方便快捷；社区内教育、医疗、金融、通讯、休闲、娱乐、购物等公共基础设施配套完善，功能齐备；与晋东地区大型商贸流通中心和商品集散地——东升市场，连为一体，相得益彰，共同打造出县城东扩的一片新天地，构成了县城东部一道靓丽的风景线。特别是新近建成的东升文体活动中心，不仅专门建设了门球场、篮球场，还投资在广场上设置了各类健身器材，每天早上或者闲暇时间，社区内的居民便在此活动锻炼，极大地丰富了居民的业余文化生活。东升花园以其独特的优势，不仅受到广大入住业主的一致好评，而且吸引越来越多的城乡人士前来咨询洽谈、签约购房。一期、二期、三期工程座座高楼如雨后春笋拔地而起，售房指数似芝麻开花节节攀高。

东升花园做到了居民文化娱乐有场所，体育活动有器械，休闲有亭园，三季有花草，四季见常青，绿树成荫，鸟语花香，展示了人与自然的和谐共处。

东升花园园林建设

东升花园园林建设是小区工程的重要组成部分。因此，该区建设本着楼宇与道路、绿化与园林、主体与附属同时规划、同时设计、同期施工、同期竣工的原则，适当放宽楼宇距离，扩大绿地面积，其中一、二、三期园林绿化占地 62 亩，绿化面积占总面积的 38.75%。五年之后绿化覆盖率将不低于 45%，小区住户人均绿地面积 9.8 平方米，达到市规定的园林绿化标准。东升花园绿化园林工程计划总投资 420 万元，其中一、二、三期园林工程由江苏常州振兴园林绿化工程有限公司负责管理，实际投资 320 万元。从整体绿化生长情况看，效果较佳，经县城建局及有关部门验收，为园林绿化达标工程。

东升花园的开发建设，加快了东升新区的扩容提质步伐，满足了人们日益增长的物质文化需求，带动了县域政治、经济、文化中心的逐渐东移，促进了县城形象的不断改善和提升，取得了良好的经济和社会效益。由于成绩显著，贡献突出，东升集团旗下的山西东升恒泰房地产开发有限公司被县委、县政府授予“小城镇建设先进集体”荣誉称号。

“小城镇建设先进集体”荣誉称号

第二节　平定县综合办公大楼

2004 年 2 月 27 日，由东升商贸公司投资建设的平定县综合办公大楼在县模具厂旧址举行奠基仪式。县四套班子领导、县直各单位和各乡（镇）负责人、阳泉市“两会”的人大代表和政协委员，以及东升商贸公司主要领导出席奠基仪式。兴建平定县综合办公大楼，是东升商贸公司为贯彻实施“县城东扩”战略，加快东升新区建设步伐而采取的一项重大决策，对于发挥区位优势，优化县城布局，改善投资环境，膨胀城镇人口，形成政策向东区倾斜、资金向东区汇聚、项目向东区集中，起到良好的引导和有力的推动作用。

河北邢台一建公司以资质优良、实力雄厚、作风过硬的优势，从十余家竞标建筑施工队伍中脱颖而出，负责承建平定县综合办公大楼，该楼整体八层，局部七层，建筑面积 20800 平方米。

2004 年 10 月 26 日，平定县综合办公大楼主体工程封顶，标志着东升商贸公司努力克服资金紧张、材料涨价等不利因素，顾全大局、精心组织的工程，顺利

平定县综合办公大楼奠基仪式

完成了预期目标。

2006 年 3 月 25 日，平定县综合办公大楼落成典礼暨县委、人大、政府、政协机关迁址仪式隆重举行。市委常委、政法委书记段永章，市人大常委会副主任王七孩、张清，副市长樊盛武、刘兆林，市政协副主席张云翔、李玄如、陈保京和各县区主要领导参加庆典，并为大楼落成剪彩、揭牌。该大楼的落成，既是全县政治生活中的一件大事，也是带动县城东扩，建设生态、文明、富裕、开放、和谐新平定的一件盛事。大楼规模宏大、功能齐全、设施一流，象征平定城市建设与规划的高品位，干部群众思想观念的大创新，旧城改造与县城东扩的新成效，经济社会各项事业的大发展，对平定县提升形象、扩大影响、打造品牌，建设新型县城具有十分重要的现实意义和深远的历史影响。县委书记吴学斌代表县四大班子向为大楼建设作出卓越贡献的东升煤业集团表示诚挚谢意。

第三节　建设新区

乘县城东扩东风，2003 年 4 月 11 日，东升花园举行奠基仪式，迈开了以东升花园为起点的东升新区建设步伐。

从2003年下半年开始，作为县城东扩重点建设项目和东升花园重要配套设施的一批工程相继上马兴建。7月25日，平定县人民医院东升分院举行奠基仪式；9月14日，平定县直属机关幼儿园东升分园举行奠基仪式；9月18日，连接东升花园与东升市场的两座过街天桥开工建设。11月底，两座天桥同时建成，起到了缓解交通压力，保障行人安全，方便群众通行的重要作用。

2004年2月27日，东升商贸公司负责投资建设的县城东扩标志性建筑——平定县综合办公大楼，东升商贸有限公司的招商引资项目——东海岸大酒店（后更名为山海天假日酒店），先后举行奠基仪式。

山海天假日酒店奠基

2005年4月6日，平定县东升农村信用社在东升灯饰城一楼开业；2005年6月1日，平定县直属机关幼儿园东升分园正式开园；2005年6月18日，建设银行阳泉分行平定城东分理处迁址东升灯饰城一楼；2005年6月29日，平定县网通公司东升社区服务中心在东升电器城一楼举行揭牌仪式；2005年10月10日，平定路东段改线工程竣工通车，从此货车绕行东升市场，东升新区周边环境质量大为改观；2005年11月，山海天假日大酒店开始营业。2006年3月25日，平定县综合办公大楼落成典礼暨县委、人大、政府、政协机关迁址仪式隆重举行；2006年8月19日，平定县邮政局东升分局在东升购物中心一楼正式开业；

2006年10月9日，平定县医院东升分院举行落成典礼……一排排高楼鳞次栉比，一座座大厦拔地而起，不仅催生了东升新区的崛起壮大，而且带动了全县政治、经济、文化中心的逐步东移，原东大街化肥厂至石太高速公路平定出入口路段也随之更名为府新街。此后，东升新区一批重要配套设施或相继建成、或搬迁入住、或投入运营。

2006年10月18日，东升十年庆典活动在东升新区中央广场隆重举行，标志着历经十年倾力打造，东升从无到有、从小到大、从弱到强，东升集团成为全县经济建设的排头兵，东升新区成为新兴县城的核心区。

第四章 广告业

第一节 组建成立

2003年1月22日，由东升商贸公司实物出资40万元，自然人出资10万元，注册资本50万元的平定县东升广告有限公司正式组建成立。

成立之初，东升广告公司共有员工14名，内设策划设计部、媒体制作部和市场公关部，经营范围包括：发布商务信息、代理媒体广告、承揽图文喷绘、彩色黑白印刷、企业形象策划、组织礼仪庆典。

东升广告公司的启动运营，不仅为宣传东升品牌，提升企业形象，促进商贸流通发展注入了新的活力，而且通过整合资源，优化配置，有利于进一步占领市场份额，提高竞争能力。

第二节 组织机构

2004年7月2日，平定县东升广告有限公司召开第二次股东会议，会议议定：公司股本结构由原来的平定东升商贸公司出资40万元、自然人出资10万元，变更为平定县东升洁净煤有限公司出资55万元、平定东升商贸公司出资40万元、自然人出资10万元。会议通过了公司章程修正案。

2004年7月26日，平定县东升广告有限公司召开第三次股东会议，会议议定：根据山西省工商行政管理局（晋）名称变核企字［2004］第513号《企业名称变更核准通知书》，平定县东升广告有限公司的名称变更为“山西东升恒泰广告有限公司”。

同日，山西东升恒泰广告有限公司召开第一次股东会议，通过了《山西东升恒泰广告有限公司章程》。

第三节　媒企联姻

东升广告公司成立以来，不断拓宽渠道，积极占领市场，逐渐成为平定广告业界的一支劲旅。为了联手电视媒体，实现互利双赢，经多次磋商，2003年底，东升广告公司与平定县广播电视局达到了广告代理协议。12月16日，双方在东升商贸公司四楼会议室举行2004年电视广告代理合同签字仪式，县委常委、宣传部部长崔进科、县政协副主席王伸、县广播电视局局长杜湘君，以及县工商、地税、药监等单位领导出席签字仪式。利用媒体宣传优势，代理电视广告业务，既推动了东升广告公司加速发展，又为方便东升市场商户进行广告宣传提供了先决条件，使东升广告公司与平定县广播电视局实现了互利共赢。

电视广告代理合同签字仪式

经过一年的友好合作，东升恒泰广告有限公司与平定县广播电视局互补优势，实现双赢。2004年12月30日，双方签订2005年度电视广告代理合同，进行二次联手。

2005年12月26日，东升恒泰广告公司与平定县广播电视局再度携手，签订了2006年度电视广告代理合同。

东升恒泰广告公司成立以来，广告业务迅速增长，社会影响日益提高，尤其是独家代理平定电视台广告业务以来，以时尚新颖的创意，制作精美的画面，丰富多彩的内容，博得社会广泛好评。2006 年底，阳泉市工商行政管理局授予山西东升恒泰广告有限公司“2006 年度阳泉市广告市场信用等级 A 级单位”称号，这是平定县唯一获此称号的广告公司。

阳泉市广告市场信用等级 A 级单位

第四节　印刷制作

2000 年 12 月 7 日，经有关部门批准，东升商贸公司投资 60 余万元兴建的东升印刷厂正式投入运营。印刷机为具有国内先进水平的北人集团 J2108B 型对开单色胶印机，可批量印刷彩色黑白图片、挂历、票据等，印刷速度达到 10000 张/小时；制版系统是山东曲阜生产的 XY－860APS 版全自动显影机和 SBK－A 型微机控制镓灯晒版机，采用数字化恒温控制装置、全自动涂胶、干燥和全自动程序控制；切纸机为长春产的 QZX1300B 型数显切纸机，采用发光二极管数码显示裁切尺寸，具有液压压纸、机械传动切纸、推纸器送纸等新技术。该厂印刷设备处于全县同行领先地位。

东升广告公司印刷厂

2001 年 9 月，东升印刷厂聘请名师，利用单色印刷机成功印制出彩色印刷品，填补了平定印刷行业无彩印空白。年底，成功印刷了 10000 册《平定风光》壬午年挂历。之后的每年年末，相继印制了《平定剪纸》、《平定陶瓷》、《新东升》、《和谐东升》等挂历、台历。

2003 年东升广告有限公司成立以来，东升印刷厂划归该公司管辖，在继续搞好每周印刷《东升集团》报等日常工作的同时，积极承揽对外业务，广泛开拓印刷市场，已经成为平定县广告行业颇具影响的印刷单位。

第五章　物业管理业

2005年2月26日，山西东升煤业集团有限公司召开一届二次股东大会，审议批准山西东升煤业集团有限公司出资30万元，山西东升恒泰商贸有限公司出资20万元，注册成立平定县东升物业管理有限公司，隶属山西东升煤业集团有限公司。同时，聘任卢瑞明为平定县东升物业管理有限公司经理（至2005年8月21日），王旭升、赵成亮为副经理。

2007年5月，山西东升煤业集团有限公司董事会召开会议，聘任王旭升为平定县东升物业管理有限公司经理，赵成亮、翟有蝉、王杰云为副经理。

东升物业管理有限公司成立于2005年7月份，现有员工54名，下辖保安、门卫、清洁、维修、绿化、收费等部门。公司坚持把为业主提供完善、优质的服务作为公司宗旨，立足建设一流生活环境，从整章建制入手，完善制定了管理制度，严格考核，促进了保安、卫生、维修、园林绿化管理工作的开展。通过努力，小区居民逐步形成“爱我家园，人人有责”的思想认识，东升花园小区逐步创建成为全市现代化模范小区，为平定五年内创建国家园林县城做出更好的成绩。

东升物业管理有限公司

第十篇

人　物

概　述

东升经过10年的改革发展和现代企业的运作，培养和锻炼出一支有理想、有道德、有文化、有纪律的高素质职工队伍，市、县劳模等先进人物不断涌现。

本篇所列人物分四章记述。一为荣誉及人物名录；二为东升领导人；三为集团公司机关各部门负责人；四为集团下属子公司负责人。

第一章　荣誉及人物名录

（一）集体荣誉

单　位	年　度	授予单位	荣誉称号
东升商贸有限公司	2000	中共平定县委平定县人民政府	红旗单位
东升商贸有限公司	2000	平定县人民政府	尊师重教先进集体
东升商贸有限公司	2001	中共平定县委平定县人民政府	调整产业结构先进集体
东升市场	2001	阳泉市工商局	1999～2000年度市级文明市场
东升市场女工委	2001	平定县总工会	十佳创新工程示范岗
东升商贸有限公司	2002	中共平定县委平定县人民政府	先进集体
东升市场	2003	山西省工商行政管理局	文明规范市场
东升市场	2003	山西省消费者协会	诚信单位
东升市场	2003	阳泉市消费者协会	2002～2004年度诚信单位
东升市场	2003	平定县综治委	综治工作先进单位
山西东升煤业集团	2003～2004	中共平定县委平定县人民政府	红旗单位
山西东升煤业集团	2003～2004	中共平定县委平定县人民政府	纳税大户
平定县东升煤运公司	2003～2004	中共平定县委平定县人民政府	纳税大户

续表

单　位	年　度	授予单位	荣誉称号
山西东升恒泰商贸公司	2003～2004	中共平定县委平定县人民政府	调产项目先进集体
山西东升恒泰房地产公司	2003～2004	中共平定县委平定县人民政府	小城镇建设先进集体
山西东升煤业集团	2005	平定县劳动竞赛委员会	五一劳动奖状
山西东升煤业集团	2005	平定县人民政府	安全生产先进单位
山西东升华兴煤业有限公司	2005	平定县人民政府	安全生产先进单位
山西东升煤业集团	2005	中共平定县委平定县人民政府	生态林业建设先进企业
山西东升煤业集团	2006	山西省劳动竞赛委员会	集体二等功
山西东升煤业集团	2006	中共平定县委平定县人民政府	2003～2005年模范单位
东升商贸有限公司	2006	阳泉市人民政府	落实2003～2005消防安全责任制先进单位
山西东升恒泰广告有限公司	2006	阳泉市工商行政管理局	2006年度阳泉市广告市场信用等级A级单位

（二）个人荣誉

姓　名	年　度	授予单位	荣誉称号
张　兵	2002	共青团平定县委	第四届“平定县十大杰出青年”
李延辉	2002	共青团平定县委	优秀共青团员
张　兵	2003	共青团阳泉市委员会阳泉市青年联合会	阳泉青年五四奖章
王　伸	2003	山西省企业家协会	山西省优秀企业经营者
裴海柱	2003～2004	中共平定县委平定县人民政府	先进个人
杜忠良	2003～2004	中共平定县委平定县人民政府	先进个人
李国华	2003～2005	阳泉市人民政府	消防安全先进个人
张双林	2005	平定县劳动竞赛委员会	一等功
王　伸	2006	中共阳泉市委、阳泉市人民政府	阳泉市第三届享受市政府特殊津贴拔尖人才
裴海柱	2006	平定县精神文明建设指导委员会	爱岗敬业模范
裴海柱	2006	平定县精神文明建设指导委员会	诚信建设使者
葛海林	2006	平定县精神文明建设指导委员会	十大文化创新人物
葛海林	2006	共青团平定县委	平定县首届五四青年奖章
张秀屏	2006	阳泉市社会主义劳动竞赛委员会	三等功

第二章　东升领导人

第一节　东升集团领导

东升煤业集团有限公司

董 事 长：王　伸

总 经 理：李蔚峰

副总经理：史新华

　　　　　李福盛

　　　　　祁爱生

总会计师：王振华

工会主席：李福盛

第二节　东升集团董事会领导简介

王伸：1949 年 2 月 6 日出生于平定县冠山镇中社村。1970 年 11 月至 1980 年 3 月，任平定铁厂车间副主任；1980 年 4 月至 1984 年 7 月，任平定磷肥厂保卫科科长；1984 年 8 月至 1987 年 8 月，任平定县煤炭运销公司乱流转运站主任；1987 年 9 月起，任平定县煤炭运销公司经理；1991 年 6 月，任平定县煤炭运销公司书记；1991 年 7 月，任平定县煤炭运销公司经理；1995 年 12 月，任平定县煤炭运销公司党总支书记；2004 年 9 月至今，任东升集团董事长。1998 年4 月，当选为县政协副主席；2003 年 4 月，中国人民政治协商会议平定县第十二届委员会第一次会议上，再次当选为县政协副主席。1991 年 4 月，被阳泉市经济委员会评为“1991 年管理年活动先进工作者”。1992 年，被山西省劳动竞赛委员会荣记二等功。1999 年4 月，被阳泉市劳动竞赛委员会授予“五一劳动奖章”。1999 年 4 月，被阳泉市委、市政府授予“再就业功臣”。2001 年，被阳泉市委、市人民政府授予“经济建设功臣”荣誉称号。2003 年，被省企业家协会评为“优秀企业经营者”。2005 年6 月，被省企业联合会、省企业家协会评为“省优秀企业家”，被中国经济发展促进会、中国经济建设杂志社评为“中国经济建设先进个人”。

李蔚峰：1958 年 11 月出生于山西省左权县。1975 年 4 月至 1978 年 4 月，在平定县城关河头村插队；1978 年 5 月至 2001 年 2 月，任平定县煤炭运销公司铁路科科长、副经理；2001 年 3 月至 2001 年 12 月，任郊区煤炭运销公司副经理；2002 年 1 月，任平定煤炭运销公司副经理；2005 年 9 月，任平定东升煤炭运销有限公司常务副总经理，山西东升煤业集团总经理。

张兵：1963 年 11 月生于平定县张庄镇夏庄村人。1980 年 12 月，在平定县煤炭运销公司汽车队参加工作；1986 年，任平定煤炭运销公司办公室主任；1988 年 9 月，任平定县煤炭运销公司公路科科长；1992 年 3 月，任平定煤运公司公路交易市场主任、党支部书记；1993 年 3 月，任平定煤运公司白羊墅煤炭发运站站长；1995 年 6 月，任平定煤运公司乱流煤站站长；1995 年 12 月至 2002 年 7 月，任平定县煤炭运销公司副经理；2002 年 7 月至 2003 年 3 月，任郊区公司副经理；2003 年 3 月，调回平定公司任副经理；2005 年 9 月，任平定县东升煤炭运销有限公司董事长；2004 年 9 月至 2007 年 5 月，任山西东升煤业集团董事、副总经理，政协平定县第十二届委员会常委，平定县第十二届人大大常委会委员。

史新华：1957 年 2 月出生于张庄镇桃叶坡村。1976 年 3 月至 1980 年 1 月，在航空兵部队服役，任航行调度员；1980 年 2 月至 1984 年 9 月，在吕梁地区兑镇煤矿技术科工作；1984 年 10 月至 1986 年 9 月，在山西省煤炭工业学校测量专业学习；1986 年 10 月至 1991 年 6 月，任吕梁地区兑镇煤矿技术科副科长；1991 年 7 月至 1996 年 2 月，在平定县经委安监科工作；1996 年 3 月至 2002 年 5 月，任平定县经贸局技术科科长；2002 年 6 月，任平定煤炭运销公司东升矿产公司副总经理；2004 年 9 月，任山西东升煤业集团有限公司董事、副总经理。

李福盛：1955 年 5 月出生于山西省平定县张庄镇西古贝村。1975 年 4 月至 1976 年 12 月，在平定县巨城镇公社工作；1977 年 1 月至 1978 年 6 月，在平定县财税局城关税务所工作；1978 年 7 月至 1983 年 3 月，在平定县张庄镇公社工作；1983 年 4 月至 1986 年 11 月，任平定县自来水公司、平定县城乡建设环保局主任、党支部书记；1986 年 12 月至 1987 年 7 月，任平定县南阳胜乡副乡长、党委委员；

1987年8月至1987年12月，任平定县煤炭运销公司副经理；1988年1月至1995年12月，任平定县煤炭运销公司东关煤站站长；1996年1月至2001年2月，任平定县煤炭运销公司副经理；2001年3月至2001年12月，任阳泉分公司旧关站站长；2002年1月，任平定县煤炭运销公司工会主席；2004年9月，任山西东升煤业集团有限公司董事、副总经理、工会主席。

王振华：1957年2月17日出生于平定县黄统岭小岭村。1975年12月，任黄统岭中学担任会计；1988年9月，在平定县煤炭运销公司乱流煤炭发运站工作；1994年1月，任平定县煤炭运销公司机关结算科科长；2004年9月，任山西东升煤业集团有限公司董事、总会计师；2005年9月，任平定东升煤炭运销有限公司副总经理、总会计师。

葛树标：1963年7月出生于平定县维社乡里社村。1980年9月，任平定县煤炭运销公司乱流煤站办公室主任、团支部书记；1984年12月，任平定县煤炭运销公司地销科科长、团支部书记；1989年，任平定县煤炭运销公司地销科科长、党总支委员、工会主席；1991年，任平定县煤炭运销公司总支办公室主任、公司人事劳资科长、总支委员、工会主席；1993年12月，任平定县煤炭运销公司副经理；2001年7月，改任平定煤运公司工会主席；2001年12月，任平定县煤炭运销公司副经理；2002年6月，兼任平定东升矿产公司总支书记、副董事长；2002年7月，任盂县煤炭运销公司副经理；2005年9月，任山西东升煤业集团有限公司董事、副总经理。

祁艾生：1970年12月出生于山西省平定县巨城镇连庄村。1990年7月，在平定发电厂参加工作；1992年6月，调至平定县煤炭运销公司物资公司工作；1996年12月，任平定县煤炭运销公司乱流煤炭发运站副站长；2001年3月，任东关煤炭发运站站长、东关煤炭发运站支部书记；2004年9月，任平定县煤炭运销公司乱流煤炭发运站站长，山西东升煤业集团有限公司董事；2005年9月，任平定县东升煤炭运销有限公司副总经理，山西东升煤业集团有限公司董事、副总经理。

黄迎喜：1962年9月出生于山西省平定县城里。1996年，任南瞀石营业站副站长；1998，任白羊墅站副站长；1998年底，免去白羊墅站副站长；2001年，任锁簧营业站站长；2005年4月，任锁簧营业站党支部书记；2005年9月，任平定县东升煤炭运销有限公司副总经理，山西东升煤业集团有限公司董事；2007年5月，任山西东升阳胜煤业有限公司党支部书记，山西东升阳胜煤业有限公司副总经理。

刘宝国：1970 年 10 月出生于平定县维社乡中社村。2004 年 9 月，任东关煤炭发运站站长职务；2005 年 9 月，任平定县东升煤炭运销有限公司副总经理，山西东升煤业集团有限公司董事；2007 年 5 月，任山西东升同意煤业有限公司党支部书记、副总经理。

刘双明：1975 年 3 月出生于平定县维社乡中社村。2001 年，任平定县煤炭运销公司黄统领营业站副站长；2002 年 9 月，任平定县煤炭运销公司公路科科长兼稽查队队长；2004 年 9 月，任平定县煤炭运销公司公路运销部部长职务，2005 年 9 月，任山西东升煤业集团有限公司董事。

第三章　东升集团公司机关各部门负责人

行政部

主　任：张志峰（2004.9～2007.5）
　　　　刘利峰（2007.5 至今）

副主任：李秋云（1994.～2002.）
　　　　张志峰（2001.～2004.9）
　　　　葛海林（2002.5～2004.9）
　　　　刘利峰（2004.9～2007.5）
　　　　翟永庆（2004.9～2007.5）
　　　　曲继斌（2005.2 至今）
　　　　窦建平（2007.5 至今）

党务部

主　任：刘利峰（2001.3～2007.5）
　　　　郝立军（2007.5 至今）

人力部

部　长：刘晓红（2007.5 至今）

副部长：刘晓红（2001.3～2007.4）
　　　　刘爱兰（2007.5 至今）

财务部

部　长：段玉铭（2004.9 至今）

副部长：石　销（2004.9～至今）

副主任：张　波（2004.9～至今）

审计部

部　长：李延峰（2007.5 至今）

副部长：史桂平（2007.5 至今）

铁路部

部　长：王华平（2004.9～2007.5）

　　　　田瑞林（2007.5 至今）

副部长：赵彦恒（2004.9～2007.5）

　　　　刘向晖（2006.2～2007.5）

公路部

部　长：刘双明（2004.9～至今）

副部长：丁玉利（2004.9～2007.5）

　　　　李　强（2006.2～2007.5）

　　　　赵　波（2006.2～2007.5）

票据统计部

部　长：赵彦恒（2007.5 至今）

副部长：崔爱青（2004.9～2007.5）

　　　　高丽华（2007.5 至今）

安全保卫部

部　长：赵曙光（2004.9～至今）

副部长：贾建新（2004.9～至今）

副部长：徐振帮（2004.9～2005.12）

信息管理部

主　任：吕辉东（2004.9 至今）

质检室

主　任：郑治国（2007.5 至今）

　　　　丁玉利（2007.3～2007.5）

副主任：薛建华（2004.9～2007.3）

档案部

主　任：褚惠莲（2004.9～至今）

机关支部

书　记：段合义（1995. 至今）

总务科

副科长：王存维（2004.9～至今）

企业管理部

副部长：王永昌（2004.9～2007.5）

纪检监察室

主　任：王永昌（2001.4～2007.5）

矿产管理部

部　长：史新华（2004.9～2007.5）

　　　　刘　波（2007.5至今）

副部长：郭永平（2004.9～2005.2）

　　　　王志宏（2004.9至2007.5）

　　　　王珍玉（2004.9～2005.10）

　　　　生产调度室主任郭永平（2004.9～2005.2）

总工程师：李仲科（2004.9至今）

副总工程师：李永胜（2006.5至今）

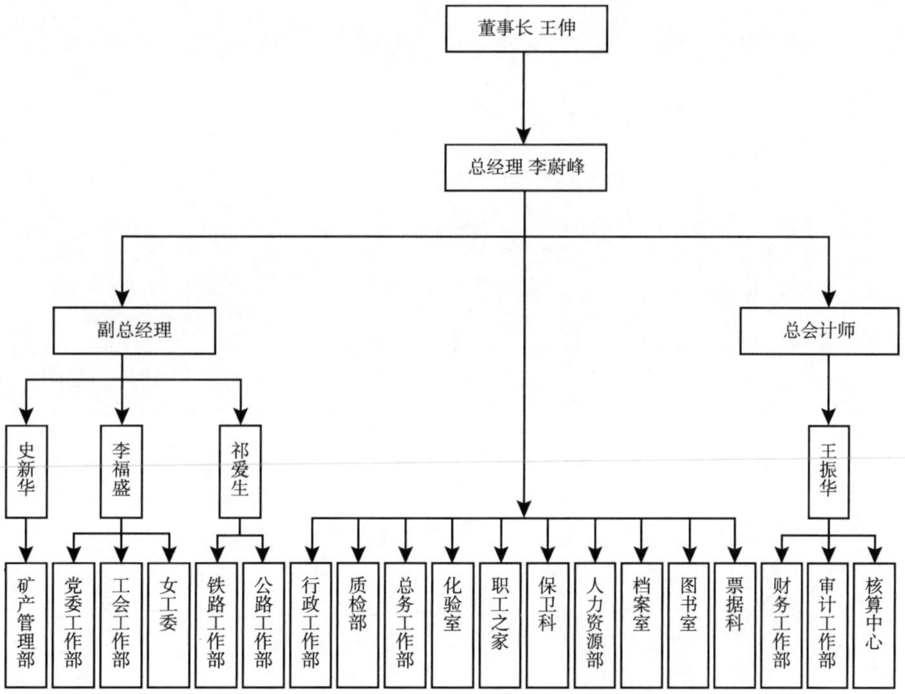

图1　山西东升煤业集团机关科室组织机构设置

技术科科长：李仲科（2004.9 至今）
综合科科长：郑治国（2004.9 至今）
安全科科长：赵增福（2004.9 至今）
物资管理科科长：陈洪平（2004.9 至今）
计划考核科科长：王珍玉（2004.9 ~ 2005.10）
计划考核科副科长：李仲科（2004.9 至今）
计划考核科副科长：陈洪平（2004.9 至今）

第四章　子公司负责人

东升阳胜煤业公司

总经理：焦以军（2003.4～2005.2）
　　　　郭永平（2005.2 至今）
党支部书记：郭永平（2005.2～2007.5）
　　　　　　黄银喜（2007.5 至今）
总工程师：梁贵海（2005.1 至今）
副总工程师：翟卫红（2005.1～2005.4）
副总经理：梁贵海（2003.4～2005.1）
　　　　　黄银喜（2007.5～2007.5）
　　　　　王长青（2003.4 至今）
　　　　　翟卫红（2005.4 至今）
　　　　　耿文华（2005.1～2005.4）
　　　　　赵计升（2005.12 至今）
工会主席：时有明（2007.5 至今）
洗煤厂筹建处负责人：潘海庆（2007.5 至今）

东升同意煤业公司

经　理：陈培田（2002.5～2002.12）
　　　　郭永平（2002.7～2003.11）
　　　　刘富生（2003.11 至今）
党支部书记：郭永平（2002.7～2003.11）
　　　　　　刘富生（2003.11 至今）
　　　　　　刘宝国（2007.5 至今）

总工程师：杜忠良（2006.7~2007.2）
赵富平（2005.1~2006.7）
王智明（2007.5至今）
副总经理：马　健（2002.5~2007.5）
赵启禄（2004.2至今）
耿文华（2005.4至今）
刘宝国（2007.5至今）
张　瑞（2004.2~2005.3）
工会主席：耿宝润（2007.5至今）

东升兴裕煤业公司

总经理：邵锋林（2002.6~2002.10）
刘　波（2002.10~2007.5）
裴海柱（2007.5至今）
党支部书记：朱世忠（2007.5至今）
总工程师：王贵田（2005.1~2005.6）
王贵田（2007.5至今）
副总经理：耿宝润（2002.6~2007.5）
岳柱明（2002.10至今）
蔡贵华（2006.1至今）
王志宏（2006.1~2007.5）
李计长（2002.10~2006.1）
朱世忠（2007.5至今）

东升华兴煤业公司

总经理：焦以军（2002.5~2005.2）
裴海柱（2002.10~2007.5）
杜忠良（2007.2至今）
党支部书记：裴海柱（2002.10~2007.5）
马　健（2007.5至今）
总工程师：史有联（2005.1至今）

副总经理：裴海柱（2002.5～2002.10）
马　健（2007.5 至今）
赵　章（2002.10 至今）
李瑞卿（2002.5 至今）
耿文华（2002.5～2005.4）
史有联（2002.10～2005.1）

东升集团乱流煤炭发运站

站长：岳建军（2001.5～2002.5）
祁爱生（2005.9～2007.5）
王华平（2007.5 至今）
党支部书记：刘俊文（2001.5～2007.5）
李吉升（2007.5 至今）
副站长：田瑞林（2001.5～2007.5）
刘向晖（2007.5 至今）

东升集团东关煤炭发运站

站　长：祁爱生（2001.6～2004.9）
刘宝国（2004.9～2007.5）
陈广胜（2007.5 至今）
党支部书记：刘宝国（2004.9～2007.5）
张志峰（2007.5 至今）
副站长：岳金仁（1996.7～2007.5）
张建明（2007.5 至今）

东升恒泰商贸有限公司

总经理：张　兵（2005.9～2007.5）
刘君明（2007.5 至今）
党支部书记：张　兵（2003.3～2007.5）
刘君明（2007.5 至今）
副总经理：张秀屏（2005.9 至今）

葛海林（2005.9 至今）
李国华（2005.9 ~ 2007.5）
黄建庭（2007.5 至今）
总会计师：王振华
副总会计师：贾　昆（2005.9 至今）
总经理助理：李秋云（2006.12 至今）

东升恒泰房地产开发有限公司

总经理：张　兵（2004.9 ~ 2007.5）
刘君明（2007.5 全今）

东升恒泰广告有限公司

总 经 理：葛海林（2003.1 至今）
副总经理：张秀屏（2004.1 ~ 2005.2）
曲继斌（2003.1 ~ 2003.10）
王建刚（2003.1 至今）
任天甲（2004.1 ~ 2007.5）

东升物业管理有限公司

经　理：卢瑞明（2005.2 ~ 2005.12）
王旭升（2007.5 至今）
副经理：王旭升（2005.2 ~ 2007.5）
赵成亮（2005.2 至今）
翟有蝉（2007.5 至今）
王吉云（2007.5 至今）

附　　录

一　重要文件选编

（一）

关于华兴、同意、兴裕、阳胜四个县营煤矿移交东升洁净煤有限公司管理并联合组建大型煤炭经营企业集团的通知

平办发［2002］第 10 号

中共平定县委办公室

平定县人民政府办公室

县经贸局、财政局、安监局、国土资源局及有关部门、单位：

根据县委、县政府《关于进一步深化县营企业改革的实施意见》，县营华兴、同意、兴裕、阳胜四个煤矿已由县煤炭运销公司并购。在煤矿经营权和开采权按〈实施方案〉有条件转让后，为了加强整体资源的统一管理，经县委、县政府研究，决定将华兴、同意、兴裕、阳胜四个县营煤矿移交平定县东升洁净煤有限公司整合管理，组建符合市场经济要求，按照现代企业制度运作，产、运、销、加一体化的大型企业集团。针对企业改制所遇到的有关问题，要求你们做好以下工作：

1. 以建立产权清晰、权责明确、政企分开、管理科学的现代企业制度为方向，以加快我县煤炭经济发展为目标，以四个煤矿的净资产为基础，会同平定县东升洁净煤有限公司股东，按照《公司法》要求，组建规范的集团股份有限公司，使其成为自主经营、自负盈亏、自我发展、自我约束的法人实体和市场竞争主体，促进县

域煤炭经济持续发展。

2. 组建工作分三步完成：

第一步：县煤炭运销公司并购四个煤矿后，经过一段时间运行，已经取得了明显的效益。为了进一步促进企业经营，决定将华兴、同意、兴裕、阳胜四个县营煤矿的资金资产、经营管理、人事任免、地质资料移交平定县东升洁净煤有限公司负责整合管理。

第二步：通过有关中介部门对四个煤矿进行审计、清产核资、资产评估，确定优良资产，剥离一定的不良资产，确定股份基础。

第三步：以四个县营煤矿净资产为基础，会同煤运公司的乱流煤站、东关煤站、煤运公司系统职工合股基金会，联合石家庄热电厂、阳泉二电厂等主要用煤客户，合股组建产、运、销、加一体化的大型企业集团，以全新的经营体制实现跨地区、跨省份、跨行业、跨所有制的股份合作，建立符合市场经济要求的现代企业制度，努力把东升洁净煤有限公司做实、做大、做强。

二〇〇二年七月二日

（二）

关于印发《东升新村建设工程实施办法》的通　　知

平政办发［2002］80号

平定县人民政府办公室

各乡镇人民政府、县直各单位：

根据10月30日县政府协调会议精神，东升新村建设工程已确定为东大街标志性工程。为了使这项工程顺利实施，真正把东升新村建设成平定县城的窗口，塑造平定新形象，进一步推动全县经济发展，按照县城建设大发展、大规划以及城建东移的总体要求，经县政府同意，特印发本实施办法。

1. 开发建设的时间和范围

时间：2002年10月~2004年12月

范围：南至水泥厂办公楼后围墙，北至义平公路，东至检车线围墙，西至水泥厂旅店后围墙，开发建设面积约10万平方米。

2. 开发建设内容

在上述范围内，坚持高起点、高标准、高要求的原则，规划建设功能齐全、服务完善、与东升市场相配套的商贸服务小区。沿街地段，地下从事货物仓储，一楼商业，二楼以上从事娱乐、服务、宾馆等，院内建设住宅、医院、学校等。东升市场与新建小区计划建设地下通道和天桥，解决通行安全问题。总体布局与结构模式进行整体规划，典型设计，力争建成富有开放、文明、现代气息，风格独特、结构新颖、精巧别致的县城标志性小区。

3. 开发建设的方式与进度计划

此项工程建设以东升商贸有限公司为开发主体，具体组织实施，开发建设坚持社会化开发、市场化运作的原则，依靠政府组织协调，充分利用社会各种资源，贯彻“谁投资、谁建设、谁受益”的思路，本着“先发展后规范、规范中求发展”的精神，按照市场竞争机制要求，实行阳光作业，通过公开竞标，实施整体化开发。

东升新村建设工程计划总投资5000万元，实行“四个一块”的多渠道、多元化筹措办法，即公司职工集一块、市场股民筹一块、公司向银行贷一块、中标建设者垫一块，以确保新村建设的需要。

总体计划建设工期两年，从现在到年底，完成前期有关手续、审批、图纸等准备工作。2003年年初到年底，完成主体工程。2004年底整体工程全部竣工交付使用。

4. 开发建设涉及的问题和解决的办法

（1）根据平政办发［2001］18号文件规定，城市基础设施建设实行“谁家的孩子谁抱走”的原则，涉及电力、电信、广播电视、供水等的地上地下各种管线设施由各相关部门无偿拆除。

（2）开发建设采取公开竞标形式，招标单位资质等级在一级乙类以上。

（3）工程建设所涉及占地，主要由土地部门牵头，冠山镇协调，并按有关规定解决。

（4）如遇不可预见及特殊情况，根据实际，由县东升新村开发建设工程领导组协调解决。

5. 优惠政策

此项工程工作量大，投入资金多，涉及面广，并且要建成平定县城高标准、综合性、多元化的标志性小区，有着良好的社会效益和环境效益，决定享受平政办发［2001］18号《武衙门住宅小区改造工程实施办法》规定的一切优惠政策。

（1）免征城市基础设施配套费、水电增容费及排污费、人防费、消防建设配套费，用于新区辅助设施建设；

（2）县财政按新区所交房屋销售税额度返还补贴，专门用于新村的市政工程建设；

（3）凡在新区购房的农户，均给予办理农转非手续，鼓励农民进城购房；

（4）建成以后，三年内免收行政事业性收费，税收实行定额管理。

（5）建设期间，东升新村要坚持全封闭运行的管理办法，除安全、质量检查部门履行正常业务外，未经县东升新村开发建设工程领导组批准，其他部门一律不准进入，切实为新村创造良好的建设环境。

6. 组织机构及职责分工

为确保建设工程顺利实施，县政府专门成立了东升新村开发建设工程领导组，由县政府牵头，计划、经贸、城建、工商、税务、教育、卫生、防疫、公安、消防、财政、冠山镇镇政府以及水、电、通讯等部门协调配合，组织实施。

组　　长：李春泽（县政府代县长）
常务副组长：苏秀瑞（县政府常务副县长）
副 组 长：王　伸（县政协副主席、煤运公司经理）
白宝忠（县政府办主任）
王晓华（县发展计划局局长）
刘选民（县经贸局局长）
张希政（县城建环保局局长）
陈继衡（冠山镇镇长）
李润桃（县教育局副局长）
白　惠（县卫生局副局长）
赵福攀（县工商局副局长）
董万明（县供水局副局长）
张秋生（县国土资源局副局长）
邵　喜（县公安局副局长）
刘同礼（县财政局局长）
姜忠河（县国税局局长）
刘永红（县地税局纪检组长）
候国强（县消防大队指导员）
张建平（县广播电视局副局长）
赵宝亨（县节水办主任）

工程负责人：张　兵（东升市场经理）

　　　　　　李尉峰（煤运公司副经理）

工程管理负责人：张秀屏（东升市场副经理）

工程扫障：

电力方面	供电局负责	负责人：邹　敏
电信方面	通信公司负责	负责人：赵　亮
广电设施方面	广电局负责	负责人：高培先
供水设施方面	供水局负责	负责人：董万明
破路方面	城建局负责	负责人：张希政
	交通局负责	负责人：梁金山
占用土地方面	国土局负责	负责人：王毓彬
	冠山镇负责	负责人：陈继衡
	洗马堰村负责	负责人：陈喜传
	罗家峪村负责	负责人：张启顺
交通疏散方面	公安局负责	负责人：赵锡章

二〇〇二年十一月一日

（三）

关于制定各煤业公司用工办法的通知

晋东煤字［2004］23号

公司所属各煤业公司：

随着社会的不断发展，国家对煤矿企业管理不断加强，尤其是《工伤保险》推行以后，过去的用工办法已相对滞后，不能适应当前的形势要求。现制定煤业公司（以下简称公司）用工办法如下：

1. 录用程序。各公司录用工作人员时必须查验相关证件（身份证、就业证、特种行业操作证等），办理录用登记，登记内容包括：姓名、性别、出生年月、户口所在地、身份证号、登记岗位（操作、就业）证号，并出具县级以上体检合格表；登记名册必须在就业后2天内在公司劳资部门备案，人员减少在3日内报告。如有不办理登记、未按规定保存录用登记材料或仿造录用登记材料的，将追究相关人员责任。各公司用工必须依法与录用员工签订劳动合同，合同期为一年，可续定。

2. 管理和后勤服务人员。录用管理和后勤服务人员时，各公司必须将被录用人的详细情况及录用理由以报告形式，报集团公司人力资源部审核，主管领导审批后方可录用。

3. 生产人员。各公司可根据生产需求编制采、掘、机、运、通各环节的生产队，并隶属各公司直接管理。录用情况须以表格形式详细向集团公司人力资源部报告存档备案。

4. 有完全承建能力的外包队用工有完全承建能力的外包队定员可不经过公司批准，但用工必须经公司审核，且在2日以内到公司劳资部门详细登记备案。各外包队须向当地劳动部门申报并缴纳工伤等保险，如不履行产生的一切后果与本公司无关。

5. 非承建制包工队组用工队组用工由该队自行组织，报公司备案。公司为其录用人员交纳工伤保险，工伤待遇按《承包工程合同》的有关条款执行。

6. 工资发放以监督发放和直接发放相结合，各公司有义务监督包工队按时发放工资，并将包工队工资发放的原始记录存档备案。包工队不得拖欠工人工资，否则因此造成的后果由包工队负责。

为了及时准确的掌握各队组用工情况，保证所涉及工伤保险的准确性，在每月开资时，财务部门必须根据劳资部门审核后的工资表支付工资，且外包队工作人员须持身份证方可领取，否则不予支付。

7. 公司法定代表人是劳动用工管理的第一责任人，负责组织和领导本公司劳务用工管理工作。

8. 各公司劳资部门负责依法制定本公司劳务分包和劳动用工管理办法，并对其执行落实情况进行直接监督；同时负责接待受理本公司民工投诉，解决用工纠纷等。施工现场就在明显位置公开相关负责人、联系人的姓名和联系方式。

9. 各公司分管经理是劳务用工管理的直接责任人，负责贯彻执行公司劳务用工管理的规定，并组织制定本项目的管理措施和办法，亲自监督本项目工资支付工作，亲自组织解决本项目的用工纠纷和劳动争议。

10. 各工程项目应建立项目用工台账，全面掌握现场工作的所有工人上岗工作情况，适时进行检查、督促；建立健全培训考核制度，对现场作业人员必须进行业务技能、法律法规等知识培训，严明纪律、严格考核，严禁未经培训上岗作业。

11. 本办法从二〇〇五年元月一日起执行。

二〇〇四年十二月二十九日

二 东升重大活动、领导讲话选编

2005年7月24日平定县政协副主席、东升集团董事长王伸在平定县企业改革实践论证会上介绍企业改革情况

平定县煤炭运销公司企业改制情况汇报

平定县煤炭运销公司是在平定县政府出资修建的两个铁路发煤站、一条公路专运线和一个矿业汽车队的基础上，于1984年组建起来的一个县营全民所有制企业。1992年，山西省人民政府“关于全省地方煤炭运销系统管理体制的通知”下达后，县煤运公司承担起了代收县域煤炭基金的职能。从1996年开始，按照党的“十六大”精神和省市政府、上级公司关于“建立资本多元、产业多元的现代企业制度”的总体要求，在县委、县政府的组织指导下，公司为求生存，谋发展，遵循积极稳妥、循序渐进、分步实施、规范操作的改制原则，百折不挠坚持改革，到2004年7月组建成立了东升煤业集团。东升煤业集团下属8个公司，注册资本1.12亿元，员工3000多人。2004年公司圆满完成了煤炭基金收缴任务，上交利税6000多万元，成为县域经济的重要支柱。现将公司改制情况汇报如下：

1. 平定县煤运公司改制的动因

山西煤炭运销企业代替省政府履行对全省地方煤炭运销进行管理和收费的职能，是有政策时限的。随着市场经济体制的不断完善和国家相关政策的调整，确立煤炭运销企业的市场主体地位应是煤炭运销企业发展的必然选择。

作为地方煤炭运销企业，如果永久依靠政策扶持，不按照市场经济的要求加快自我发展，不尽快明晰自身的市场主体资格，一旦收费政策取消，必然会遇“人往哪里去，钱从哪里挣”等种种无法破解的难题。将公司改造成为市场化的企业，成为公平竞争的市场主体，才能解决企业的长远发展问题。

根据党的十六大和十六届三中全会关于国退民进、集退民进，发展股权多元化

的混合所有制经济的精神，按照县委、县政府提出的县域经济民营化的基本目标，为了更好适应市场经济发展的要求，在逐步减少和取消行政收费政策后，使煤运公司能够自主经营、自负盈亏、自我约束、自我发展，成为公平竞争的市场主体，为平定煤运公司的全体职工寻找出路，寻找新路，县委、县政府站在有利于推进县域经济整体发展，有利于实现煤炭产运销一体化的经营格局，有利于做大、做强、做实企业为前提，将平定煤运公司实施股份制改造，改组为国有控股的有限责任公司，以实现投资主体多元化，使煤运公司在取消收费职能后，以更新的面貌、更强的实力参与市场竞争，实现持续健康发展。

2. 平定煤运公司改制的过程

近几年来，平定县委、县政府按照党的“十六大”及十六届三中全会精神，按照山西省人民政府晋政发［1992］66号《关于全省地方煤炭运销系统管理体制的通知》要求的“不影响现行地、市 、县经济利益，不改变现行财务体制，不变更财产所有权”的精神，从2001年开始，对全县的一百余个县营企业进行全面彻底改革的同时，就对平定煤运公司的改革持十分慎重的态度，进行了认真的研究，并将其列入全县第一批重点改制企业。考虑到煤运公司的特殊性，直到县营企业改革基本完成的2003年下半年，才进行实质性操作。专门成立由县政府副县长任组长的煤运公司改制领导组，在严格按照省政发［1992］66号文件要求，不折不扣履行煤运各项职能，严格执行煤运收费政策的前提下，开始对平定煤运公司实施改制。县政府决定由政府出资51%、煤运公司职工合股基金会出资49%的方式，对煤运公司实施股份制改造。在经过清产核资的基础上，聘请阳泉科信会计师事务所进行了资产评估，县财政局对评估结果审定后，下发了资产确认文件。此后，改制组拟定了改制方案，并在2003年9月23日召开了煤运公司职工代表大会，通过了改制方案。之后上报县政府，经过县委常委会、四套班子联席会、政府常务会等多次会议研究决定，县政府以平政发［2003］72号文件批准了改制方案，对煤运公司进行了股份制改造。

3. 平定煤运公司改制的成效

通过成功实施改制，县公司履行收费职能，执行收费政策得到了进一步加强，公司的各项经济指标逐年增长。2002年煤炭发运量为277.1万吨，上缴基金7296.5万元，上缴利税1678.3万元，实现利润90.6万元，职工人均收入9012元，2004年在能源基金收费标准由过去的35元/吨降为20元/吨的情况下，煤炭发运量为518.5万吨，上缴基金8503.1万元，上缴利税1752.4万元，实现利润139.1万元，职工人均收入12760元，分别增长87%、17%、4%和42%，固定资产增值保值率由2002年的102%增长到117%，实现了国家增税、资产增值、企业增效、职工增收的良好效果，达到了政府满意、职工支持、社会稳定，呈现出喜人的发展势头。但改革是一个逐步探索完善的过程。去年11月省国资委派员来我公司进行改制情况的调查审计，在对公司改制提出进一步完善的意见后，对改制给予了充分肯定，审计结论明确指出“平定煤运公司改制的整个过程符合《公司法》及有关政策、法律程序，政府支持、职工满意、人心安定，体现了‘三个代表’重要思想的精髓。”

4. 东升集团公司重组情况

县政府对平定煤运公司的改制是一个循序渐进、不断完善、不断深化的过程。早在十年前的1996年太旧高速公路通车之时，县里就抢抓机遇，支持煤运公司以职工个人入股的形式，在高速路平定出入口处，建设成立了平定东升商贸有限公司，创办了东升市场。

在2001年，为形成县域煤炭产运销一条龙的发展格局，由县政府的两个发煤站、平定煤运系统职工合股基金会、煤矿和用户四方出资，成立了东升洁净煤有限公司。

2002年初，县里为做大做强煤炭产业，根据省煤运公司提出的建设货源基地的战略构想，结合平定县县营煤矿改制的实际情况，由县政府出资51%、煤运公司职工合股基金会出资49%的方式，对县营的同意、阳胜、兴裕、华兴四个煤矿进行了股份制改造。不仅使县营煤矿改制彻底，一步到位，加快了煤矿脱困的步伐，而且对整合县域煤炭资源，做大做强煤炭产业，起到了重要的推动作用，也使公司发展拥有了坚实的煤源基地，发展后劲不断增强。

2003年，走产业多元化的道路，成立了注册资本为150万元的东升房地产开发有限公司。投资上亿元历时两年开发建设了县城标志性建筑——东升花园，为改善和提升县城形象，加快小城镇建设和县城东扩的步伐，做出了积极贡献；成立了东升广告有限公司，在开展策划设计、印刷制作、礼仪庆典等业务的同时，走媒体与企业互动的发展道路，代理了平定电视台的广告业务，拓展了经营空间，成为平定广告行业的新锐。

按照省委、省政府调整产业结构会议精神和阳泉市委、市政府阳发［2001］5号《关于加快企业集团发展》的文件精神，以及煤炭产业集团化、多元化、市场化发展的要求，结合平定县关于实施工业立县战略方案要求组建煤业集团的安排，平定县人民政府按照组建集团公司基本条件的要求，为提高煤炭行业的市场竞争能力，实现煤运行业和县域经济的双赢，整合山西东升阳胜煤业有限公司、山西东升同意煤业有限公司、山西东升兴裕煤业有限公司、山西东升华兴煤业有限公司、平定县东升煤炭运销有限公司、山西东升恒泰商贸有限公司、山西东升恒泰广告有限公司、山西东升恒泰房地产开发有限公司八个公司，筹组山西东升煤业集团。随后，聘请山西银康会计师事务所对所有资产进行了评估，县政府及有关部门下发多个文件，在完成一整套法律程序的基础上，经省、市、县工商部门审核，批准设立了山西东升煤业集团。注册资本总额为11225.8万元。

2004年，山西东升煤业集团成立，逐步建立了政企分开、产权清晰、权责明确、管理科学的现代企业制度，成为了自主经营、自负盈亏、自我约束、自我发展的法人实体和市场竞争主体；真正形成了煤炭生产、运销、储存、加工一条龙，实现了货源有基地、加工有条件、发运有站台、运输有计划、销售有市场、经营有利润；妥善解决了3000余名国企职工的生存问题，寻找到了新的出路，使企业不断做大、做实、做强，当年完成收入4.09亿元，实现利税6592.9万元，为县域经济和社会发展做出了突出贡献，达到了政府、企业、职工都满意。

各位领导、各位专家，平定煤运公司的改制是政府操作、企业配合、职工支持，整个改制过程比较顺利，改制效果也得到企业全体职工和社会各界的普遍认可。现在，在改制企业按新体制运行过程中，进行企业管理、干部管理和实行收费职能的工作中，仍然需要有关领导和有关方面为我们创新发展环境。敬请各位领导、各位专家对我公司改制工作提出指导意见。

2006年5月东升集团总经理李蔚峰
在全县劳动模范表彰大会上的发言稿

与时俱进 改革创新
为推动县域经济“又好又快”发展再作新贡献

各位领导、同志们：

东升集团成立以来在县委、县政府的正确领导下，在各有关部门的关心支持下，改革创新，团结进取，勤奋工作，取得了一些成绩。今天受到县委、县政府的表彰，在此我代表东升集团王伸董事长及全体员工对县委、县政府多年来对我公司工作的关心和支持表示衷心的感谢。

东升集团是一个以煤为主，多种经营，集煤炭生产经营、商贸流通、房地产开发、广告等产业多元、资本多元、股权多元，符合现代企业制度要求的大型企业集团。

两年多来，在货源基地建设方面，不断加大安全投入，完善了四个煤业公司的双回路供电、新采、瓦斯抽放等安全设施，使煤矿抗灾能力不断增强。煤矿大型材料每季进行公开招标，实行阳光作业，杜绝了暗箱操作。积极开展煤矿标准化建设，矿容矿貌明显改观。加快技改步伐，改革采煤方法，全员工效逐步提高。特别是总概算 1.8 亿元的阳胜煤业公司年产 90 万吨改扩建工程，在有关部门的大力支持下，历经两年的紧张施工，截至2006 年底，年产 90 万吨的矿井已经建成，即将于 3 月上旬投入生产运行。标志着平定县第一座 90 万吨的现代化矿井已经形成。非煤产业方面认真贯彻我县推进“商贸物流重县”建设进程的精神，创新用人制度，推行招商、优商、扶商政策，强化消防安全保卫工作，严格品牌管理，使市场品牌日益提升。形成集综合市场、建材市场、农贸市场、购物中心、电器城、灯饰城、超市于一体的晋东地区较大的商品集散地和大型物流中心。不仅促进了全县商贸流通事业的发展，同时，带动了餐饮、住宿、运输、装卸等相关产业，也为 4000 余名下岗失业人员提供了新的就业机会。积极贯彻县委、县政府县城东扩要求，投资上亿元，开发建设了总占地面积 16 万平方米功能齐全、设施先进的县城标志性建筑——东升花园，为改善和提升县城形象，加快小城镇建设做出了积极贡献。以东升市场和东升花园为主体的东升新区的启动运行，为县城东扩起到了龙头带动作用。

虽然我们取得了一些成绩，但距离县委、县政府的要求还有一定的差距，今后，我们有信心、有决心在县委、县政府的正确领导下，在各有关部门的关心支持下，按照建设“新型工业强县”的要求，继续加大安全投入，创新体制，夯实管理基础，不断加快技术改造步伐，提高煤矿经营效益。同时，依托阳胜煤业公司改扩建工程大项目，积极培育发展配套项目，拉长产业链条，做大煤炭产业集群。投资 2000 万元与胜利油田胜动集团合作建设 10 × 500 千瓦瓦斯发电机组，力争在 2007 年完成项目建设，实现新增收入 800 万元。投资 3000 万元，建设一座年入洗量 60 万吨的洗配煤厂，进一步提高产品附加值，增加收入 6000 万元。通过扎实努力，全面完成政府交给的各项工作任务，不断增加税收，为县域经济做出新贡献。非煤产业方面要继续坚持“构建大市场，发展大流通，商贸产业化”的方针，千方百计改善购物环境，积极培育目前已经形成特色的批发零售市场，进一步促进商贸物流服务业发展壮大，切实将东升市场打造成晋东地区最大的商品集散地和大型物流中心，为推动全县“商贸物流重县”建设，为促进县域经济“又好又快”发展做出新的更大的贡献！

谢谢大家！

平定县委书记马骥在东升十年庆典大会上的讲话

（2006 年 10 月 18 日）

尊敬的各位领导、各位来宾、同志们、朋友们：

大家好！在这个吉祥如意的日子里，东升集团在这里举行盛大的庆典仪式，庆贺东升创建十周年，这是东升发展史上一次具有里程碑意义的庆典。东升经过十年发展，已经由初创期进入成熟期，跃上向大型企业集团公司发展的大平台。借此机会，我代表平定县委、县政府向东升集团和公司全体员工表示热烈的祝贺，向百忙之中参加庆典活动的各位领导表示衷心的感谢，向一贯支持平定发展的各级领导和社会各界人士致以崇高的敬意！向光临本次庆典活动的各位嘉宾、各位朋友表示热烈的欢迎并致以诚挚的问候！

东升集团的迅猛发展，对于我县经济繁荣和社会发展具有重大的经济意义、政治意义和深远的战略意义。

从经济意义上说，东升人在平定县创造了两大亮点：一是效益亮点。在短短十年，东升人把企业做到资产突破 6 亿元，完成收入 4.5 亿元，实现利税 6629 万元的高效企业，先后被省市政府和有关部门授予“山西省集体二等功”、“煤炭工作模范单位”、“调整经济结构先进单位”、“利税大户”、“双文明单位” 等荣誉称号，已成为平定经济一大支柱产业和县财政收入的中流砥柱，为平定县的社会经济发展做出了巨大的贡献。二是产业亮点。阳胜煤业公司 90 万吨改扩建工程在我县煤炭生产历史上史无前例，改造竣工投入生产后将成为平定最大的矿井，即将上马的瓦斯发电厂和洗煤项目，具有广阔的发展前景和强大的发展后劲，并且列入了县“十一五” 发展规划，正在成为平定县新的经济增长点。

第二，从政治意义讲，东升集团在十年的发展过程中，为平定县造就了大量的工作机会，新安排就业人数已达 4000 余人，且随着企业规模的不断扩大，就业机会还在持续增加。同时，东升集团先后对同意、华兴、兴裕、阳胜等濒临倒闭的县营煤矿进行了兼并和收购，使其迅速起死回生、扭亏为盈，成为县域经济新的增长点，并使几千余名员工重新回到了工作岗位上，这为解决我县的就业压力、提高人民生活水平以及社会稳定做出了不可磨灭的贡献。

第三，东升集团的崛起和发展还有着深远的战略意义。一方面，东升市场经过十年精心打造，不仅已经成为晋东地区最大的商品集散地和大型物流中心，而且使平定这个小县城，扬名国内，吸引了众多国内客商来到平定参观、考察、投资，商户涉及十余个省市逾千家，市场商圈的不断扩大和招商力度的加大，使平定逐步被投资者熟知，平定逐步走向了全国，也为平定由封闭走向开放奠定了良好的基础，并起到了巨大的推动作用，东升集团已成为平定对外开放的名片。

另一方面，以王伸同志为首的东升人，他们以敢于打破传统观念，勇于创新的精神影响着平定人民，在平定掀起了一股解放思想、打破禁锢、开拓创新、开创大业的创业热潮，这对于由传统工业向新科技产业的提升，对于全面实施“环境创优、外向带动、科技支撑、民营提升、赶超发展”五大战略，尽快实现平定“新型工业强县、商贸物流重县”目标有着很好的鼓舞和启迪作用。

以王伸同志为首的东升人在创业过程中形成的意识超前、思维开阔的开拓精神，科学决策、永争第一的进取精神，团结互助的团队精神，勇于攻坚的自主创新精神，勤奋学习、精益求精的科学精神，更是我们做好各项工作宝贵的精神财富。

特别是在今天隆重庆贺东升创建十周年之际，东升集团董事会经研究决定捐款20万元，发起成立平定县慈善基金会，并且公司今后每年还要向基金会捐款，慈善基金会接受县内外、社会团体、企事业单位及个人的捐赠，用以协助政府赈灾济困，救助困难人群，促进社会和谐。今天这个活动非常有意义，不仅是东升集团一贯热心社会公益事业的体现，也再次彰显了我们平定人民良好的文明素养和优秀的公德意识，对于弘扬中华民族扶贫助困的传统美德，树立良好社会风尚，促进我县精神文明建设必将起到积极促进作用。参加这个活动我感到非常高兴。在此，我代表县委、县政府，向充满爱心、为赈灾济困慷慨解囊的东升集团表示衷心的感谢！

东升集团肩负着富民强县的历史使命，县委、县政府过去将该企业当作眼珠子一样关爱，把东升市场、东升花园、阳胜煤业公司90万吨改扩建工程当作新型工业强县、商贸物流重县的重点工程大力支持；今后将会更加一如既往的支持东升集团的发展，希望全体东升人继续发扬优良传统，再接再厉，以此次庆典仪式为契机，团结一致，坚定信心，锐意进取，克难奋进，早日把东升集团做实做大做强，为平定经济腾飞做出更大的贡献！

最后，祝愿各位领导、各位来宾、同志们身体健康、工作顺利、万事如意、阖家幸福！

谢谢大家！

中共平定县委副书记、平定县政府县长王银旺
在“东升十年”庆典大会上的主持词（节选）

（2006年10月18日）

尊敬的各位领导、嘉宾、女士们、先生们：

你们好，我们刚刚欢度国庆和中秋双节，今天又迎来东升创建十周年庆典活动的喜庆日子，在全县上下深入学习贯彻党的十六届六中全会精神，奋力构建和谐平定之际，今天我们隆重集会，共同庆祝东升创建十周年。参加今天庆典活动的有：

……

在此，我谨代表中共平定县委、平定县人民政府，向莅临庆典活动的省、市各位领导，以及参加庆典活动的社会各界，表示热烈的欢迎和崇高的敬意，向多年来关心支持平定经济建设的省市各级领导和各有关部门表示衷心的感谢。

同志们，平定春光好，东升旭日红。历经十年风雨路，东升发展结硕果。从1996年创建东升以来，十年来，勇于创业的东升人解放思想，锐意改革，不断创新，与时俱进，公司实力、规模不断壮大。如今，东升集团已经成长为一个产业多元、资本多元、股权多元，符合现代企业制度和市场经济要求的大型企业集团，成为我县体制完善、规模超前、实力明显的龙头骨干企业，为促进全县经济建设和社会进步做出了突出贡献。东升集团先后被省、市、县政府和上级有关部门授予“山西省集体二等功”、“红旗单位”、“利税大户”等荣誉称号。这是对东升事业发展的肯定，对东升实力规模的肯定。这一切，离不开王伸董事长和公司董事会的正确领导、科学决策，离不开公司全体员工的奋勇拼搏、默默耕耘。在隆重庆祝东升创建十年的大喜日子里，让我们对东升创建十年表示热烈的祝贺，对多年来积极投身于平定经济建设前沿的东升人表示热烈的祝贺，向东升对全县做出的巨大贡献表示衷心的感谢，向东升集团的广大干部职工致以亲切的慰问。

今天东升隆重举行十年庆典活动，这是东升持续发展的一个新起点。党的十六大提出“全面构建和谐社会”的宏伟目标，我深信坚持以提高企业效益为中心，以增加职工收入为己任，以繁荣地方经济为宗旨，以回报社会为归宿，以新型工业强县和商贸物流重县为抱负的东升，事业将如鱼得水，明天将前程似锦，大展宏图。秋实累累壮雄志，而今迈步从头越！衷心祝愿东升抓住发展良机，乘势而上，在事业上再次腾飞，将企业做大做强，为加快全县经济和社会的发展做出新的更大的贡献！让我们共同祝福东升的明天更美好！

下面，首先请平定县政协副主席、山西东升煤业集团董事长王伸致辞。

……

下面，请中共平定县委马骥书记讲话。

……

下面，我宣布，东升十年庆典大型演出活动现在开始。鸣炮！

东升集团董事长王伸在“东升十年”庆典大会上的致辞

（2006 年 10 月 18 日）

尊敬的各位领导、各位来宾、女士们、先生们、朋友们：

大家上午好！

在这金风送爽、瓜果飘香、喜获丰收的大好日子里，我们隆重集会，共同庆祝东升创建十周年。首先，我谨代表东升集团 4000 名员工，向在百忙之中莅临大会的各级领导、各位来宾、各界同仁，表示热烈的欢迎！

光阴似箭，岁月如梭，十年弹指一挥间。东升从 1996 年创建以来，在市委、市政府、县委、县政府的正确领导下，在各有关部门的大力支持下，我们以邓小平理论和“三个代表”重要思想为指针，以深化改革为动力，以结构调整为主线，以经济效益为中心，以加快发展为目标，在波澜壮阔的改革大潮中接受洗礼；在风云变幻的市场经济中劈波斩浪；在实现企业长足进步和促进县域经济发展的大道上阔步前进。历经十年精心培育与艰辛打造，东升从无到有，从小到大，从弱到强，不断壮大，得到了省市县各级领导和社会各有关部门的大力支持和帮助。在这里我代表东升集团向省、市、县各级各部门领导表示衷心的感谢。

东升通过十年的成长、发展、壮大，走出了一条可持续发展的“东升之路”。

东升十年的改革创新，形成了集商贸流通、煤炭生产、销售、房地产开发、广告经营于一体，产业多元、股权多元、资本多元，符合现代企业制度和市场经济要求的集团公司，及早地为收费管理型向经营实体型转轨奠定了基础。

东升十年的结构调整，东升商贸已经发展成为晋东地区规模较大、功能较全、辐射能力较强、经营范围较广、最具活力与特色的商品集散地和物流中心；阳胜煤业公司 90 万吨改扩建工程于 2006 年底竣工后，将成为平定煤炭产业史无前例的综掘、综采大型矿井，东升集团公司所属阳胜、同意、兴裕、华兴四个煤业公司的煤炭生产能力将达到160万吨；东升广告公司已经成为集电视、印刷、报纸、户内外广告于一体的综合性广告公司。东升房地产开发公司建设的占地160余亩，总建筑面积20万平方米，能够容纳千户居民，环境优美的现代化新兴商住小区——东升花园，如雨后春笋般拔地而起；教育、医疗、金融、通讯、休闲、娱乐、购物等各种公共基础设施配套完善的东升新区，以其齐备的功能，先进的设施，亮丽的形象，成为全县对外开放的"窗口"。

东升十年的创业发展，有效地拉动了餐饮、住宿、运输、装卸等相关产业的蓬勃兴起，为下岗职工、当地居民和社会富余劳动力提供了广阔的就业空间；并加快了县委、县政府提出的以东升新区为龙头的"县城东扩"战略，取得实质性进展，一个更加崭新、开放、文明、和谐的新兴县城正崛起在古州大地。

十年的艰苦奋斗，十年的创业历程，成就了企业再创辉煌的振兴梦。东升市场被命名为省市"文明规范市场"和"诚信单位"，东升房地产开发公司获得了全县"结构调整"和"小城镇建设"先进集体等荣誉称号，东升集团先后被省市政府和有关部门授予"山西省集体二等功"、"煤炭工作模范单位"、"利税大户"、"双文明单位"等荣誉称号。

各位领导、同志们，十年如歌岁月，十度峥嵘春秋。我们成功地走过了一个不平凡的十年。展望未来，我们前程似锦而任务繁重，道路宽广而充满挑战。在"十一五"期间要以东升阳胜煤业公司150万吨改扩建二期工程为重点，继续加快矿井的建设，力争到2010年东升集团原煤产量达到220万吨，占据全县煤炭产量的近半壁江山，真正打造成为我县煤炭行业的"航母"。同时，紧紧抓住国家大力鼓励和重点扶持循环经济发展的有利时机，充分利用煤矿瓦斯资源，新建瓦斯发电厂，实现资源的综合利用。并新建煤炭洗选加工厂，增加产品品种，提高经济效益。在非煤产业上，以商贸、房地产开发和广告三个公司为主体的东升园区，是集团公司非煤产业的聚焦区，也是公司实施商贸物流重县战略的重点工程，要以促进非煤产业持续发展为目标，精心打造东升园区。通过全面发展，为人民群众提供更多的就业岗位，为推动县域经济发展和社会进步再做贡献。

最后，让我们在省、市、县各级党委和政府的正确领导下，在各有关部门的大力支持帮助下，为建设富裕、文明、生态、诚信、开放、和谐的新东升，为加快推进"新型工业强县"和"商贸物流重县"建设步伐，为平定经济建设再铸新辉煌，再做新贡献！

谢谢大家。

省政协副主席吕日周在平定县深化改革形势报告会上的讲话（节选）

第一，共产党员的先进性就是要保持共产党员的实践性。共产党员不是光说，必须干。我觉得我们山西一些地方的一些干部就有这样一个毛病，就是说得多做得少，但是平定县委、县政府有一股劲头，干改革的劲头比较足。

第二，光有实践也不行，必须有物质性。共产党员的先进性是必须给人民创造出财富来，县委、县政府必须给平定人民创造出财富来，平定人民由于你们的存在，生活水平提高了，共产党员先进性也就有了。平定去年财政收入达到 2 亿多，今年将达到 3 亿，全省一百来个县来讲，我觉得是中上等的。

再一条就是人民性，什么叫人民性呢？那就是听人民的话，把人民的教导当作指示，人民叫干什么就要干什么，当然我强调一点，在我一生当中还坚持一条，把对党负责和对民负责相结合。因为党是代表人民利益的，对党负责就等于对人民负责。把对党、对民相结合，这就有了人民性，根本利益是代表人民的。改革也好，开放也好，把县城的旁边再搞一个新的县城，这个思路我认为是代表平定县的人民的。

然后就是运动性，就是说，你过去挺好，明天遇到个问题，后天又遇到个问题，你解决不解决？就比如说，大家对煤运公司有这样那样的不同的看法和意见，我觉得这样是正常的，改革这么大的事情，我觉得有不同意见很好，不能一个声音或鸦雀无声。但是必须积极地解决这个问题。今天召开这个会议，听取大家的意见，我觉得这就是运动性，我赞成用运动的办法解决问题。所以我是这个会议的积极参与者。

为研究这件事情，我还同煤运总公司的领导人和国资委的一些有关的领导人进行了交流。我听取了县委、县政府的意见，找一些企业职工谈话，初步形成了一些个人意见。

首先我肯定县委、县政府是大胆改革，把全县的改制面搞到这个程度，这很好。因为我们现在要过两关，一个是市场经济关，其要害是解决所有制的问题，完全百分之百的国有制和集体制已经把我们社会主义制度给毁了。所以我们现在要进行所有制改革，特别是十四大确定的市场经济，十五大、十六大、十六届三中全会已经很清楚，我们的一些企业大部分要改造成为现代企业制度股份制，也就是混合所有制，如果我们现在过不了混合所有制这一关，我们就说市场经济的关没有过去。

当然，市场经济遇到的很多问题光靠市场经济还解决不了，还必须要民主政治逐步配套，民主政治就是从党内民主走向社会民主，不光是上级部门、上级党委和政府对一些事情进行评价，而且要听社会方方面面的意见，要听职工的意见、老百姓的意见，这就叫民主。如果没有这一条，我们现在仍然还要听上级部门说什么就是什么，领导说什么就是什么，就是没有过了民主政治关。民主政治就是要和大家一起商量，要一起协商，要反复讨论和研究，听取大家的意见才能做出正确的结论，所以对县委、县政府的做法我得表个态，我表示支持。我们社会主义制度是没问题的，但体制和机制都有问题，没有一个地方的体制和机制没有问题，所以都得改革。十六届三中全会明确提出我国得了体制病，是诸多体制的障碍影响了我们的发展。

我赞成平定煤运公司的改革。谁也不是改革把式，如果要求改革当中不出任何问题的话，那就是要求他们不去改革。改革有利就有弊，大方向对我们就支持，不足的地方就去弥补，帮助他们去解决。

大家担心的有三个问题：

一是这样的改制影响不影响行政收费的职能。说搞成股份制，51%的国家控股，49%的职工入股，又加入了集团，这样的改制影响不影响行政收费。不管怎么说，现在还在收费，如果影响了这个职能，我就不赞成。我现在调查了解到的情况是不影响收费。

第二，不能改成民营企业，大家担心收费是给国家收的，如果改成民营企业就给个人收了。我了解到的情况是煤运公司改制是51%的政府控股，49%的职工入股。我觉得这有两个好处，就现在人们的承受程度来讲，51%是国家控股最好。按十五大精神讲，谁控股多就是谁的企业，国家控股多的企业性质就是国有的，这个精神体现了，我觉得这很好。第二个好处是群众入股，我们这几年的改革我觉得考虑工人的利益少了一点，考虑经营的利益多了一点。改革要职工入股我很赞成。我还建议搞到一定程度要搞劳力股，现在以入股来分红，将来要以劳力来分红。当年我当体改委主任时在大同的一个企业研究过劳力股，得到了江泽民同志的肯定，可惜没有大面积推广。老百姓只领工资而不分享利益，任何时候都是雇工，不是企业的主人。那么你们现在职工入了股了，职工的收入也明显增加了，我认为是好事。改革的成果老百姓是满意了，国家也不吃亏，这样的改革有什么不好？退一步来讲，不是51%，就是48%、49%也能控股，当然，我可以进一步阐述我的理由。十六届三中全会的召开，对股份制改革提出了一些新的理论，只要是个人所有、公共占有的股份制企业，也是当代公有制企业。我们现在再不能受所有制歧视了，所有制歧视的时代应该结束了。

第三点，干部的任命，我现在完全赞成上级任命干部文件里要和县委、县政府充分协商的规定，要达到目的一致，这一点也很重要，所以我们呼唤民主政治的到来，党内民主和社会民主的到来。和谐社会就是要商量，互相制裁不必要。股份制企业可以行使收费职能，严格按照公司法执行，对文件的理解要增加一个内容，商量要扩大到职工扩大到董事会，反复商量达到一致，只要干好就行。

我认为省煤运总公司原有的职能要随着时代的发展而不断地萎缩。大同成立了煤炭集团，从生产到销售，全拿到了手里，他不会说把销售的权利再给省煤运公司。再过一段时间，晋中、晋南都成立一些煤炭集团，省煤运公司收费的范围就萎缩了。收费这个政策，现在离不了，将来靠不住，几年后，收费政策取消，我们这些人怎么办？省煤运公司也拿出一些意见，比如说将来政府授权他们托管这一块的国有资产。我完全赞成煤运公司的改革，要加大力度，要办成实体，市县煤运公司现在怎么办？如果这些公司是濒临破产的，你就让它破产，如果确实是搞得比较好的，省煤运公司可以拿出钱来和政府投资，进行控股或者参股，这些我都赞成，我也赞成平定公司这样的自主改革。

全省100来个县，一两家这么搞，让它们去闯，闯对了是经验，闯不对了纠正，要允许它改革，允许它去试，丑小鸭可能会变成花孔雀。让它们发展几年，再看看怎么样，看老百姓和企业满意不满意。如果它真正在我们一个小小的煤运公司通过改制，变成平定县的龙头企业，那是煤运公司对平定县的贡献，要允许它发展，要让它干起来。

有些人担心平定县煤运公司一改，全省100多个县都要改，风起云涌就会乱成一塌糊涂，这怎么办？这是理论上这样说，从山西现在的改革的认识、改革的力度，像平定这样的情况是很少的，要再出现也是两三个。我们可以开个会，会上允许像平定这样改制的县两三个，其余的一概不动，看看再说，让它们取得经验再动。我觉得提出问题好，通过商量的办法来解决，我希望这次会议可以解决一些认识上的不同。

原省人大主任王庭栋在平定县深化改革形势报告会上的讲话

感谢中共平定县委、县政府约我参加平定县企业改革发展论证会。我因事不能出席，只提出一点个人看法：

1. 我拥护县委、县政府领导县煤运公司进行的改革。改革已使当地社区、群众受益。

2. 县煤运公司实行股份制改革，只要严格按照股份制企业的规则办事，由董事会形成公共产权，就不存在改制方向问题。

3. 公司资产是县人民政府所有，县委、县政府领导企业改制是理所应当的。如果县委、县政府有越权行为，市委、市政府定会予以纠正。

4. 平定县煤运公司改制对广大职工负责，使职工得到了实惠，调动了职工积极性。

5. 公司改制后，创造了良好的经济效益，继续良好地履行了所承担的征收能源基金等职能，坚持了煤运系统统一运销的管理体制。

6. 县委要求上级公司调换县煤运公司领导人，应征求县组织人事部门意见，是符合规定的。同时，要执行公司改制后董事会对总经理聘任的规则。

三　有关东升重要报道选编

煤运公司转型启示

（2005 年 1 月 21 日）

代替政府对全省的地方煤炭实行统一的管理和销售，是自 1983 年以来山西省煤炭运销系统的主业。其中，能源基地建设基金是煤运公司最主要的利润来源。根据有关文件，这一明显带有计划经济烙印的收费将于 2006 年 1 月 1 日起取消。这就意味着，煤运公司“坐地收银”的日子只剩下了不到一年了。煤运公司要赶在管理和收费职能结束之前，将自己的角色调整为市场化的企业，成为公平竞争的市场主体。在这样的关头，早做准备，抢得先机的企业，自然更容易顺利过关。

笔者在山西平定采访时了解到，平定煤炭运销公司早在 1996 年就积极响应上级公司提出的二次创业要求，让公司职工入股，成立东升商贸有限公司，兴办东升市场，走出了煤炭企业探索非煤产业多元发展的第一步。2001 年，公司以股权换市场，整合煤站、煤矿和用户资源，吸纳系统职工合股及民间资金，成立了东升洁净煤有限公司，发展煤炭产运销一体化发展的产业链条。2002 年，公司继续在县域内拓展，对县内的四个煤矿进行股份制改造重组，夯实公司的煤源基地。2003 年，公司开始了全面多元化战略，创办了广告公司，进军房地产业，并完成了股份制改造。2004 年，公司按照“集团化、市场化、多元化”原则，以洁净煤公司为核心企业，整合九个公司，组建了山西东升煤业集团。

平定煤运十年改革，探索了一条新形势下煤运企业生存发展的新路子。作为省市利税大户的平定煤运，既维护了职工的利益，也推动了县域经济持续发展。随着我国市场化程度越来越成熟，必然会有更多的压力，迫使更多像平定煤运这样的公司转型。不下狠心“断奶”，在转型中蜕变成长，就只能在市场的竞争中消亡。

（转自《经济日报》）

东升煤业改革发展成效显著

（2005 年 2 月 19 日）

山西东升煤业集团按照党的“十六大”发展股权多元化所有制经济的精神，加快企业改制步伐，大力调整产业结构，把公司建成主业煤炭产运销实现了一体化，三产商贸流通、房地产开发、广告经营齐头并进，符合市场经济和现代企业制度要求的大型企业集团，2004 年公司实现销售收入 4.09 亿元，收缴各项基金 9792 万元，上交利税 6592.9 万元。

山西东升煤业集团原是一个国有煤运公司，长期享受着原来计划经济体制下制定的经营优惠。面对 2005 年底煤炭专项基金收缴职能即将取消，煤运企业竞争更加激烈等客观困难，公司党政一班人在上级领导大力支持下，按照“企业集团化、产业多元化、煤炭洁净化”的发展战略，既立足为职工谋后路，又着眼公司的长远发展，同时也兼顾到县域经济的持续发展，以资源为依托，以资本为纽带，以市场为核心，循序渐进加快体制创新的步伐。2004 年企业进一步走产业多元化的道路，成立了东升广告有限公司、东升房地产开发有限公司，进军房地产和广告行业。如今的东升煤业集团，真正形成了煤炭生产、运销、储存、加工一条龙，实现了货源有基地，加工有条件，发运有站台，运输有计划，销售有市场，经营有利润。同时法人治理机构不断完善，实现了政企分开，妥善解决了 3000 余名员工的工作。

（转自《光明日报》）

工会为咱撑直腰杆

（2005年1月16日）

"没想到咱农民也能入工会，领工资也能有保障。"刚拿到工资的山西省平定县张庄镇农民郑维洞特别高兴："外出打工十多年，最怕年关要不到钱。加入了工会后，工资都按月发，俺干活心里有底了，年也能过踏实了！"

在山西东升煤业集团的阳胜煤业公司，300多名农民工像郑维洞一样加入了公司的工会，享受上了和工人一样的待遇。

"工会是啥，是为咱农民工撑腰、说话的组织。"在公司干了6年的贾家掌村张瑞海深有感触："以前干活可没现在踏实，工资一欠就七八个月，说不定哪天就被打发了。2002年公司改制后，工会把农民工吸纳进来了，咱这些庄稼汉才渐渐懂得了如何维护自己的合法权益。"如今张瑞海一个月收入稳定在1400元左右，让村里的许多邻居挺羡慕。

"不光是工资有了保障，其他好处还多着哩。"老张如数家珍地介绍起来："每人都上了保险，每年免费体检一次，每月发劳保用品，下班有了职工宿舍，还装上了电视……"

公司工会主席时有明说，过去农民工不好带，干一天挣一天钱，其他的啥也不管，弄不好就成了一盘散沙。加入工会组织后，公司和每个农民工都要签订劳动合同，按每人工资的28%上了养老保险，2%上了工伤保险。去年，阳胜煤业公司不定期组织农民工学习安全生产知识、劳动法规，全年共培训968人次；公司还投入200多万元完善了安全设施；花2万元修缮了澡堂。东升集团副总经理张兵说，把农民工当成企业的一员，才能凝聚"人气"，鼓舞"士气"。

（转自《人民日报》）

市场　体制　竞争力

——山西东升煤业集团跨越发展三问

（2005年2月6日）

平定县有个"东升"。在百姓眼里，"东升"最早的概念是个商城。10年，商城扩张为晋东最大的商品集散地和大型物流中心。

“东升”是个品牌。由东升恒泰房地产开发有限公司建设的平定县城标志性建筑东升花园小区，加快了县城东扩步伐，一、二期工程建成12万平方米规模的700多套欧陆风情单元楼，已全部交付，并有部分业主入住。占地40余亩的东升花园三期开工在即。

10年，铸就了亮丽的“东升”品牌。“东升”，发展成为集煤炭产运销、三产商贸流通、房地产开发、广告经营等产业齐头并进，年销售收入达4.09亿元、上缴利税6592.9万元的大型企业集团。

东升煤业集团的前身是平定县煤炭运销公司，现在，煤炭运销只是集团业务的一部分。2004年，在4.09亿元的销售收入中，煤炭运销主业只占到39%，煤炭生产、商贸流通、房地产开发、广告经营等多种经营占到61%；在6592.9万元的利税中，煤炭运销只占37%，其他占到了63%；3000人的员工队伍，煤炭运销从业人员只占20%，其他占到了80%。

与体制变化同来的是，职工身份发生了有趣的变化：煤运公司职工、集团公司员工、公司股民三者合一。

平定县煤炭运销公司的变化，正是我省煤炭运销企业从计划经济到市场经济、从管理收费到生产营销的一个成功实践。

未雨绸缪，靠什么催生市场化、多元化、集团化奇葩

我省煤炭运销企业是计划经济色彩最浓的产物，它代替省政府履行对全省地方煤炭运销进行管理和收费的职能。随着市场经济体制的不断完善和国家相关政策的调整，确立煤炭运销企业的市场主体地位成为企业发展的必然选择。

近年来，我省煤炭运销系统把夹缝求存的危机感、时不我待的紧迫感、舍我其谁的责任感、只争朝夕的使命感传递到每个职工，做实做强企业，打造企业—经营—效益的主链条。平定县煤炭运销公司先行一步。

单纯依靠政策，不按照市场经济的要求加快自我发展，不尽快明晰自身的市场主体资格，一旦政策性依据丧失，企业必然会遇到种种无法破解的难题。将公司改造成为市场化的企业，成为公平竞争的市场主体，才能解决企业的长远发展问题。省煤运总公司提出了“企业集团化、产业多元化、煤炭洁净化”的战略目标。平定县委、县政府提出了县域经济民营化的基本目标，在这样的大背景下，平定县煤运公司进一步明确：必须尽快走向市场，成为公平竞争的市场主体。

从1996年开始，平定县煤运公司坚持以人为本，全面、协调、可持续的科学发展观，既立足为职工谋后路，又着眼企业的长远发展，站在“条块双赢、协调发

展”的高度，以资源为依托，以资本为纽带，以市场为核心，通过吸纳民间资金，对国有企业进行股份制改造，深化企业改革，加快体制创新，实现运行市场化、股权多元化、发展集团化。

10年探索，昔日“丑小鸭”如何变成“白天鹅”

1996年，平定煤运公司抓住太旧高速公路通车这一机遇，在毗邻太旧路平定入口附近买下一块土地，冠名“东升”，东升商贸股份有限公司随之成立。

集团化、多元化、市场化，抓住结构调整这条主线，坚持走以煤为主、多种经营的发展道路，在这个总体思路指导下，平定县煤运公司“调兵遣将”，运筹帷幄，决胜千里。

2001年，公司以股权换市场，整合所属煤站、煤矿和用户资源，吸纳职工合股及民间资金，成立了东升洁净煤有限公司，打造产运销一体化发展的产业链条。2002年，成功收购了县内的同意、阳胜、兴裕、华兴四个煤矿，夯实了公司的煤源基地。

2003年，煤运人伸出多元发展触角。他们抓住毗邻东升市场的县水泥厂破产的时机，提出并购水泥厂土地、开发建设东升花园房地产工程的意向。经过董事会慎重决策，2003年4月，东升花园工程开工建设，采取银行贷一块、企业筹一块、施工单位垫一块、职工集一块的多渠道筹资办法，保证了建设资金。经过两年的建设施工，总建设面积12万平方米的东升花园基本建成。东升花园内各种户型齐全，配套设施完善，绿化面积达38.5%。2003年9月，按照平定县政府关于县营企业改制的总体安排，对平定煤运公司进行了股份制改造。

2004年7月28日，按照公司法和设立集团的有关要求，对四个煤矿进行了股份制改造，分别变更为有限责任公司，形成了煤炭生产、运销、储存、加工一条龙。在此基础上，山西东升煤业集团正式组建，以生产经销煤炭为主，商贸流通、房地产开发等多业并举，实现了国有资产、职工个人入股、吸纳用户资金的产权、股权多元化格局。集团是由九个公司整合重组的，其中，平定县煤运公司在改制后加入集团公司时，国有股占到51%，其本身依然是一个国有控股、独立的运行实体。

在不断的改革和探索中，一个现代化的大型企业集团应运而生。东升集团注册资本总额达到11225万元，包括东升煤业、东升恒泰商贸、东升恒泰广告、东升恒泰房地产、东升阳胜煤业、东升同意煤业、东升兴裕煤业、东升华兴煤业、东升煤炭运销九个企业。

条块共赢，传统企业转型怎样破解发展难题

在市场经济中完成传统企业的转型，企业较好地破解了企业与职工、社会和政府之间关系的难题。

通过调整结构，培育新的经济增长点，实现产业多元化，解决了政策取消后“人往哪里去，钱从哪里来”这一困扰公司改制的老大难问题，走出了一条体制改革的新路。通过实体化运作，职工在企业拥有了股份，职工不仅是企业的经营者、管理者、劳动者，而且成了资产的拥有者，成为企业真正意义上的主人翁，从而形成了一种人心思进、共谋发展的大好局面。

东升集团的改革，对全县调整产业结构和经济发展起到了引导作用。东升市场的壮大，促进了全县商贸流通业的发展。东升市场带动了餐饮、住宿、运输、装卸业的发展，为4000多名下岗职工和闲散人员提供了就业岗位，产生了广泛的社会效益。东升市场快速发展，还加快了县城东扩的步伐，为县域经济发展奠定了基础。

体制创新，奠定了东升集团多元化发展的格局：煤炭生产经营主业形成年产150万吨、发运量500万吨的能力；东升恒泰商贸有限公司形成包括综合市场、建材市场、农贸市场、购物中心、电器城、纺织品城、超市在内的晋东最大的商品集散地和大型物流中心；东升恒泰房地产开发有限公司开发建设东升花园小区，提升了县城形象；东升恒泰广告有限公司在开展策划设计、印刷制作、礼仪庆典等广告业务的同时，走媒体与企业互动双赢的发展道路，代理了平定广播电视局广播电视广告业务，拓展了经营空间。

（转自《山西日报》）

东升明珠耀古州

——平定县煤运公司转型发展解读

（2005年2月7日）

东升集团勇立市场潮头，把握时代脉搏，积极谋求发展，使集团化战略在古州平定生根发芽、茁壮成长，企业的竞争力不断增强。东升集团的迅速崛起，被平定人形象地称为“东升现象”。沐浴改革开放新时代阳光成长起来的东升集团，已成为三晋东大门上一颗璀璨的明珠，为繁荣当地的县域经济做出了突出的贡献。省政协副主席吕日周在平定县视察时说，东升集团的股份化、集团化、市场化改革，思路是对的，方向是好的，效果是显著的，符合时代发展的潮流，顺应市场经济形势，是平定国有企业乃至山西煤运企业改革的典范。

在古州平定生活的人们，平时选衣购物总是会很习惯地想到“上东升走一趟”。放眼再远一些，在阳泉乃至晋东地区六县，“东升”这个名字都是一个响亮的品牌。“东升”，越来越成为平定县经济发展进程中的一个标志性产物。

一般人们所指的“东升”是平定县的东升商城。然而，如今的“东升”，却已经不仅仅局限于一个商城，而是集煤炭产供销、三产商贸流通、房地产开发、广告经营等产业齐头并进，年销售收入达4.09亿元、上缴利税6592.9万元的大型企业集团。

更令人叹服的是，10年之前，这个集团的母体还仅仅是从事政策性基金收缴的县煤运公司。从县煤运公司到如今的东升煤业集团，人们看到了一条企业抢抓机遇、努力转型、快速发展的闪光道路。

未雨绸缪求发展

发展是硬道理，改革是经济运行的主旋律。

平定县煤炭运销公司成立于1984年，企业整体运作一直非常平稳，职工收入高于全县平均水平，事业红火，业绩显著，许多平定人为之羡慕。可就是这样一个企业，在1996年却作出了进行产权制度改革、搞二次创业的决策。为什么？

代当地政府对地方煤炭实行统一管理和销售，是1992年以来我省煤炭运销系统各个公司的主业。但如果单纯依靠政策，不按照市场经济的要求加快自我发展，不尽快明晰自身的市场主体资格，一旦政策性依据丧失，企业必然会遇到种种无法破解的难题。作为代政府行使收费职能的公司，只有赶在收费职能取消之前，将公司改造成为市场化的企业，成为公平竞争的市场主体，只有将公司由原来计划经济条件下的管理收费型转变为符合市场经济要求的经营实体型，才能妥善解决员工的后路问题。分析形势，煤运人感到，企业改革符合时代发展的方向。

就在这时，省煤运总公司提出了“企业集团化、产业多元化、煤炭洁净化”的战略目标。平定县委、县政府也提出了县域经济民营化的基本目标和关于实施工业立县的战略方案，安排组建煤业集团。在这样的大背景下，平定县煤运公司进一步明确：必须尽快走向市场，成为公平竞争的市场主体。

为了提高煤炭行业的市场竞争能力，实现煤运行业和县域经济的双赢，从1996年开始，平定县煤运公司忠实践行“三个代表”重要思想，既立足为职工谋后路，又着眼公司的长远发展；同时也兼顾到县域经济的持续发展，站在“条块双赢，协调发展”的高度，以资源为依托，以资本为纽带，以市场为核心，通过吸纳民间资金，对国有企业进行股份制改造，与时俱进不断深化企业改革，循序渐进加快体制创新的步伐，以更新的面貌、更强的实力实现运行市场化、股权多元化、发展集团化的目标，为煤运公司的全体职工努力寻找一条新的出路。

循序渐进搞改革

1996年，是平定煤运人难以忘怀的一年。就在那一年，太旧高速公路建成通车了。平定煤运公司未雨绸缪，抓住太旧高速公路通车这一机遇，果断决策，在毗邻太旧路平定入口处旁买下一块土地，冠名“东升”，东升商贸股份有限公司随之成立。“东升”这个名字，第一次出现在世人的眼前。由此，拉开了平定煤运公司的改革序幕。

集团化、多元化、市场化，牢牢抓住结构调整这条主线不放松，坚持走以煤为主、多种经营的发展道路，正是平定县煤运公司的总体思路。在这个总体思路下，2001年，公司以股权换市场，整合所属煤站、煤矿和所属用户资源，吸纳职工合股及民间资金，成立了东升洁净煤有限公司，打造煤炭产运销一体化发展的产业链条。2002年，公司成功收购了县内的同意、阳胜、兴裕、华兴四个煤矿，夯实了公司的煤源基地。

2003年，煤运人全面铺开了多元化发展战略，创办广告公司，进军房地产市场。东升房地产公司的成功，再次说明了煤运人的眼光和机遇意识，更体现了产业多元化发展思路的成功。2002年5月，他们抓住毗邻东升市场的县水泥厂破产的时机，富有前瞻性地提出并购水泥厂土地、开发建设东升花园房地产工程的意向。经过董事会慎重决策，东升投资1000万元购买了原水泥厂的土地。2003年4月，东升花园工程破土动工后，采取银行贷一块、企业筹一块、施工单位垫一块、职工集一块的多渠道多元化筹资办法，保证了建设资金。经过两年的建设施工，总建设面积12万平方米的东升花园基本建成。花园内各种户型齐全，配套设施完善，绿化面积达38.5%，成为县城内房地产开发的一个典范。

2004年7月28日，按照公司法和设立集团的有关要求，对四个煤矿进行了股份制改造，分别变更为有限责任公司，真正形成了煤炭生产、运销、储存、加工一条龙。在此基础上，山西东升煤业集团正式组建，以生产经销煤炭为主，商贸流通、房地产开发等多业并举，实现了由国有资产、职工个人入股，吸纳用户资金的产权、股权多元化格局。为了保证国有资产的保值增值，在平定县委、县政府的支持下，东升集团的多元化经营发展坚持体现了国有的控股地位。集团是由九个公司整合重组的。其中，平定县煤运公司在改制后加入集团公司时，国有股占到51%，其本身依然是一个国有控股、独立的运行实体。在其他公司改制重组的过程中，也普遍体现了这一精神。

如今，东升集团注册资本总额达11225.8万元，包括东升煤业、东升恒泰商贸、东升恒泰广告、东升恒泰房地产、东升阳胜煤业、东升同意煤业、东升兴裕煤业、东升华兴煤业、东升煤炭运销九个企业。在不断的改革和探索中，一个现代化的大型企业集团应运而生，生机无限。

理清关系图共赢

在市场经济中完成传统企业的转型，需要破解企业与职工、社会和政府的关系。10年的发展中，东升依靠职工群众，借力于县域经济，求得政府支持，较好理清了这些利益关系。

通过实体化运作，煤运职工在企业拥有了股份，职工不仅是企业的经营者、管理者、劳动者，而且成了资产的拥有者，成为企业真正意义上的主人翁，从而形成了一种人心思进、共谋发展的大好局面。通过调整结构，培育新的经济增长点，实现了产业多元化、解决了政策取消后“人往哪里去，钱从哪里来”这一困扰公司改制的老大难问题，走出了一条体制改革的新路。目前，职工兼有煤运公司职工、集团公司员工、公司股民等多种身份，一旦取消收费政策后仍能有活干、有钱挣、有饭吃，3000多名员工的生存问题妥善得到解决。

10年来，该公司通过广泛深入地深化改革，对全县调整产业结构和经济率先发展起到了典范引导作用。东升市场的壮大不仅促进了全县商贸流通事业的发展，而且也使县城东段呈现出空前的繁荣，成为全县投资经商的黄金宝地，货畅其流，车水马龙，一派生机勃发的景象，成为晋东地区较大的商品集散地和物流中心。东升市场发生的社会效应，也惠及百姓，不仅带动了餐饮、住宿、运输、装卸，而且为下岗职工和闲散人员提供了广阔的就业空间，解决了4000多名社会闲散人员的就业问题，产生了广泛的社会效益。东升市场快速发展，还加快了县城东扩的步伐，为县域经济发展奠定了雄厚的基础。

目前，东升集团的煤炭生产经营主业已经形成年产150万吨，年发运量500万吨的能力；商贸流通方面，东升恒泰商贸有限公司已经形成包括综合市场、建材市场、农贸市场、购物中心、电器城、纺织品城、超市在内的晋东最大的商品集散地和大型物流中心，入驻商户涉及十余个省市逾千家，日客流量近5万人次；房地产开发方面，东升恒泰房地产开发有限公司积极贯彻县委、县政府“大开放、大招商、大发展”三大战略精神，开发建设了县城标志性建筑——东升花园小区，为提升县城形象、加快小城镇建设做出了积极的贡献；东升恒泰广告有限公司在开展策划设计、印刷制作、礼仪庆典等广告业务的同时，走媒体与企业互动双赢的发展道路，代理了平定广播电视局广播电视广告业务，拓展了经营空间，成为广告行业的新锐。沐浴新时代阳光成长起来的东升集团已经成为三晋东大门上一颗璀璨的明珠，先后被省、市政府和有关部门授予“调整经济结构先进单位”、“利税大户”、“双文明单位”、“2004年度煤炭工作模范单位”；被县委、县政府授予“2004年度红旗单位”、“利税大户”。

激流勇进，争当人先。在当前煤运行业转轨改制的演进大潮中，平定县煤运公司按照党的十六大精神，积极发展混合所有制经济，用自己的成功实践提供了一个破骄戒满、率先发展的范例。

（转自《阳泉日报》）

举调产旗帜　铸创新辉煌

——山西东升煤业集团八年调产纪略

（2005年1月10日）

八年来，在山西东升煤业集团“改革创新、调整结构”的征程中，以王伸为代表的一班人始终坚持以科学发展观为指导，以公司改革发展为第一要务，牢牢抓住结构调整这条主线不松劲，坚持走以煤为主、多种经营的发展道路，大力调整所有制结构、企业组织结构、投资结构，加快资源整合和资产重组步伐，逐步形成产业多元化、资本多元化、股权多元化的格局，使公司获得了持续发展。调产取得了显著成效，短短八年间，东升集团在调产的进程中，完成了一个漂亮的冲刺，东升人梦寐以求的发展宏图正在变为现实。

发展是硬道理，调整是经济运行的主旋律。1996年以来，东升人在实施结构调整的实践中，致力于加快改革发展。根据党的十五大、十六大和十六届三中全会关于国退民进、集退民进，发展股权多元化的混合所有制经济的精神，按照山西省委、省政府调整产业结构会议精神和阳泉市委、市政府关于加快企业集团发展步伐的文件精神以及山西省煤运总公司提出的“企业集团化、产业多元化、煤炭洁净化”的战略目标，结合平定县县委、县政府提出的县域经济民营化的基本目标和关于实施工业立县战略方案要求组建煤业集团的安排，结合煤运公司将要成为公平竞争的市场主体的现实情况，为提高煤炭行业的市场竞争能力，实现煤运行业和县域经济的双赢。以王伸董事长兼总经理为代表的平定煤运公司一班人，践行“三个代表”重要思想，站在“条块双赢，协调发展”的高度，既立足为职工谋后路，又着眼公司的长远发展，同时也兼顾到县域经济的持续发展，以资源为依托，以资本为纽带，以市场为核心，通过吸纳民间资金，对国有企业进行股份制改造，与时俱进不断深化企业改革，循序渐进加快体制创新的步伐。使煤运公司在取消收费职能后，能够以更新的面貌更强的实力成为以生产经销煤炭为主，兼有商贸流通、房地产开发和广告设计制作的企业集团，实现运行市场化、股权多元化、发展集团化的目标，为煤运公司的全体职工寻找到了新的出路。

1. 调整产业结构，培植非煤产业

调整是发展的必然要求和重要途径，调整本身就是深层次的改革，就是提高质量、效益和竞争力的发展。东升集团的超常规发展，就得益于在快速发展中不失时机的推进结构调整，在结构调整中促进经济持续发展。1996 年，平定煤运公司面对资源锐减的现实，立足长远发展，未雨绸缪，居安思危。根据国家产业政策，把非煤产业的发展作为调整产业结构的重点，积极响应上级公司提出的二次创业的要求，着眼繁荣县城商贸流通，加快县城东扩战略的实施，抢抓太旧高速公路通车机遇，利用区位优势，按照现代企业制度的要求，走股份制道路，成立了平定东升商贸有限公司，兴办东升市场。培育出了新的经济增长点，为公司经济持久快速健康发展，提供了动力，拓展了空间。九年来，通过稳定发展，公司经营实力明显增强。

2003 年年初，为了进一步扩大公司的形象，走产业多元化的道路，利用东升商贸公司拥有的印刷、报纸、微机设备，整合资源，成立了东升广告有限公司。为了进一步推进县城东扩战略的实施，东升商贸公司抓住水泥厂改制的机遇，成立了东升房地产开发有限公司。使公司逐步进军房地产和广告行业，初步形成产业多元化的格局。

2. 加快资源整合，增强产业实力

结构调整的实质就是优化资源配置，东升集团之所以能够得到创新发展，来源于持续不断的进行创新，敢于打破地区封闭、部门分割和所有制界限。消除体制性障碍，积极推进生产要素流动和资产重组，使公司真正成为了市场主体。2001 年，面对煤炭市场滞销的局面，平定煤运公司一班人，站在煤矿、煤运行业、县域经济三方联动、共同发展的高度，为进一步巩固和扩大市场占有率，以股权换市场，整合煤站、煤矿和用户资源，吸纳系统职工合股基金会民间资金，以资产为纽带，成立了东升洁净煤有限公司，走出了煤站、用户、煤矿连为一体的集团化发展路子，形成了煤炭产运销一体化发展的产业链条。

3. 加快资产重组，延伸产业链条

资产流动重组的重点是推进大量的闲置低效资产不断向有比较优势的产业和有一定管理基础、有较强竞争力的企业集聚，逐步培育和铸造具有地区特色和比较优势的产业群体和企业群体。2002 年，面对煤炭市场疲软，煤矿职工开不了资，生产经营举步维艰的局面，为了应对激烈的市场竞争形势，形成县域煤炭产运销一条龙的发展格局，东升洁净煤公司参与县营同意、阳胜、华兴、兴裕四个煤矿的股份制改造重组，不仅使煤矿改制操作彻底、一步到位，而且对整合县域煤炭资源，做大做强煤炭产业，起到了重要的推动作用，同时也使公司发展拥有了坚实的煤源基地，发展后劲不断增强。

4. 调整产权结构，构建多种所有制并存的新格局

产权制度改革是整个改革成败与否的关键，而企业投资主体多元化又是搞好产权制度改革的重要环节。东升集团多年来按照有所为、有所不为，进而有为、退而有序的原则，大力推动国有资产的流动重组，真正在企业形成了多元的清晰的产权结构，增强了企业发展的内在动力。2003 年 9 月，按照国家和省市“国退民进，集退民进”的要求和全县县营企业全部完成改制的总体部署，结合煤运公司面临收费政策即将取消的客观形势，着眼于提高煤炭行业集中度与竞争能力，特别是充分考虑煤运公司的生存与发展，职工的去向与出路，多次召开会议进行专题研究。健全完善改制领导组，制定出了改制方案，并经县政府［2003］72 号文批准，对煤运公司进行了股份制改造。

5. 优势互补，扩张企业规模

企业群体的特色和规模决定着产业的竞争力，其中大企业、大集团又起着主导作用。东升人围绕培育和壮大企业实力不断推进经济结构战略性调整，不仅做实做大了企业，形成了规模优势，在激烈的市场竞争中赢得了主动，而且有效地带动了县域经济的发展，成为平定经济增长的“火车头”。2004 年 7 月 28 日，按照《公司法》和设立集团的有关要求，对四个煤矿进行股份制改造，分别变更为有限责任公司，按照“集团化、市场化、多元化”的原则，以东升洁净煤公司为核心企业，整合九个公司，筹组山西东升煤业集团。随后聘请山西银康会计师事务所对所有资产进行了评估，县政府及有关部门下发相关文件，在完成一整套法律程序的基础上，经省、市、县工商部门审核，批准设立了山西东升煤 业集团。母公司为山西东升煤业集团有限公司，以资本为主要联结纽带的下属公司有：山西东升恒泰商贸有限公司、山西东升恒泰广告有限公司、山西东升恒泰房地产开发有限公司、山西东

升同意煤业有限公司、山西东升华兴煤业有限公司、山西东升兴裕煤业有限公司、山西东升阳胜煤业有限公司、平定县东升物业管理有限公司八个公司。拥有总资产5亿元，注册资本总额为11225.8万元，员工3000多人。

纵观东升集团公司的调产历程可以归纳为以下几个特点：

1. 产业多元化的格局基本形成

东升煤业集团的前身是以煤炭运销为主业的平定煤炭运销公司，经过二十多年的发展，特别是经过近八年来的调整结构、改革创新，公司已成为涉足多种行业的大型实体公司。煤炭生产经营主业已经形成年产150万吨，年发运量500万吨的能力；商贸流通方面山西东升恒泰商贸有限公司已经形成包括综合市场、建材市场、农贸市场、购物中心、电器城、纺织品城、超市在内的晋东最大的商品集散地和大型物流中心，入驻商户涉及十余个省市逾千家，日客流量近5万人次。房地产开发方面山西东升恒泰房地产开发有限公司积极贯彻县委、县政府“大开放、大招商、大发展”三大战略精神，开发建设了县城标志性建筑——东升花园小区，加快了县城东扩的步伐。已经建成12万平方米规模的700多套欧陆风情单元楼，已全部交付并有部分业主入住，一年半开发的房产面积相当于县城十年开发面积的总和，为提升县城形象，加快小城镇建设做出了积极的贡献，成为阳泉城市建设的一枝奇葩。广告行业山西东升恒泰广告有限公司在开展策划设计、印刷制作、礼仪庆典等广告业务的同时，走媒体与企业互动双赢的发展道路，代理了平定广播电视局广播电视广告业务，进一步拓展了公司的经营空间，成为广告行业的新锐。

2. 产权多元化的趋势日渐彰显

东升煤业集团公司在产权制度改革中，坚持“有进有退、有所为有所不为”的原则，以产权转移为工作中心，以职工持股为主要形式，大力推行股份制改造，使国有资产逐步退出，并逐年扩大职工和其他经济成分的持股比例，通过深化改革，目前已形成由国有资产、职工个人入股、吸纳用户资金的产权多元化的趋势。

3. 企业集团化的步伐逐步加快

八年来通过以资本为纽带进行矿站一体化改造，通过资产经营一体化整合，初步建立起符合市场经济要求的集团化体制框架，形成以集团母公司为核心，发挥集团成员的综合优势，实现各种资源的优化配置，从事专业化、综合性经营的经济联合体——山西东升煤业集团公司。集团公司为股份有限公司，下属公司为有限责任公司，形成了以集团公司为投资决策中心，所属公司为利润中心和成本中心的现代化公司架构。规范了集团公司和下属公司的关系，集团公司依照法定程序，行使股东权力，加强了对下属公司生产经营的监督与管理，公司呈现出良性运作、规模发展的良好态势。从 1997 年成立东升商贸公司到 2001 年组建东升洁净煤有限公司，2003 年成立东升广告公司、东升房地产开发有限公司，推进平定煤运公司整体改制成立东升煤炭运销有限公司，2004 年将东升洁净煤有限公司改组为东升煤业集团有限公司，并以其为母公司，以资本为主要联结纽带的八个下属公司为主体，以集团章程为共同规范，成立东升煤业集团，真正形成了实力雄厚、规模较大、多业并举的大型企业集团。

4. 制度现代化的优势逐步显现

近年来，东升煤业集团在推进现代企业制度，建立公司法人治理结构，转换经营机制等方面都进行了有益的探索，取得了积极进展。集团实行集中决策、分层管理、分散经营，集团理事会是集团的管理和决策机构，母公司是财务和投资中心，负责研究和制定发展规划、投融资决策、从事资本运营、监控经济运行等情况，在集团中居于主导和核心地位，对外代表集团，对下属公司的经营者进行聘任、考核和解聘。母公司向下属各公司派出董事长或董事以及监事，通过股东会、董事会和监事会，决定公司经营方针、投资方向、选择经营者及利润分配等重大经营管理事项和决策，对公司的经营管理活动进行监督管理。集团下属公司相继完成了公司制改革，成立了董事会和监事会，对股东大会负责，形成各负其责、协调运转、有效制衡的公司治理结构。实行董事长领导下的总经理层层负责制，全面管理企业，在经营机制上建立全面适应市场的管理体系。逐步建立起以人本管理为主线，以提高企业经济效益为中心，以增强企业核心竞争力为出发点，科学、高效、公平、竞争的现代企业制度，实现了政企分开，产权明晰，责权明确，管理科学。东升煤业集团在企业内部劳动、人事、分配制度方面进行了配套改革，积极推行岗位责任制考核办法，定岗定责，一岗一酬，量化经济指标，细化岗位职能，对广大干部职工实行全面实绩考核，逐步建立起干部能上能下、人员能进能出、工资能高能低，优胜劣汰、适应企业发展的人事管理制度。

问渠哪得清如许，为有源头活水来。一个以煤炭运销为主业的中型国有企业如何能在激烈的市场竞争中保持持续的发展势头？一个靠履行政府赋予的行政收费职能生存的煤炭运销企业如何能在政策取消之前及早地完成体制和机制的转轨？一个产业单一的行政型公司如何能在短短八年间迅速成长为多元产业、多业并举的实体型公司？其中有一点可以肯定那就是从领导班子的决策到全体员工的团队精神，都充满了一种改革的精神，一种创业的激情，一种创新的意识，正是由于公司坚持求真务实、与时俱进的企业精神，公司才一步步地发展壮大；正是由于公司领导班子始终高擎着调整结构、改革创新的旗帜，公司才实现了跨越发展；正是由于建立了完善的现代企业制度，企业才保持了旺盛的活力，在各个方面都取得了令人瞩目的辉煌成就。

东升煤业集团公司的调整结构、创新发展，不仅使企业跳出了依靠政策生存的窠臼，而且赢得了持续发展的主动权，既为广大职工谋得了实际利益，探索出了一条新路子，而且为促进县域经济和煤炭行业的发展做出了卓越的贡献，产生了广泛而深远的经济效益和社会效益，主要表现在以下几个方面：

1. 探索出了一条新形势下煤运企业生存发展的新路子

该公司在煤炭运销经营工作中独辟蹊径地提出煤运企业要在新形势获得发展，必须在调整结构上创新观念，在股份制改革上动真的、见实的、碰硬的，他们眼光超远，及早地确立了走投资主体多元化的道路，广泛吸收用户、铁路、煤矿、职工，包括社会闲散资金参股，与相关单位形成了利益共享，风险共担的关系，为做实公司占领了战略制高点，产生了长远的意义，在完善社会主义市场经济的复兴伟业中，立足国企改革，发展县域经济的社会责任，将十六大的春风化作起航的生命动力，创举人先，着眼于发展股权多元化的混合所有制经济思路，在山西煤运转轨改制的演进大潮中，激流勇进，唯旗誓夺，奏响了前进的胜利凯歌。

2. 开拓出了一条市场经济条件下维护国企职工根本利益的后路

公司领导班子解放思想，实事求是，创新观念，放弃幻想，超前地认识到公司转轨变型的必然趋势，以灵活务实、善于在困难中实现突破的操作艺术，抓住有利时机，加速推进结构调整，把握改革的节奏和力度，提出切实可行的改革方案，富有成效地指导全系统的集团化建设。走资产重组的道路，做实了上游生产系统；走资源整合的路子，做实了下游销售系统；走股份制改造的路子，做实了中游体制基础，从而使公司有效地规避了政策调整带来的恐慌和损失，为国有企业广大干部职工趟出了一条生存发展的后路。

3. 实践出了一种推动县域经济持续发展的新思路

八年来，该公司通过广泛深入地调整结构，认真践行“三个代表”重要思想，对全县调整产业结构和经济率先发展起到了典范引导作用。东升市场的壮大不仅促进了全县商贸流通事业的发展，而且也使县城东段呈现出空前的繁荣，使其成为全县投资经商的黄金宝地，货畅其流，车水马龙，一派生机勃发的景象，成为晋东地区较大的商品集散地和物流中心。东升市场生发的社会效应，也惠及百姓，不仅带动了餐饮、住宿、运输、装卸，而且为下岗职工和闲散人员提供了广阔的就业空间，加快了县城东扩的步伐。公司的多元运作不仅使煤炭行业焕发出了生机和活力，使煤矿扭亏为盈，走出了困境，而且增加了地方财政收入，为县域经济发展奠定了雄厚的基础。

4. 形成了一种人心思进、共谋发展的大好局面

公司通过调整结构，不仅创新了职工的思想观念，使职工看到了运作效益，而且坚定了干群的信心和决心，使他们看到了未来的发展前景，找到了未来的“奶酪”。职工不仅是企业的股民，而且参与企业的改革发展，成为新形势下决定自己命运的主人，凝聚了职工人心，激发出了干群的积极性、主动性和创造性，形成了携手谋发展，同心创辉煌的良性运行格局。

5. 保持了一种产业互动、协调推进的强力态势

公司积极调整产业结构，培育出了商贸流通、广告制作、房地产开发等非煤产业，使公司成为以煤为主，多种产业齐头并进的大型企业集团，形成了产业互动，协调推进的良好态势。货源基地建设的推进，更使公司如虎添翼，插上了腾飞的翅膀，经营空间更加宽广，发展活力无可限量。

6. 公司保持了一种健康、协调、持续的发展势头

公司通过与时俱进，不断加快结构调整，在调整中改革，在改革中创新，在创新中进取，在进取中规范，在规范中完善，在完善中发展，企业实力得到明显增强，经营业绩不断飙升，经济效益明显提高，打造出了一艘在市场大潮中乘风破浪的航空母舰。2004 年，公司圆满完成了各项目标任务，保持了超速增长的发展势头，共生产煤炭总量 66.8 万吨，占计划的 109%，同比增长 30.8%；共销售煤炭总量 518.5 万吨，占计划的 136.5%，同比增长 33.2%；实现销售收入 4.09 亿元。实现利税 6592.9 万元。

东升集团公司勇立市场潮头，把握时代脉搏，用创新的思维和手段谋求发展，用切实可行的发展思路，实施了科学规范的企业管理，用超前果断的结构调整，实现了向现代企业制度迈进的决定性突破，激活了企业的运营机制，使企业的竞争力不断增强，使集团化发展战略在古州平定生根发芽茁壮成长根深叶茂。东升集团公司的迅速成长发展被人们形象地称为“东升现象”。沐浴改革开放新时代阳光成长起来的东升集团，而今已成为三晋东大门上一颗璀璨的明珠。成为当地财政的支柱企业，为繁荣县域经济做出了突出的贡献。先后被省市政府和有关部门授予“调整经济结构先进单位”、“利税大户”、“双文明单位”。王伸董事长、总经理被山西省

企业家协会授予“优秀经营者”光荣称号。

串串汗水映亮累累果实，行行脚印铺向成功彼岸，就向河流不可以停顿，呼吸不可以停止一样，东升煤业集团鼓满风帆，围绕结构调整，锐意改革，不断创新，正以崭新的姿态向产业多元化、经营规模化、效益集约化的宏伟目标不断迈进；正以与时俱进，奋发有为的精神为繁荣县域经济进行着不懈的努力；正以百折不挠，一往无前的气势朝着做实、做大、做强的宏伟目标，乘风破浪，向新的彼岸扬帆远航，从新的起点更上层楼，创造着新的业绩，书写着新的辉煌。

（转自新华社山西分社《内部参考》）

放眼东升新跨越

——山西东升煤业集团发展纪实

东升集团是由原平定县煤炭运销公司，经过十年改革创新重组而成。1996年以来，在邓小平理论和“三个代表”重要思想指引下，王伸董事长团结带领公司员工，坚持以建立现代企业制度为目标，以市场为导向，以改革为动力，以调产为主线，以资本为纽带，解放思想，转变观念，开拓进取，锐意创新，将一个原来产业单一、资本单一、结构单一，缺乏发展后劲的煤运公司转型成为了如今产业多元、资本多元、股权多元，符合现代企业制度和市场经济要求，具备明显竞争优势的大型企业集团。

1. 改革发展历程

东升之路是一条富有传奇色彩的改革之路，十年前的平定煤炭运销公司，是一个以履行煤炭运销管理职能为主的产业单一的全民所有制企业。进入20世纪90年代中期以后，随着我国市场经济体制的逐步建立完善，以王伸为首的公司领导班子强烈地意识到，单靠吃政策饭、不按照市场经济的规律加快自我发展，一旦煤炭运销公司代政府行使管理和收费的行政职能被取消，公司就面临着倒闭的危险，几千名职工就面临着失业的后果。为此，他们居安思危、未雨绸缪，他们按照省市公司要求，在全省煤炭运销系统率先进行了改革创新的探索。

1996年，他们按照党的政策和现代企业制度要求，由1000余名员工筹集股金，一步到位成立股份制企业，创办东升商贸公司。抓住高速公路建成通车的有利机遇，果断迈出了向商贸产业进军的关键一步——在距离平定县城3公里、太旧高速公路入口处附近，购买了一片闲置的厂房和土地，斥资兴建东升市场。东升市场扼守阳泉市通过平定连接太旧高速的咽喉要道，拥有得天独厚的地理优势，它的建立，不仅极大地繁荣了地方商贸流通，拉动了地方经济的发展，而且培育了公司新的经济增长点，拓展了公司的发展空间。目前，该市场拥有集高档化、精品化、时尚化为一体的东升购物中心、灯饰城、电器城三座商城，有蔬菜、粮油、建材三个专业市场，一个综合市场，已经成为晋东重要的物流基地。

2001 年，公司确定了“以股权换市场”的发展思路，整合电厂用户、煤矿和系统职工合股基金会，按照互利互惠、共同发展的原则，组建了东升洁净煤有限公司，建立了具有法人资格的经营实体，标志着公司走上了煤矿、煤站、用户连为一体的集团化发展路子。

2002 年，围绕建设货源基地的战略构想，他们在平定县政府的带领下，由东升洁净煤有限公司承员承债零资产对阳胜、同意、华兴和兴裕四个县营煤矿实施并购重组。不仅推进了县域煤炭资源的整合和县营煤矿的改制，推动形成了煤炭产运销一条龙发展格局，而且使公司发展拥有了坚实的货源基地，发展后劲不断增强。

2003 年，东升人审时度势，紧紧抓住这一大好发展机遇，大力拓展经营领域，积极实施公司多元化发展战略。首先，组建了东升广告有限公司，发展报纸、印刷、户内外广告，《东升集团》报发行覆盖阳泉以及周边县区。走媒体与企业互动的发展道路，代理了平定电视台广告业务，迅速成为平定广告业的新锐。随后，利用县城东扩的契机，注册成立了东升房地产开发有限公司，进军房地产领域，投资购买了毗邻东升市场的 170 亩土地，采取多渠道筹资方式，开发了总建筑面积 20 万平方米的东升花园，为小城镇建设和县城东扩做出了积极的贡献。

2003 年，经县政府批准，并经职工代表大会讨论通过，在完成一系列法律程序基础上，平定煤炭运销公司正式改制为国有控股的平定县东升煤炭运销有限公司。为以后公司的市场化运作奠定了基础。

2004 年，东升人积极响应省、市、县各级政府关于“加快集团化发展”的号召，大力实施了股份制集团化重组。按照《公司法》以及相关政策规定，严格遵循有关法律程序，整合商贸、广告、房地产和四个煤矿以及东升煤炭运销有限公司等九个公司组建成立了山西东升煤业集团有限公司。集团公司建立了政企分开、产权清晰、权责明确、管理科学的现代企业制度，成为了自主经营、自负盈亏、自我约束、自我发展的法人实体和市场竞争主体，步入了健康发展的快车道。

2006 年底，按照党的十六大和十六届六中全会精神，在县委、县政府的领导下，东升集团继续深化企业改革，以资本为纽带，通过吸纳职工资金，对四个煤业公司资本结构进行进一步的股份制改造，按照国家和省市“国退民进，集退民进”的要求，为了做大做强集团公司，经公司董事会研究并报请县政府批准，公司通过向员工筹集借款以及其他渠道等多方筹款，交纳了资源价款，从而完成了所属四个煤业公司资本结构的进一步改造。使四个煤业公司产权更加明晰，成为东升集团法人股全资股份公司。这是公司继 2002 年并购煤矿和 2004 年对四个煤矿进行股份制改造，分别变更为有限责任公司，整合组建东升集团后，集团公司进行的第三次改制，标志着东升集团已经成为适应市场竞争，符合现代企业制度的大型集团。

2. 经济社会效益

东升集团的改革、发展、创新，顺应了时代发展潮流，转变了经济增长方式，夯实了做大做强基础，提高了自主创新能力，走上了持续、快速、协调、健康发展道路，达到了政府、企业、职工都满意，不仅探索出了一条市场经济条件下维护职工根本利益的新路子，而且实践出了一种推动县域经济快速发展的新模式，产生了广泛而深远的经济效益和社会效益。

一是破解了历史难题，实现了持续发展。东升集团领导班子超前地认识到转轨变型的必然趋势，坚持把制度创新作为突破口，抓住有利时机，适时推进改革，尤其是在股份制改革上动真的、见实的，及早地确立了走投资主体多元化的道路，广泛吸收用户、铁路、煤矿、职工和社会闲散资金参股，与相关单位形成了利益共享，风险共担的关系，不仅使企业跳出了依靠政策生存的窠臼，有效地规避了政策调整带来的负面效应，为广大职工趟出了一条生存发展的后路，而且赢得了持续发展的主动权，为企业做大、做实、做强、做久占领了战略制高点。历经十年的改制重组，东升集团逐步发展壮大为实力雄厚、规模较大、多业并举的法人实体和市场竞争主体。目前，已经形成原煤生产能力 150 万吨，年发运铁路煤炭 300 万吨、公路煤炭 500 万吨，产运销一体化的煤炭生产经营新格局；已经建成包括综合市场、建材市场、农贸市场、购物中心、纺织品城、电器城和超市于一体，占地 80 余亩，营业面积 8 万平方米，交易摊位 1000 余个，入驻商户涉及十余省市逾千家，日客流量近 5 万人次，晋东地区最大的商品集散地和大型物流中心；已经开发建设了占地 160 亩，能够容纳上千户居民，规模宏大，风格多元，功能齐全，设施先进，文明生态的全县标志性住宅小区——东升花园；已经走上媒企互动、合作共赢的广告经营良性发展道路。凭借产业的多元化，经营的实体化，运行的市场化，发展的规模化，即使在收费职能取消后，东升集团仍能有活干，有钱挣，有路走。

二是维护了职工利益，保证了和谐稳定。企业改革是一项系统工程，涉及面广，影响面大。东升集团牢固树立改革、发展、稳定一盘棋思想，坚持“发展是硬道理，改革是主旋律，稳定压倒一切”的指导方针不动摇，在十年来的改制过程中，首先把维护好、实现好、发展好职工利益作为最根本的出发点和落脚点，正确处理了改革、发展、稳定的关系，不断加强和改进了党的建设、职工队伍建设、企业文化建设和精神文明建设，从而为企业改制奠定了坚实基础，有力促进了各项改革积极稳妥地顺利实施，确保了企业生产经营工作扎实有效地稳中推进，使集团公司呈现出深化改革、保持稳定、和谐发展的良好势头。公司在推进现代企业制度建设中，始终遵循社会主义市场经济发展规律，突出产权制度改革这个核心，全面整合市场要素，使公司形成了由国有资产、职工个人入股、吸纳用户资金的资本多元、股权多元的格局。特别是通过股份制改造，在确保权、责、利、险相统一的前提下，职工不仅是企业的股民，而且成为新形势下决定自己命运的主人，不仅使职工得到了实惠，看到了希望，增强了信心，并且激活了责任心、使命感，形成了自主改革，自担风险，自我发展，自我约束，携手谋发展，同心创辉煌的良性格局。

三是转换了经营机制，强化了企业管理。围绕建立现代企业制度的总体要求，以体制创新为基础，进一步理顺了决策层、经营层、管理层、监督层之间的职权关系，形成了规范运作、各负其责、协调运转、有效制衡的现代企业管理体制。以机制创新为手段，在管理上下实功夫、真功夫、硬功夫，向管理要效益、要效率、要成果，使经验型、传统型、粗放型管理转变为科学化、现代化、集约化管理。以制度创新为保证，在每个层面、每个环节、每个职位建立健全严格、规范、高效、完整的岗位责任制，做到了有章可循、有章必循、违章必究、从严治企。以人事管理为核心，在公司机关推行以岗定人，在煤业公司推行以产定人，在非煤产业推行以效定人，不断引深用人制度改革，能者上，平者让，庸者下，建立了人尽其才、才尽其用的良好用人机制、激励机制和考核机制，充分调动了广大员工的积极性、主动性和创造性。通过适时转换经营机制，大力强化激励机制，不断完善约束机制，形成了横向到边、纵向到底、人人有责、个个出力的全方位、宽领域、多层次的良好运行机制。集团公司与各个公司，从安全到技术，从生产到销售，从财务到经营，层层建立了统分结合、上下联动、动态考核、奖惩兑现的一体化管理模式。

四是促进了县城东扩，带动了一方经济。东升集团的改革发展，对全县调整产业结构和经济率先发展起到了典范引导作用。尤其是高起点规划、高标准设计、高质量施工的东升花园，绿化面积占到总开发面积的38.5%，在阳泉地区率先推出地暖入户，水、电、暖、气全部分户计量，社区内教育、医疗、金融、通讯、休闲、娱乐、购物等基础设施配套完善，功能齐全，与东升市场连为一体，相得益彰，共同构成县城东部一道靓丽的风景线。东升新区的发展壮大，不仅促进了全县商贸流通事业发展，带动了餐饮、住宿、运输、装卸等相关产业，为4000余名下岗职工和闲散人员提供了广阔的就业空间，而且加快了全县小城镇建设和县城东扩步伐，使县城东段成为全县投资经商的黄金宝地，呈现出空前的繁荣景象。

2006年，东升集团完成收入3.08亿元，实现税费4000万元，总资产由成立时的5亿元增至8.2亿元。分别被省市政府和有关部门授予“山西省集体二等功”、“煤炭工作模范单位”、“调整经济结构先进单位”、“利税大户”、“双文明单位”、“阳泉市‘十五’时期捐资助教先进集体”等荣誉称号。董事长王伸也被省企业家协会授予“优秀企业家”、“优秀企业经营者”。《人民日报》、《经济日报》、《光明日报》等国家众多主流媒体相继对东升煤业集团改革发展的典型经验作了宣传报道。

3. 发展前景展望

“十一五”时期，是东升集团紧紧抓住重要战略机遇期，向着更高目标奋进的关键时期。机遇大于挑战，形势催人奋进。在新的起跑线上，东升集团将一如既往地坚持以人为本，牢固树立和全面落实科学发展观，以更加坚定的信念，更加饱满的热情，更加扎实的工作，驾驶东升这艘旗舰乘风破浪，扬帆远航，全面开创崭新局面。

东升集团将继续加大改革力度，完善法人治理结构，规范权责，强化制衡，大力发展混合所有制经济，真正体现现代企业制度的优越性，为公司发展创造良好环境。通过转换管理机制、用人机制、经营机制，使企业发展永葆生机与活力。

东升集团将进一步做实做强煤炭主业。作为东升集团货源基地建设的重要工程，投资1.5亿元的阳胜煤业公司90万吨矿井改扩建工程，历经两年的紧张施工，截至2006年底，年产90万吨的矿井已经建成，即将于3月上旬投入生产运行。标志着平定县第一座90万吨的现代化矿井已经形成。2007年，东升集团煤炭生产能力将突破100万吨。同时，依托阳胜煤业公司改扩建工程大项目，积极培育发展配套项目，拉长产业链条，做大煤炭产业集群。投资2000万元与胜利油田胜动集团合作建设10×500千瓦瓦斯发电机组，力争在2007年完成项目建设，实现新增收入800万元。投资3000万元，建设一座年入洗量60万吨的洗配煤厂，进一步提高产品附加值，增加收入6000万元。通过扎实努力，全面完成政府交给的各项工作任务，不断增加税收，为县域经济做出新贡献。“十一五”期间要以阳胜煤业公司150万吨改扩建二期工程为重点，继续加快矿井的改扩建，力争到2010年东升集团原煤产量达到220万吨，占据全县煤炭产量的三分之二，直正打造成为我县煤炭行业的“航母”。

东升集团将进一步繁荣发展非煤产业。继续坚持“构建大市场，发展大流通，商贸产业化”的方针，千方百计改善购物环境，积极培育目前已经形成特色的批发零售市场，进一步促进商贸物流服务业发展壮大，切实将东升市场打造成晋东地区最大的商品集散地和大型物流中心，为推动全县“商贸物流重县”建设，为促进县域经济“又好又快”发展做出新的更大的贡献。以商贸、房地产开发和广告三个公司为主体的东升新区，是东升集团非煤产业的聚集区。随着东升商圈的成熟壮大，基础设施的日益完善，周边环境的治理改善，县城政治、经济、文化中心的东移，东升新区必将更加繁荣，更显生机，更具活力。

弹指十年间，东升集团勇立时代潮头，大胆改革创新，积极调整结构，稳步发展壮大。展望“十一五”，东升集团的改革将更加深化，实力将更加雄厚，发展将更加和谐，前景将更加美好。

（转自《纪念平定解放六十年专辑》）

新型工业强县的龙头 商贸物流重县的亮点

——山西东升煤业集团改革发展侧记

（2006年5月10日）

从1996年开始，东升一班人坚持以人为本、全面、协调、可持续的科学发展观，既立足为职工谋后路，又着眼企业的长远发展和推动县域经济发展的高度，站在“做大做强、多赢发展”的高度，以资源为依托，以资本为纽带，以市场为核心，通过吸纳民间资金，不断加大股份制改造力度，深化企业改革，加快体制创新，逐步实现了运行市场化、股权多元化、发展集团化。

十年的沧桑，十年的风雨，今日的东升煤业集团已发展成为集煤炭生产经营、商贸流通、房地产开发、广告设计制作为一体的大型集团公司，拥有总资产8亿元，员工3000多人。下属山西东升恒泰商贸有限公司、山西东升恒泰广告有限公司、山西东升恒泰房地产开发有限公司、山西东升同意煤业有限公司、山西东升阳胜煤业有限公司、山西东升华兴煤业有限公司、山西东升兴裕煤业有限公司、山西东升物业管理有限公司八个公司，成为一个为煤为主，多种经营、跨行业、跨所有制、跨地域的产业多元、资本多元、股权多元的现代企业。

东升之所以能够快速发展，主要得益于体制创新，体制创新对公司经济发展的作用主要表现在市场化、多元化、集团化三个方面。

从1996年至今，通过十年体制创新，东升实现了经济发展的三次跨越。

第一次是1996年至2001年，是公司的市场化阶段。从1996年全员入股一步到位走股份制道路成立东升商贸有限公司，创办东升市场发展商贸流通，公司逐步建立起了符合市场经济和现代企业制度要求的股份制公司，真正成为市场竞争主体。

第二次是2001年至2003年，是公司的多元化阶段。随着体制创新的不断深入，东升发展混合所有制经济，进行资本多元化改造的力度越来越大，在员工入股的基础上，吸纳用户等社会闲散资金，进军煤炭生产、房地产开发、广告领域，从而实现了产业多元化，股权多元化。

第三次是2004年以后，是公司的集团化阶段。2004年东升积极响应省、市、县各级政府关于“加快集团化发展”的号召，大力实施了股份制集团化重组。经县、市、省工商局逐级核准，按照《公司法》以及相关政策规定，严格遵循有关法律程序，整合资源，组建成立了山西东升煤业集团有限公司。同时围绕培育和壮大企业实力不断推进经济结构战略性调整，不仅做实做大了企业，形成了规模优势，在激烈的市场竞争中赢得了主动，而且有效地带动了县域经济的发展，成为平定经济增长的排头兵。

10年改革创新，铸就了亮丽的“东升”品牌。

十年的体制创新，东升产业结构不断优化。逐步形成了一个集煤炭生产发运、商贸流通、房地产开发、广告经营等产业齐头并进，以煤为主，多种经营，跨行业、跨所有制、跨地域的产业多元的大型企业集团。实现了生产有基地，发运有站台，销售有计划，市场有用户，企业有规模，经营有利润。

十年的体制创新，东升形成了职工个人入股、用户参股的股份多元化格局。与体制变化同来的是，职工身份发生了有趣的变化：既是集团公司员工，又是公司股民，集经营者、管理者和资产所有者三者合一。东升集团的多元化经营发展坚持体现了“以人为本，市场运作”现代企业制度的特点。

十年的体制创新，推动了东升的持续快速健康发展。从十年前年销售收入2亿元、利税总额800万元，发展到今天销售收入达到3.08亿元、利税总额3015万元，呈几倍、十几倍的高速增长，公司先后被县委、县政府授予“红旗单位”、“利税大户”、“调产项目先进集体”、“小城镇建设先进集体”，被市委、市政府授予“煤炭工作先进单位”光荣称号，被省劳动竞赛委员会授予“山西省集体二等功”。董事长王伸2003年被山西省企业家协会授予“优秀企业经营者”，2005年6月被山西省企业联合会、山西省企业家协会授予“优秀企业家”。《人民日报》、《经济日报》、《光明日报》、《中国经济建设》等国内众多主流媒体相继报道了东升集团公司改革发展的典型经验，成功地走出了一条体制创新为主要特色的“东升之路”。东升集团已成为平定县域经济一个十分突出的“亮点”，已成为三晋东大门上一颗璀璨的明珠，为繁荣县域经济做出了突出的贡献。

十年磨一剑，东升经过十年发展，已经由初创期进入成熟期，跃上向大型企业集团公司发展的大平台。东升集团的迅猛发展，对于平定县经济繁荣和社会发展产生了深远的经济和和社会效益。

从经济方面上说，东升人在平定县创造了两大亮点：一是效益亮点。在短短十年，东升人把企业做到资产突破8亿元的高效企业，已成为平定经济一大支柱产业和县财政收入的中流砥柱，为平定县的社会经济发展做出了巨大的贡献。二是产业亮点。阳胜煤业公司百万吨改扩建工程在平定县煤炭生产历史上史无前例，改造竣工投入生产后将成为平定首个百万吨矿井，即将上马的瓦斯发电厂和洗煤项目，具有广阔的发展前景和强大的发展后劲，并且列入了县“十一五”发展规划，正在成为平定县新的经济增长点。

从社会效益讲，东升集团在十年的发展过程中，为平定县造就了大量的工作机会，新安排就业人数已达3000余人，且随着企业规模的不断扩大，就业机会还在持续增加。同时，东升集团先后对同意、华兴、兴裕、阳胜等濒临倒闭的县营煤矿进行了兼并和收购，使其迅速起死回生、扭亏为盈，成为县域经济新的增长点，并使1500余名员工重新回到了工作岗位上，这为解决平定县的就业压力、提高人民生活水平以及社会稳定做出了巨大的贡献。

东升集团的崛起和发展还有着深远的战略意义。一方面，东升市场经过十年精心打造，不仅已经成为晋东地区最大的商品集散地和大型物流中心，而且使平定这个小县城，扬名省内外，吸引了众多国内商家到平定参观、考察、投资，商户涉及十余个省市逾千家，市场商圈的不断扩大和招商力度的加大，使平定逐步被投资者熟知，东升集团已成为平定对外开放的名片。

十年来，东升人以敢于打破传统观念，勇于创新的精神影响着平定人民，在平定掀起了一股解放思想、打破禁锢、开拓创新、开创大业的创业热潮，这对于由传统工业向新科技产业的提升，对于全面实施“环境创优、外向带动、科技支撑、民营提升、赶超发展”五大战略，尽快实现平定“新型工业强县、商贸物流重县”目标有着很好的鼓舞和启迪作用。

十年来，东升人在创业过程中形成的意识超前、思维开阔的开拓精神，科学决策、永争第一的进取精神，团结互助的团队精神，勇于攻坚的自主创新精神，勤奋学习、精益求精的科学精神，更是所有企业经营者做好各项工作宝贵的精神财富。

“十一五”是东升集团加速建设、扩大经营成果、又好又快发展非常重要的时期，也是深入贯彻落实科学发展观、构建和谐集团，负重奋进、大有作为的重要阶段。东升人将继续高举邓小平理论和“三个代表”重要思想伟大旗帜，坚持以科学发展观统领全局，认真贯彻党的十六大、十六届五中、六中全会和省市经济工作会议精神，特别是全县三级干部会议提出的全面实施“五大”战略，着力推进“四县”建设的要求，围绕改革、发展、稳定大局，坚持以人为本，深化改革改制，创新管理模式；夯实安全基础，强化安全生产，做实货源基地；拓宽销售渠道，狠抓煤炭质量，搞好煤炭销售；打造东升园区，繁荣商贸流通，做强非煤产业；开展培训教育，提高员工素质，提高管理水平；努力使“十一五”成为公司发展史上发展最快、创新最多、变化最大的阶段。为早日把东升集团做实做大做强，为平定经济腾飞做出更大的贡献！

串串汗水映亮累累果实，行行脚印铺向成功彼岸，就向河流不可以停顿，呼吸不可以停止一样，肩负着富民强县历史使命的东升煤业集团，鼓满风帆，围绕跨越发展，锐意改革，不断创新，正以崭新的姿态向产业多元化、经营规模化、效益集约化的宏伟目标不断迈进；正以与时俱进，奋发有为的精神为繁荣县域经济进行着不懈的努力；正以百折不挠，一往无前的气势朝着做实、做大、做强的宏伟目标，乘风破浪，向新的彼岸扬帆远航，从新的起点更上层楼，创造着新的业绩，书写着新的辉煌。

（转自《山西经济日报》）

《和谐发展看东升》系列报道之一

东升明珠耀古州

（2007 年 6 月）

十年，对于一个企业，不过是短暂的一瞬，但从 1996 ~ 2006 年，是东升从一个单一的商贸企业到多元产业的飞速发展，是东升从股份制探索到向现代大型企业集团跨越的迅猛壮大，更是东升从名不见经传的新生事物成长为全县骨干企业的辉煌历程。这高速成长的十年，奠定了东升县域经济龙头企业地位，也为东升未来持续发展打造下坚实的基础。

从 1996 年开始，以王伸董事长为代表的东升一班人坚持以人为本，全面、协调、可持续的科学发展观，既立足为职工谋后路，又着眼企业的长远发展和推动县域经济发展的高度，站在“做大做强、多赢发展”的高度，以资源为依托，以资本为纽带，以市场为核心，通过吸纳民间资金，不断加大股份制改造力度，深化企业改革，加快体制创新，逐步实现了运行市场化、股权多元化、发展集团化。

东升之所以能够快速发展，主要得益于体制创新，体制创新对公司经济发展的作用主要表现在市场化、多元化、集团化三个方面。

山西东升煤业集团董事长王伸：

从 1996 年至今，通过十年体制创新，东升实现了经济发展的三次跨越。

第一次是 1996 年至 2001 年，是公司的市场化阶段。从 1996 年走股份制道路成立东升商贸有限公司，创办东升市场发展商贸流通，公司实现了从计划经济体制向市场经济体制的转轨，实现了向管理经营型的跨越。

第二次是 2001 年至 2003 年，是公司的多元化阶段。随着体制创新的不断深入，东升发展混合所有制经济，进行资本多元化改造的力度越来越大，从而实现了产业多元化，股权多元化。

第三次是 2004 年以后，是公司的集团化阶段。东升围绕培育和壮大企业实力不断推进经济结构战略性调整，不仅做实做大了企业，形成了规模优势，在激烈的市场竞争中赢得了主动，而且有效地带动了县域经济的发展，成为平定经济增长的排头兵。

十年改革创新，铸就了亮丽的“东升”品牌。

十年的体制创新，东升产业结构不断优化。逐步形成了一个集煤炭生产发运、商贸流通、房地产开发、广告经营等产业齐头并进，以煤为主，多种经营，跨行业、跨所有制、跨地域的产业多元的大型企业集团。实现了生产有基地，发运有站台，销售有计划，市场有用户，企业有规模，经营有利润。

十年的体制创新，东升形成了职工个人入股、用户参股的股份多元化格局。与体制变化同来的是，职工身份发生了有趣的变化：既是集团公司员工，又是公司股民，集经营者、管理者和资产所有者三者合一。东升集团的多元化经营发展坚持体现了“以人为本，市场运作”现代企业制度的特点。

十年的体制创新，推动了东升的持续快速健康发展。从十年前年销售收入2亿元、利税总额800万元，发展到今天销售收入达到3.08亿元、利税总额3015万元，呈几倍、十几倍的高速增长，公司先后被县委、县政府授予“红旗单位”、“利税大户”、“调产项目先进集体”、“小城镇建设先进集体”，被市委、市政府授予“煤炭工作先进单位”光荣称号，被省劳动竞赛委员会授予“山西省集体二等功”。董事长王伸2003年被山西省企业家协会授予“优秀企业经营者”，2005年6月被山西省企业联合会、山西省企业家协会授予“优秀企业家”。《人民日报》、《经济日报》、《光明日报》、《中国经济建设》等国内众多主流媒体相继报道了东升集团公司改革发展的典型经验，成功地走出了一条体制创新为主要特色的“东升之路”。东升集团已成为平定县域经济一个十分突出的“亮点”，已成为三晋东大门上一颗璀璨的明珠，为繁荣当地的县域经济做出了突出的贡献。

（山西东升煤业集团、平定县电视台）

《和谐发展看东升》系列报道之二

车水马龙颂繁荣

（2007年6月）

1996年，当东升建市的第一锨土翻过之时，东升人就以自己超前的眼光，坚定的信心，播下了希望的种子。

经过十年发展，如今东升市场已成为集综合市场、建材市场、农贸市场、购物中心、电器城、灯饰城、超市在内的晋东最大的商品集散地和大型物流中心，占地80余亩，营业面积10万平方米，交易摊位2000余个，入驻商户涉及十余个省市逾千家，商品辐射晋东地区，商圈逐年扩大，效益连年攀升的大型物流中心。经营范围涉及日杂百货、副食烟酒、粮油干货、肉食水产、五金家电、服装鞋帽、摩托手机等几十大类上千种商品，综合市场和专业市场，高档商厦和低档市场互配、互补，市场份额不断扩大，竞争能力不断提升，经济效益不断攀高。市场无论在经营规模、档次，还是环境、服务、设施各方面都有了一个质的飞跃。

东升的品牌进入了千家万户，东升的形象誉满晋东。东升的发展也使县城东段呈现出空前的繁荣，使其成为全县投资经商的黄金宝地。东升市场生发的社会效应也惠及百姓，有效地带动了餐饮、住宿、运输、装卸、物流、金融业的发展，也为下岗职工和闲散人员提供了广阔的就业空间，潜在的商机无可限量，日渐升值。

主持人：一年迈了一大步，十年建起七个市场，东升的跨越式发展令人叹服，令人钦佩不已。这短短的十年时间里，经过资源整合、优化配置，他们建起了一座座现代化的市场，实现了从低档廉、中档全、高档精到“实惠满意，一站购齐”的一个质的飞跃，那么，这十年中有着怎样的创市思路呢？

东升商贸有限公司总经理刘君明：

综合市场以中低档商品批发为主，农贸市场、建材市场为专业市场，商厦划区调整为专业的电器城，建起专业的纺织品城，及中高档的购物中心。

农村零售商：

在东升批发市场进货多年，这里的货全、价低、质量好，是农村小卖部信得过的批发市场。

普通消费者：

经常到东升市场买东西，感觉这里的购物环境挺好，消费者来这里都能选择到适合自己的商品，想买中低档的就到大而全的综合市场、纺织品城，想买建材、电器这些大件商品就到专业的建材市场、电器城，居家过日子的米面粮油、肉蛋蔬菜可以到农贸市场，想买高档商品就到档次品位更高的购物中心，东升超市服务周边商圈的消费者，方便实惠。

主持人：十年在历史的长河中仅仅是短短的一瞬，东升人却在这短短的十年里披荆斩棘，迎风击浪，开创了晋东地区市场建设的新模式，成为平定商贸流通发展和结构调整的成功范例。

（山西东升煤业集团、平定县电视台）

《和谐发展看东升》系列报道之三

筑巢引凤唱大风

（2007年6月）

主持人：十年前，东升市场在县城东段崛起，十年后，东升市场以其优越的投资环境，优惠的入驻政策和完善的服务体系，已经成为众多商户抢滩登陆的重要核心区。经过十年的发展，东升市场成为本县注册商户数最多、综合社会影响最大的市场之一。东升市场究竟靠什么魅力吸引众多投资商的眼球呢?

营造一流的投资环境，提供完善的管理服务是东升市场始终坚持的理念，也是其成功的关键。东升市场配备了一流的园区硬件，金融、通讯、邮政、仓储、住宿、派出所等配套设施一应俱全。东升市场以服务促招商，从公司董事长到员工都牢固树立了全心全意为商户服务的理念，将为商户服务称作为贴心服务，将自已放在商户的位置上进行换位思考，想商户所想，急商户所急，恪守“商户的事再小也是大事”的原则，千方百计为商户排忧解难，许多商户深有感触地说：“东升市场就像我们的娘家，对我们商户是有求必应，有难必帮。”

东升市场在全县市场率先为商户提供一条龙的办证、办照服务，及时解决商户在投资经营及生活中的困难和问题，使商户实实在在感受到市场的温暖，对市场产生了高度的信任感。为尽量减轻入驻商户的额外负担，东升市场实行一体化管理，最大限度降低管理费，对不合理的摊派，始终坚决抵制，2003年5月被县委、县政府确定为“平定县‘十五’期间经济结构调整重点保护企业”，使商户获得了更广阔的生存空间。

县政协委员、商户王广丰：

我父亲是从1996年开始在东升创业的，现在我们一家六口人都在东升做生意，我和妻子开着东升大药房、黄大夫诊所，妹妹妹夫在农贸市场经营水产、冷冻食品，父亲母亲也经营着一个冷库，这近十年中，我的家庭创业在东升，生意越做越大，买了车买了房，孩子送进了东升双语学校，我们真是越干越有劲儿。这一切都归功于东升集团的董事长王伸和他领导的东升市场的所有领导、员工们，是他们帮助我们走上了这条富裕之路。在东升，大到水电供应，小到家务琐事、小孩入学，凡是入住后遇到的困难，东升人都会想方设法为我们解除后顾之忧，为我们提供全过程、全天候、全方位的“三全”服务。

商户谭小文、黄听祥：

作为外地商户我们在东升的创业虽然艰难，但东升市场的领导及工作人员对我们给予了亲人般的关心和支持。东升人把我们当成了一家人，给予了我们极大的帮助和扶持，我们才在东升扎下根来。现在买卖做大了，但我们不能忘记东升人亲商、扶商、优商的优惠政策，我们决心在东升干一辈子，因为东升也成了我们的家。

为了提升东升市场的对外影响，扩大宣传，聚集人气，推动市场持续发展，东升恒泰广告有限公司依托专业的设计队伍，先进的设备设施，依靠优质的策划服务，严谨的工作作风，良好的客户信誉，在报纸宣传、印刷品制作、户内外广告设计制作发布、礼仪庆典等综合性广告业务提供了全方位的服务，对铸造东升品牌，打造东升商圈做出了积极贡献。

山西东升恒泰广告有限公司经理葛海林：

东升广告公司从2003年成立以来，在公司董事会的正确领导下，始终坚持“突出重点、发挥优势、全面发展”的方针，以宣传公司形象为己任，以服务广大客户为中心，以创新广告思路为途径，以加快公司发展为目标，不仅有效地提升了公司声誉，而且广泛拓展业务，提高经营水平，为加快集团公司发展进行了不懈的努力。

主持人：东升印刷厂是东升广告公司的主要部门，承担着《东升集团》报和集团公司的生产销售等业务汇总表以及办公纸张的印刷任务，同时对外承揽印刷业务。集团公司每年的形象挂历，均由印刷厂印制。仅仅5个人的东升印刷厂，业务量相当于计划经济下近百人的印刷厂。

《东升集团》编辑部负责编辑《东升集团》报。《东升集团》报是经山西省新闻出版局批准的合法的内部资料性出版物，出版周期为周三刊，印量为2万份，发行范围遍及阳泉四区两县及周边县市，为扩大市场的影响，弘扬企业文化，凝聚人心，鼓舞士气，做出了重要贡献。

业务部主要承揽设计制作路牌、灯箱、条幅等户内外广告，办理会议庆典、摄像等业务，坚持“创意无限、实效优先”的方针，广泛拓展渠道，积极承揽业务，逐步被县内外广大客户认识，打出了品牌。

主持人：伴随着客户的成长，公司也在同步发展。对内，积极配合东升市场、东升房地产公司的促销宣传，极大地提高了东升市场的知名度，加快了花园售房进度。对东升市场的商户也给予了最大的扶持，低于成本价对他们经营的商品进行宣传，让“东升”品牌深入老百姓心中。对外，认真为广告客户服务，根据不同客户需求，力争做到最好，争取让每一位客户都满意，打造诚信东升品牌。

东升商户晋越：

进入市场经济后，酒香也得勤吆喝。感谢东升广告公司为我们做的商品宣传。无论报纸广告、户内外广告，东升广告公司为我们的经营起到了促销的作用，好多顾客都是看了广告后来的。

通过完善软硬件设施，全方位营造宽松的发展环境，东升市场已经逐步扩大商圈，打出品牌，成为全市商贸流通行业的骨干企业，为繁荣平定城乡经济，为推进我县“商贸物流重县”建设进程起到越来越重要的作用。

（山西东升煤业集团、平定县电视台）

《和谐发展看东升》系列报道之四

基地建设气势如虹

（2007年6月）

主持人：建设自己的煤矿，运销自己的煤炭，从而增强自主营销能力，从容应对市场挑战——东升人在多年的市场历练中越来越清醒地认识到了构建货源基地的重要意义。

2002年伊始，在全省各地大张旗鼓地开始兼并重组煤矿之际，4月份县政府以平政发［2002］19号文件，批复了东升并购同意、阳胜、华兴和兴裕四个煤矿的改制方案，一场关系东升改革发展稳定大局的重头戏紧锣密鼓地拉开了帷幕。

同意、阳胜、华兴和兴裕同属县营地方国有煤矿。由于历史原因，冗员多、成本高、包袱重、投入少、效益低，长期制约着企业良性运转。截至2001年底，四个煤矿不同程度地陷入了亏损严重、负债率高、运行维艰的困境之中。

东升煤业集团总经理李蔚峰：

并购四个煤矿，既是公司做实上游产业，夯实发展基础的战略决策，又是县营煤矿借助外力，脱困创新的重大举措，更是全县煤炭工业真正形成产运销一体化，煤炭经济发展一盘棋的关键所在，意义重大，影响深远。

并购工作政策性强，涉及面广，在县经贸、财政、安监、劳动、税务、审计、工商、银行等相关职能部门的大力配合下，清产核资、资产评估、债务接转、职工身份置换等各项工作有条不紊地顺利进行，确保了并购工作平稳过渡。

在累计投入近5000万元用于补发职工拖欠、支付经济补偿后，2004年，集团公司又累计投入1个多亿，对四个煤业公司的采、掘、机、运、通等各个生产系统和辅助环节进行了大刀阔斧的改扩建，促使矿井的防御抗灾能力和安全生产水平不断提高；同时通过全面推行聘用考核制，统一细化指标，严格量化考核，极大地激发了广大员工的主动性和积极性；通过与四个煤业公司敷设局域网，安装金蝶k3管理系统，实时在线监控，杜绝了跑冒滴漏；通过实行阳光作业，大型材料全部招标购进，杜绝了暗箱操作，降低了成本费用；通过坚持以人为本，积极开展培训教育，提高了员工素质，加强了队伍建设。通过以上一系列强有力的管理措施，货源基地建设成效明显，公司发展后劲显著增强。

2005年，是煤矿企业申领安全生产许可证，取得依法办矿资格的攻坚之年。东升集团以引深安全专项整治为重点，以创建安全质量标准化矿井为契机，以大力改善安全条件为途径，以确保安全生产为目标，周密部署，精心实施，辛勤努力，扎实工作，四个煤业公司不仅全部申领了安全生产许可证，达到了依法办矿标准，而且面对整顿任务重、停产时间长、地质条件差、生产周期短等重重困难，合理安排，有效组织，最大限度地实现了安全生产，矿井建设的全面推进，使公司发展后劲显著增强。

2006年，东升集团公司煤炭生产战线的广大职工紧密团结在公司董事会周围，按照既定工作方针和公司的安排部署，沉着应对各种困难和挑战，团结协作，忘我奉献，坚持科技兴企方针，扎实推进阳胜煤业公司年产90万吨改扩建工程重点项目，煤源基地建设取得新成果。加大安全投入，引深专项整治，集团公司继续对四个煤业公司加大安全投资，逐步改善了安全生产条件；围绕质量标准化，提升安全生产水平；强化安全培训，提高全员素质，东升坚持“管理、装备、培训”并重的原则，扎实开展了安全培训教育活动，在大力改进安全装备的同时，切实加强了安全管理；严格成本控制，提高经济效益，在生产经营过程中，各煤业公司严格了内部管理、核算、考核、奖惩制度，根据实际各公司调整了用工制度和工资分配模式，尤其是全面实行了材料和成本的控制，全员工效比计划提高0.11吨/工；扎实推进科技进步和全面质量管理工作，科技创新实现了突破。通过全方位努力，东升集团超额完成当年任务，煤矿安全生产再创新局面，煤源基地建设取得新成果。

（山西东升煤业集团、平定县电视台）

《和谐发展看东升》系列报道之五

秀美花园扮靓城东

（2007年6月）

主持人：观众朋友，今天我们向大家介绍东升集团房地产开发产业的扛鼎之作——东升花园。

2003年4月，东升花园在原水泥厂一片废墟上破土动工。短短四年之后，39幢风格迥异的新楼拔地而起，将县城东部装扮成一个颇具现代气息的新城。

东升集团董事、副总经理李福盛：

东升花园小区是县委、县政府提出“城建东扩”的首批建设工程，由东升集团东升恒泰房地产开发有限公司负责开发建设。2002年冬季拆除原水泥厂后，于2003年4月份动工，投资上亿元，分四期工程进行施工。一、二、三期工程相继在2004年7月份、10月份、2006年11月竣工，千余套商住房现已全部交用户使用，四期工程正在建设之中。东升花园努力在园区美化、绿化、环保上做文章，立足建设全县一流的标志性建筑，取得了良好的经济效益和社会效益，成为阳泉小区绿化的亮点和闪光点。

小区总占地面积达200余亩，总建筑面积22万余平方米。酒店、商店、医院、学校、幼儿园、文体活动中心等功能性建筑4.5万余平方米，其建筑物均为欧式风格，布局合理，色彩大方，彻底改变了传统的直线布局方式。

小区北面沿街是东升市场商业广场，“孺子牛”铜雕象征东升人脚踏实地为民造福的创业精神，夜间霓虹灯、景观灯五光十色、十分迷人。

小区东西两座大门，可供车辆出入。中间设步行凯旋柱廊大门，建音乐喷泉广场，“平定八景”大壁画光彩夺目。区内道路幽畅，楼倚园林，乔灌花草藤树其及亭台楼阁一应俱全，双车道、单车道、人行道齐备，路灯林立，可为小区居民出则入市、入则安居、购物方便、就医方便。

居民文化娱乐有场所，体育活动有器械，休闲有亭园，三季有花草，四季见常青，绿树成荫，鸟语花香，展示了人与自然的和谐共处。

东升花园园林建设是小区工程的重要组成部分。因此，该区建设本着楼宇与道路、绿化与园林、主体与附属同时规划、同时设计、同期施工、同期竣工的原则，适当放宽楼宇距离，扩大绿地面积，其中一、二、三期园林绿化占地62亩，绿化面积占总面积的38.75%。五年之后绿化覆盖率将不低于45%，小区住户人均绿地面积9.8平方米，达到市规定的园林绿化标准，东升花园绿化园林工程计划总投资420万元，其中一、二、三期园林工程由江苏常州振兴园林绿化工程有限公司负责管理，实际投资320万元。目前从整体绿化生长情况看效果较佳，经县城建局及有关部门验收，为园林绿化达标工程。

东升购物中心、灯饰城两座商城与东升市场遥相呼应，构成东升商圈新的景观；欧式风格的东升幼儿园风格独特，已成为儿童健康成长的乐园。东升医院、建设银行阳泉分行平定城东分理处、东升农村新信用合作社、县直机关幼儿园东升分院、中国网通平定分公司东升社区服务中心、平定县邮政局东升支局、中国财保平定分公司东升社区服务中心，成为东升社区的重要配套设施；特别是新近建成的东升文体活动中心，不仅专门建设了门球场、篮球场，还投资在广场上设置了各类健身器材，每天早上或者闲暇时间，社区内的居民便在此活动锻炼，极大地丰富了居民的业余文化生活。广大业主徜徉在花园、草坪，流连在古色古香的亭台、楼阁之中，让我们听听他们的心声吧。

花园业主、市场商户李东明：

我是东升老商户，多年在东升市场经营建材，东升市场是我事业的发祥地，去年在东升花园买了一套房。这里的环境好，孩子上学也方便，选择东升花园对我照顾家庭，经营摊位，实在是太方便了。

以居住环境幽雅，配套设施完善著称的东升花园住宅区交付使用，一大批住户已经入住，作为配套服务管理的东升物业公司应运而生。仅仅一年多时间，公司以其完善、周到、人性化的服务，赢得了住户们的普遍赞誉。

东升物业公司经理王旭升：

东升物业管理有限公司成立于2005年7月份，现有员工54名，下辖保安、门卫、清洁、维修、绿化、收费等部门。公司坚持把为业主提供完善、优质的服务作为公司宗旨，立足建设一流生活环境，从整章建制入手，完善制定了管理制度，严格考核，促进了保安、卫生、维修、园林绿化管理工作的开展。通过努力，小区居民逐步形成“爱我家园，人人有责”的思想认识，东升花园小区逐步创建成为全市现代化模范小区，为平定五年内创建国家园林县城做出更好的成绩。

随着住户的不断增多，物业公司继续加大工作力度，创新机制，强化管理。人性化的服务，让住户们在安全、方便、舒适的同时，更增添了几分温馨。

主持人：东升花园的开发建设，无疑是东升集团的大手笔，在短短的四年时间中，东升人以拼搏创新的精神，创造了平定建筑历史上的奇迹，无论是速度还是质量，都是前所未有的。

（山西东升煤业集团、平定县电视台）

《和谐发展看东升》系列报道之六

城建拉动绘宏图

（2007 年 6 月）

主持人：观众朋友，近年来，东升集团积极贯彻县委、县政府县城东扩战略，为促进县城东扩，致力打造县城标志性建筑——东升花园，在取得经济效益和社会效益双赢的同时，突显了城建拉动效应，使得县城东部迅速繁荣起来。

东升市场经过十年发展，今天已形成辐射晋东数县以及市县周边地区的大型物流集散地。而东升花园的开发建设，又为日益成熟的东升商圈集聚了大量人气。

东升商贸公司总经理刘君明：

东升的高速发展，吸引了各界人士的关注，平定建设银行、平定信用社、平定网通公司、平定邮政局、平定县机关幼儿园、平定县医院等企事业单位，纷纷看好东升这一黄金地段。东升的人流、车流、物流与日俱增。东升正在成为平定县商贸流通的龙头和小城镇建设的亮点。

随着东升商圈的形成，义祥汽修、再乐公司、隆鑫摩托、娘子关大酒店、汇丰商业区、豫泉酒家、健康大厦、煤气公司、平定综合大楼以及山海天假日酒店、金源国际酒店等企事业单位把县城东部与东升连为一体。2005 年元旦，东升新区暨东升购物中心、东升电器城、东升纺织品城剪彩仪式隆重举行。2005 年 3 月，平定路东段改线工程开工并于年底前竣工使用，极大地拉动了县城东部的整体开发，推动了东升商圈的环境改善。特别是到 2006 年 3 月，平定县综合办公大楼落成典礼仪式隆重举行，平定县政府东迁东升一带，县城的政治、经济、文化中心逐渐东移，东升逐渐成为一座新兴的市镇。5 月 7 日，平定解放六十周年庆祝大会在平定县综合办公大楼广场隆重举行，进一步将东升新区的区位优势凸显，聚集了人气，促进了东升的繁荣。

主持人：从十年前的不毛之地，发展到今天的新型市镇，东升人凭着百折不挠的意志，负重拼搏的精神，用心血、用汗水，为我们描绘出一幅全新的发展蓝图，为平定县城经济和社会发展的繁荣做出了自己的贡献。我们相信，在市、县党委政府的正确领导下，东升集团一定会再接再厉，为实现现代企业的目标，为县城东部的繁荣做出更大的成绩。

（山西东升煤业集团、平定县电视台）

《和谐发展看东升》系列报道之七

体制创新铸就企业发展之魂

（2007 年 6 月）

创新，是一个国家兴旺发达的不竭动力，是一个民族进步的灵魂，更是企业发展壮大的根本。采访中，笔者在东升集团采访随时都能感觉到无处不在的创新气息，无论是在繁华涌动的东升市场，还是在生机盎然的东升花园，无论是紧张忙碌的发运场面，还是繁忙有序的煤矿生产场面，以及热气腾腾的煤矿改扩建工地，小到一颗机器上的螺丝，大到一道生产工序，无不体现出东升人的独具匠心。

问渠哪得清如许，为有源头活水来。一个以煤炭生产发运为主业的中型现代企业如何能在激烈的市场竞争中保持持续的发展势头？一个产业单一的股份制公司如何能在短短十年间迅速成长为多元产业、多业并举的实体型公司？其中有一点可以肯定那就是从领导班子的决策到全体员工的团队精神，都充满了一种改革的精神，一种创业的激情，一种创新的意识，正是由于公司坚持求真务实、与时俱进的企业精神，公司才一步步地发展壮大，正是由于公司领导班子始终高擎着改革创新的旗帜，公司才实现了跨越发展，正是由于建立了完善的现代企业制度，企业才保持了旺盛的活力，在各个方面都取得了令人瞩目的辉煌成就。

入世后，众多企业纷纷惊呼“狼来了”，而东升集团的发展却一直突飞猛进。董事长王伸的分析一语中的：

山西东升煤业集团董事长王伸：

要想在竞争中求生存求发展，就必须牢固树立创新意识，深化改革，创新体制，规范完善现代企业制度，才能推动公司持续快速健康发展。

发展是硬道理，改革是主旋律。多年的工作实践使王伸和公司一班人越来越坚定了“发展必须改革、改革必须创新”的思想认识。如何妥善解决 3000 名员工的后路问题，一直是王伸和班子成员极为关注、致力解决的重大课题。集团的成立标志着公司在体制转轨和增长转型上实现了历史性突破，这是公司历经十年改革创新艰辛探索的结果。正是由于王伸和班子成员都能够把职工未来的出路作为工作的出发点和落脚点，敢于承担风险，勇于挑起重任，将压力变为动力，公司才一步步地实现了机制创新。正是由于长期以来始终坚持自主改革、自担风险、自我发展、自强不息的“四自精神”，才使公司形成了由国有资产、职工个人入股、吸纳用户资金的资本多元、股权多元的格局。特别是通过实体化运作，使职工在企业拥有了股份，成为企业的股民，参与企业的改革发展，凝聚了职工的人心，职工不仅是企业的经营者、管理者、劳动者，而且成了资产的拥有者，成为企业真正意义上的主人翁，从而形成了一种人心思进、共谋发展的大好局面。通过体制创新，培育新的经济增长点，实现了产业多元化，解决了今后“人往哪里去，钱从哪里来”这一困扰公司改制的老大难问题，走出了一条体制改革的新路。职工兼有集团公司员工、公司股民等多种身份，确保了公司职工在今后仍能有活干、有钱挣、有饭吃，妥善解决了3000多名员工的生存问题，开拓出了一条市场经济条件下维护职工根本利益的后路。由于既考虑到企业发展，又立足县域经济整体发展，统筹兼顾推动改制，实践出了一种条块双赢，协调发展的新思路。

东升之路是一条富有传奇色彩的改革之路。20世纪90年代中期以后，随着我国市场经济体制的逐步建立完善，以王伸为舵手的公司领导班子强烈地意识到，单靠单一产业，不按照市场经济的规律加快自我发展，一旦形势变化，公司就面临着倒闭的危险，几千名职工几千个家庭的出路就面临着严峻的挑战。为此，他们居安思危、未雨绸缪，他们按照党的十四大提出的建立社会主义市场经济体制的改革目标，以及省市县关于深化企业改革的有关要求，在全县率先进行了股份制改革的大胆探索。

1996年，他们抓住高速公路建成通车的有利机遇，果断迈出了向商贸产业进军的关键一步——在距离平定县城3公里、太旧高速公路入口处附近，购买了一片闲置的厂房和土地，斥资兴建东升市场，创办东升商贸公司。东升市场扼守阳泉市通过平定连接太旧高速的咽喉要道，拥有得天独厚的地理优势。它的建立，不仅极大地繁荣了地方商贸流通，拉动了地方经济的发展，而且培育了公司新的经济增长点，拓展了公司的发展空间。

东升商贸公司副总经理张秀屏：

目前，该市场拥有集高档化、精品化、时尚化为一体的东升购物中心、灯饰城、电器城三座商城，有农贸、建材两个专业市场，综合市场一座批零市场，已经成为晋东重要的物流基地。

东升市场的创办，拉开了东升深化改革、持续发展的帷幕，为公司后来的一系列改革提供了有益的启示，奠定了良好的开端。2001 年，公司确定了“以股权换市场”的发展思路，整合电厂用户、煤矿和系统职工合股基金会，按照互利互惠、共同发展的原则，组建了东升洁净煤有限公司，建立了具有法人资格的经营实体，标志着公司走上了煤矿、煤站、用户连为一体的集团化发展路子。

2002 年，围绕建设货源基地的战略构想，他们在平定县政府的带领下，由政府控股，东升洁净煤有限公司参股的方式，对阳胜、同意、华兴和兴裕四个县营煤矿实施并购重组。不仅推进了县域煤炭资源的整合和县营煤矿的改制，推动形成了煤炭产运销一条龙发展格局，而且使公司发展拥有了坚实的货源基地，发展后劲不断增强。

改革是东升发展的不竭动力。东升人都知道，开弓没有回头箭，只有坚持改革创新，才能实现自主永续发展。他们没有满足于已经取得的成绩，像一匹奔腾的烈马，继续顺应时势在改革的道路上大刀阔斧地挺进。2003 年，党的十六届三中全会召开，通过了《中共中央关于完善社会主义市场经济体制若干问题的决定》。东升人审时度势，紧紧抓住这一大好发展机遇，大力拓展经营领域，积极实施公司多元化发展战略。首先，组建了东升广告有限公司，发展报纸、电视印刷广告，迅速成为平定广告业的新锐。随后，利用县城东扩的契机，注册成立了东升房地产开发有限公司，进军房地产领域，投资购买了毗邻东升市场的 170 亩土地，采取多渠道集资方式，开发了总建筑面积 20 方米的东升花园，在为小城镇建设做出积极贡献的同时，也为企业创造了可观的经济效益。

实行股份制改造，走集团化发展道路，是东升人深化改革的又一历史创举。2004 年，东升人迎来了在东升集团公司改革发展史上具有里程碑意义的一年。他们积极响应省、市、县各级政府关于“加快集团化发展”的号召，大力实施了股份制集团化重组。根据平定县政府平政发［2004］36 号、50 号文件精神，经县、市、省工商局逐级核准，按照《公司法》以及相关政策规定，严格遵循有关法律程序，整合山西东升恒泰商贸有限公司、山西东升恒泰广告有限公司、山西东升恒泰房地产开发有限公司、山西东升同意煤业有限公司、山西东升华兴煤业有限公司、山西东升兴裕煤业有限公司、山西东升阳胜煤业有限公司、平定县东升物业管理有限公司八个公司组建成立了山西东升煤业集团有限公司。集团公司建立了政企分开、产权清晰、权责明确、管理科学的现代企业制度，成为了自主经营、自负盈亏、自我约束、自我发展的法人实体和市场竞争主体。步入了健康发展的快车道。

2006年底，按照党的十六大和十六届六中全会精神，在县委、县政府的领导下，他们继续深化企业改革，以资本为纽带，通过吸纳职工资金，对四个煤业公司资本结构进行进一步的股份制改造。按照国家和省市“国退民进，集退民进”的要求，为了做大做强集团公司，经公司董事会研究并报请县政府批准，公司通过向员工筹集借款以及其他渠道等多方筹款，交纳了资源价款，从而完成了所属四个煤业公司资本结构的进一步改造。这是公司继2002年并购煤矿和2004年对四个煤矿进行股份制改造，分别变更为有限责任公司，整合组建东升集团后，集团公司进行的第三次改制，标志着东升集团已经成为适应市场竞争，符合现代企业制度的大型集团。

（山西东升煤业集团、平定县电视台）

《和谐发展看东升》系列报道之八

机制创新激活发展活力

（2007年6月）

机制创新是企业发展的保障。东升煤业集团能够在短短十年时间顺应时代发展潮流，转变经济增长方式，夯实做大做强基础，提高自主创新能力，走上持续、快速、协调、健康发展道路，呈现出国家增税、企业增效、资产增值、员工增收的良好局面，实现企业规模不断壮大，经济效益稳步增长，社会贡献日益凸现，成为县域经济建设的重要支柱。与持续不断地进行管理创新密不可分。

近年来，东升煤业集团在推进现代企业制度，建立公司法人治理结构，转换经营机制等方面都进行了有益的探索，取得了积极进展。集团实行集中决策、分层管理、分散经营，集团理事会是集团的管理和决策机构，母公司是财务和投资中心，负责研究和制定发展规划、投融资决策、从事资本运营、监控经济运行等情况，在集团中居于主导和核心地位，对外代表集团，对下属公司的经营者进行聘任、考核和解聘。母公司向下属各公司派出董事长或董事以及监事，通过股东会、董事会和监事会，决定公司经营方针、投资方向、选择经营者及利润分配等重大经营管理事项和决策，对公司的经营管理活动进行监督管理。集团下属公司相继完成了公司制改革，成立了董事会和监事会，对股东大会负责，形成各负其责、协调运转、有效制衡的公司治理结构。实行董事长领导下的总经理层层负责制，全面管理企业，在经营机制上建立全面适应市场的管理体系。逐步建立起以人本管理为主线，以提高企业经济效益为中心，以增强企业核心竞争力为出发点，科学、高效、公平、竞争的现代企业制度，实现了政企分开，产权明晰，责权明确，管理科学。

东升煤业集团在企业内部劳动、人事、分配制度方面进行了配套改革，积极推行岗位责任制考核办法，定岗定责，一岗一酬，量化经济指标，细化岗位职能，对广大干部职工实行全面实绩考核，逐步建立起干部能上能下、人员能进能出、工资能高能低，优胜劣汰、适应企业发展的管理制度，做到了有章可循、有章必循、违章必究、从严治企。

强化人事管理，在公司机关推行以岗定人，在煤业公司推行以产定人，在非煤产业推行以效定人，不断引深用人制度改革，建立健全靠能力竞争上岗，靠制度考核管理，靠业绩决定任免，从而形成“在岗要受控，升迁靠竞争，届满要轮换，末位要淘汰”，能者上，平者让，庸者下，人尽其才、才尽其用的良好用人机制，充分调动了广大员工的积极性、主动性和创造性。

东升集团公司副总经理祁爱生：

铁路营销方面，面对用户对煤炭质量的严格要求，多方协调，使煤源组织工作落到实处。面对煤质较差的资源现状，科学配煤，煤炭质量稳步提升。在进站煤质的管理上我们采取了煤场、运输、煤矿三位一体的联动管理责任制，保证了上站煤的入库煤质。继续以市场需求为导向，以促销增收为目标，以铁路运力为保障，强化市场意识，提高竞争能力。加强矿站的产销联系，形成一体化营销格局。建立起从井下采掘到坑口筛选，从煤矿把关到铁路装运，从协调车站到沟通用户，层层制约，环环相扣的质量保证体系，确保煤炭销售攻坚克难稳中有升。

乱流煤站站长王华平：

在煤场管理上，实行三级负责制，站长负总责，科长对站长负责，员工对科长负责。首先我们加强了入库煤质的管理，做到优、劣煤单独堆放；其次坚持科学管理采、制、化长效工作机制，及时掌握煤质状态，调整配煤办法，从而确保了用户的质量需求；再次用足机械设备满负荷工作，既达到了均匀科学地配煤，同时又缩短了龙门吊装车时间，为促进全站发运效益稳步攀升打下了坚实的基础。

东关煤站站长陈广胜：

在运输管理上我们经常召集上站车辆承运司机召开专题会议，统一思想，统一要求，统一管理，服从调度，遵章守法；在煤矿煤质管理上，由分管领导带队，定期不定期地进驻各上站煤矿，进行现场监装，及时指导煤矿销售人员，向矿领导通报煤炭销售质量情况，并提出整改意见。通过上下努力工作，保证了上站煤的入库煤质，确保了我站上站煤发热量基本达到了用户的要求，赢得了用户信赖、满足了用户需求。

东关煤站党支部书记张志峰：

我站始终紧紧围绕公司“企业集团化、产业多元化、煤炭洁净化和建立符合现代企业制度要求的大型企业”的战略目标，充分发挥煤站溶于煤矿和市场之间的桥梁和纽带作用，创新思想观念，动员组织全体干群不折不扣参与公司整体运作等战略举措，促进集团工作的整体发展。

四个煤业公司领导实行年薪制，其他公司领导实行目标责任制，一月一考核，一季一兑现，奖优罚激励机制和考核机制促进了管理素质的提升。通过机制创新，管理逐步实现科学化。

（山西东升煤业集团、平定县电视台）

《和谐发展看东升》系列报道之九

营销创新推动企业占领市场

（2007年6月）

营销创新是企业发展的手段。对此，东升煤业集团王伸总经理有着深刻的感悟：

东升煤业集团董事长王伸：

作为企业持久的生命力，它都必须在创新中不断地成长，所以我认为创新是企业的生命，而且是企业永恒发展的一个最终目标。作为企业走向市场的关键环节，营销更是企业的生命线，必须不断创新，才能使企业永远焕发生机与活力。

2001年，国内煤炭市场开始复苏，东升决策层科学地分析市场发展形势，没有被短期利益所动，而是与石家庄热电厂等重点用户签订了“建立战略性合作伙伴关系合同”，承诺：无论今后煤炭市场如何都将信守合同，最大限度地维护广大用户的利益。正是凭着创新的思维和敏锐的洞察力，前几年，在煤炭市场低迷时，虽然煤炭销售受阻，但用户仍然优先选择该公司作为固定供应商。

长期以来，东升在完善质量管理机制的同时，坚持以客户为中心，及时识别和研究客户明确和潜在的需求，在市场营销过程中加强对客户信息的收集和处理，建立完善的质量信息传递网络，对质量信息反应敏捷，及时处理各种已发生或将可能发生的质量事故，增强企业对客户需求和期望的调查、识别和反应能力。

加强营销管理。围绕重点用户石家庄电厂建立稳定的营销网络和信息网络，通过网络与用户建立联系提供服务，从而逐步使企业实现由传统的管理模式向高科技管理迈进，为企业拓展出更加广阔的发展空间。继续强化煤质管理，下大力提高各发运站职工的质量意识和工作责任心，把好煤炭的坑口关、上站关、验货关、装车关、采样关。建立严格的责任制，把质量好坏与职工的收入联在一起，切实保证煤炭质量，发好煤，为用户服好务。

东升煤业集团副总经理史新华：

在提升煤炭质量方面，东升集团要求公司上下树立商品煤意识，努力实现以煤炭质量开拓市场，占有市场，达到“以质量求生存，以效益谋发展”的目的。集团公司成立了专门的煤炭质量管理领导组，将煤炭质量指标完成情况列入年度考核方案，煤炭质量实行超灰、超含矸率扣产制度，实行以月考核，当月奖惩兑现。

东升煤业集团矿产管理部总工程师李仲科：

各煤业公司将提高煤炭质量的措施纳入生产文件和规章制度中，采掘工作面作业规程必须包括提高工程质量和产品质量的措施。月生产作业计划必须将质量指标落实到区队和队组，作为区队职工的当月奋斗目标。调度分析会要像分析安全生产情况那样分析产品质量指标完成情况。各单位建立健全煤质检查制度及方法，并按制度规定严格执行。在加强井下煤质管理工作的同时，加强场面煤质管理工作，努力提高煤炭筛选加工能力。通过努力，切实将煤炭质量提了上来。

在市场营销活动中，东升集团处处为用户提供完善的服务，主动走访用户听取意见，千方百计采取措施，最大限度满足用户的需求。常常是客户一个电话打过去，东升集团发运、化验人员就会迅速跟进，及时调整上站煤，满足用户需求。这种服务策略不仅有效提升了企业的对外影响，还为企业营造了良好的竞争优势。

（山西东升煤业集团、平定县电视台）

《和谐发展看东升》系列报道之十

技术创新加速企业腾飞

（2007年6月）

技术创新是企业发展的根源。

东升煤业集团总经理李蔚峰：

从2002年5月13日开始，东升并购华兴、同意、兴裕煤矿、阳胜煤矿后，公司健全组织机构，设立了矿产管理部，逐步完善管理制度，充实队伍，明确科室职责，全力落实煤矿经营管理工作。对采掘进行整体布局，核实了储量、运量；对各矿的资产进行核实，摸清家底；对各矿的成本，销价进行初步测算，确定经营目标，做到责任到矿；进一步健全安全生产管理一系列规章制度，层层落实安全责任制，完善井上下安全设备设施，为实现安全生产奠定了基础，各煤矿生产步入正常化，职工思想稳定，安全状况改善，产销实现平衡，经营效益得到提高，为公司可持续发展创造了有利条件。

2005年，是东升集团彻底淘汰落后生产工艺，全面上马壁式新采工作面的第一年。四个煤业公司充分利用新采工艺，开足马力积极组织生产，不仅创出了历史最好水平，而且实现了安全生产有保障、煤炭产量成倍翻、资源回收率提高、服务年限再延长、管理步入正规化、广大职工得实惠的良好效果。

集团公司一直对四个煤业公司不断加大安全投资，在逐步改善安全条件的基础上，2005年又累计投入专项整治资金2000余万元，新上了一大批新装备、新设施，极大地提高了矿井的防御抗灾能力。四个煤业公司全部实现了双回路供电入井；为阳胜、兴裕、华兴煤业公司增设了瓦斯抽放系统；为华兴、兴裕煤业公司更换了主提升绞车；为同意煤业公司更换了主扇，安置了暖风炉；为四个煤业公司购置更换了瓦检仪、自检器等各类仪器和煤安设备等120余台（件）。

2006年，集团公司继续对四个煤业公司加大安全投资，逐步改善了安全生产条件。同意煤业公司进一步引深专项整治，投巨资购置了报警矿灯、自救器、瓦斯传感器探头，充实了仪器、仪表；兴裕煤业公司投资完善和改造了矿井瓦斯监测和瓦斯抽放系统以及井下防治水等，构筑了安全网络体系，夯实了安全基础。四个煤业公司共投入1000万元，对安全设施进行改造，使矿井防御抗灾能力不断增强。公司扎实推进科技进步和全面质量管理工作。推广应用锚喷、锚索、型刚可缩支架，取代了传统的木棚、发碹支护方式；积极采用走向长壁低位放顶煤方法，取代分层采、开天窗采煤工艺；新技术、新工艺的应用效果显著，矿井网络化建设进展加快，科技创新实现了突破。

（山西东升煤业集团、平定县电视台）

《和谐发展看东升》系列报道之十一

创新发展思路提速企业发展

（2007 年 6 月）

东升煤业集团董事长王伸多次在不同场合指出，务本责实，加快发展，是当前东升煤业集团最紧迫、最重要的任务。

山西东升煤业集团董事长王伸：

我们要有危机感、紧迫感，既要看到自己的优势，也要对不足、困难和问题保持清醒的认识，自我加压，变压力为动力，紧紧抓住加快改革发展这个关键，坚持“新型工业强县，商贸物流重县”，不断创新发展思路、跳出东升看东升，用战略眼光谋篇布局，靠自主创新为改革发展提速，努力打造县域性龙头企业，推动平定经济实现新的腾飞和新的辉煌。

经过十年特别是集团成立三年的发展，东升集团已经成为平定乃至晋东地区最大的商品集散地和大型物流中心和平定煤炭工业的龙头，煤炭工业经济生产要素沉淀厚实，商业基础比较优势突出，经济发展位居全市企业前列，成为平定县域经济发展的“领头羊”。如今，东升已经形成了以综合市场、建材市场、农贸市场、购物中心、电器城、灯饰城、超市为主的商贸物流业，以煤炭生产发运和发电为主的煤炭支柱产业及相关产业，以房地产开发和物业管理为主的房地产业，以报纸、印刷、户外广告为主的广告业。初步形成以煤炭及深加工为主的煤炭工业等支柱产业和商贸物流、房地产开发、广告等现代优势产业为龙头的产业体系。

“敢为人先、精益求精”的企业文化和品牌意识，使东升集团拥有了平定县首个百万吨煤矿、晋东地区最大的商品集散地和大型物流中心、全市建筑一流绿化领先的东升花园小区、全县广告行业的新锐等一批在市场上具有较强竞争力和较高市场占有率的优势产业。目前公司拥有下属公司 8 个，总资产 8 亿元，员工 3000 多人。

这一切，是东升集团的优势，也为“十一五”期间进一步加快东升集团发展奠定了坚实的基础。然而，随着经济全球化浪潮愈加汹涌，企业生存环境将更加艰难；一方面区域经济发展势头迅猛，另一方面“十一五”期间大的投资项目安排缺乏足够的资金支持；结构性矛盾突出，传统产业与新兴产业发展不协调，受国家宏观调控影响较大、资源性约束严重……如何克服这些困难和问题，创新发展思路，抢抓区域经济合作的战略机遇，迅速做大做强，把我东升集团打造成为全市煤炭行业龙头企业，是我们今后加快发展的关键。

创新发展思路，就是要力争成为全县率先实现新型工业强县的带动项目；要走出一条符合平定实际的新型工业化道路；要适应产业发展需要，建设更大规模的现代化煤炭生产基地；要加大工业发展的推动力，加快工业化进程。据此，东升集团将发挥工业优势，逐步形成以大企业为龙头、产业链为基础的产业集群，以结构调整为主线，以“大项目—产业链—产业群—产业基地”为发展路径，细化产业分工，提高加工水平，做大配套，以开放的眼光，做好产业布局，力争在新的发展中赢得更大的市场、赢取更大的发展空间。依托自主创新，改造提升传统优势产业，发挥产业聚集效应，着力发展新兴产业，不断增强工业发展后劲。以跨越式发展的思路，突出抓好重点项目建设，站在县域经济发展的高度，依托现有的产业基础和资源优势，重点培育和发展煤炭产业，大力发展现代商贸物流等第三产业，实现振兴产业、壮大企业、扩大就业。

增强自主创新能力，是东升集团加快工业发展的主题、灵魂和战略基点。当前要着力构建具有较强自主创新能力的企业创新体系，增强创新源，完善创新链，优化创新机制，激发全公司创新激情，努力造就一支高水平的创新人才队伍，打造一大批在市场上有影响的创新型项目，推动县域经济又好又快发展。

（山西东升煤业集团、平定县电视台）

《和谐发展看东升》系列报道之十二

强化安全责任确保安全生产

（2007年6月）

煤矿安全生产历来得到人们的关注。东升集团公司是如何克服各种困难，坚持把安全第一落到实处，实现安全生产的长治久安呢？带着这个问题，我们对东升集团公司进行了专题调查，从中找到了该公司强化安全生产的良方。

东升集团公司董事长王伸说，要实现安全生产就必须强化安全责任！为了强化安全责任，东升集团公司规定要事事有标准，人人有考核！

在安全管理工作中，东升集团公司运用目标管理的方法，发挥经济杠杆调节作用，注重完善激励机制，充分体现全员、全部门、全过程的现代管理思想。同时，通过强领导、严管理、硬考核，真正做到了执行制度不走样。五年来，该公司有10余名领导干部因安全绩效不佳，受到了各种不同程度的处罚，有30余名在安全生产做出突出贡献的职工被选拔到了领导岗位。

东升集团董事、同意煤业公司支部书记、副总经理刘宝国：

多年来，同意煤业公司保持了好的传统、好的做法，通过不断学习同行业在质量标准化中的好经验，每年都出台具体的安全质量标准化考核办法。由集安全科牵头组织，每月坚持对采、掘、机、运、通、地测、调度、安全管理八大项，进行大规模的检查，对各专业进行打分排队，各生产队组、采掘头面的考核结果与本部门的安全绩效工资挂钩。坚持树立样板，使员工学有榜样，赶有目标。坚持在动态上做文章，在落实上下功夫。做到了安全质量标准化与安全生产各项工作同步实施，整体推进。狠抓隐患排查到位，制定了隐患排查管理规定，形成了纵向到底，横向到边，覆盖全公司井上、井下各作业场所的隐患排查网络。同时，公司积极组织全体管理人员和广大员工学习安全质量标准、岗位操作标准，坚持进行安全标准化知识培训。通过开展岗位练兵、技术比武、技能竞赛活动，全面提高了员工素质和操作技能。

东升集团董事、阳胜煤业公司支部书记、副总经理黄银喜：

科技兴煤，科技促安。要搞好安全工作，没有先进的装备不行，没有良好的作业环境不行。为此，阳胜煤业公司把“科技兴煤”和“科技促安”作为促进矿井安全形势好转的根本措施。公司对安全资金的使用进行统筹安排，逐步淘汰更换旧设备，根据地质情况在巷道支护中，采用高强度锚杆支护系统，有效地起到了矿压监测和顶板管理的作用；采用国内先进的大功率大断面综掘技术装备，改善了员工劳动条件，加快了掘进速度，保证了井下正常生产衔接。

东升兴裕煤业公司支部书记、副总经理朱世忠：

干标准活，上标准岗。要搞好安全生产工作，首先要抓好基础工作。几年来，我们兴裕煤业公司坚持把安全质量标准化、岗位操作标准化和隐患排查网络化作为三项基础工作来抓，坚持一抓到底，抓住不放。设置专门的管理机构，配备专职人员，大张旗鼓地进行专项整治。同时，严格标准，强化现场的监督检查，使广大员工形成了“干标准活，上标准岗”的良好习惯，保证了矿井的安全生产。

东升华兴煤业公司支部书记、副总经理马健：

按照集团公司“全员、全部门、全方位、全过程”的系统安全管理原则，按照管理、监督，考核、奖罚的程序，我们华兴煤业公司对采、掘、机、运、通、地测、调度、安全管理八个专业，整章建制，建立完善了以落实安全生产责任制为中心，以强化作业现场安全管理为内容的安全管理制度。制度涵盖了井上、井下生产过程的方方面面。同时严格考核，促进了安全生产水平的提升。

干啥学啥，缺啥补啥。树立加强安全培训，提高员工队伍素质就是提高企业经济效益、安全生产水平的观念。东升集团公司采用全员参与，强化培训，保证效果，安全技术水平不合格不能上岗的办法，来强化员工的安全教育，提高员工的安全素质。公司每年都要制定培训计划，坚持做到全员培训与重点培训相结合，业余培训与脱产培训相结合，安全业务培训与新技术普及教育相结合。

近年来，该公司在录用新员工时，不管是劳务工，还是大中专毕业生，都必须通过公司统一组织的培训，考核合格后方可上岗。同时结合生产实际，本着“干什么学什么，缺什么补什么”的原则，对员工进行培训，使员工培训持之以恒，长年不断。针对技术力量薄弱、不适应企业快速发展的情况，该公司首先是对中层管理干部加强培训，举办工商管理学习培训班，聘请知名专家、教授讲课，提高中层干部科学决策、科学指挥的能力；其次是通过校企联合，选送优秀员工到大专院校深造，不断积蓄新型的安全生产人才；第三是坚持员工的日常培训，做好员工的培训计划，对特殊工种进行脱产培训，保证全体员工持证上岗。该公司还出台了专门的技能人才培训、考核、评奖办法，各队组常年结合自己的安全生产实践，开展学习培训，真正实现员工懂技术、会操作、保安全。

针对新技术、新设备的推广应用，采取走出去学习，请进来授课的办法，促使职工不断更新知识，尽快掌握新技术新设备的使用方法。他们还不间断组织开展“技术比武、岗位练兵”等活动，使职工技术素质明显提高，为搞好安全生产打下了坚实的基础。

正如东升集团公司董事长王伸所说：搞好煤矿安全生产确实难，但只要始终坚持安全第一就不难。我们公司之所以能实现安全生产，得益于始终坚持安全第一，在强化安全责任上下工夫；得益于始终坚持安全第一，在强化基础工作上下工夫；得益于始终坚持安全第一，在改善作业环境上下工夫；得益于始终坚持安全第一，在提高员工素质上下工夫；得益于始终坚持安全第一，在推进文化建设上下工夫。

（山西东升煤业集团、平定县电视台）

《和谐发展看东升》系列报道之十三

和谐之风满矿山

（2007年6月）

盛夏的东升集团所属矿井，绿荫浓浓，绿草茵茵，信步其间，让人如醉如痴。想不到矿区会有如此美景，想不到矿山会有如此魅力。

其实，早在2002年东升并购四矿前，阳胜、同意、华兴、兴裕矿可以说是负债累累，企业资不抵债，一蹶不振，死水一潭，杂草丛生，破败不堪。包括欠交养老金、失业金，欠发工资高达上亿元。而今，在东升煤业集团矿区已经发生了沧海桑田的巨大变迁。阳胜、同意、华兴、兴裕煤业公司可谓秀美如画，就连阳泉市“百项工程”促进会与会人员到阳胜煤业公司视察时，面对芳草萋萋、花团锦簇的矿区景象，感慨地说：“这哪儿像煤矿，分明是个公园。”

有人说，有的煤矿是“挖了一堆煤，冒了一股烟，黑了一条河，留下一堆渣”。但如果你到东升煤业集团所属矿区不用说黑烟、黑河、黑渣，连坑口、煤库都看不见，看到的只是人与自然的和谐。

“以人为本”、“和谐发展”是东煤人始终坚持的理念。多年来，他们在延伸煤炭产业链，着力构建循环经济体系的同时，每年都要投入大量的资金，致力于建设“天蓝、水清、山绿”的自然生态环境和安全文明的办公设施，营造良好的生产生活环境。

东升煤业集团总经理李蔚峰：

2005年，按照创建质量标准化矿井的总体安排，集团公司和四个煤业公司分别成立了标准化领导组和采、掘、机、运、通等7个专业组，大力开展了“质量标准化、安全创水平”活动。四个煤业公司共计粉刷巷道6000米，重新悬挂电缆12000米。同意、兴裕煤业公司建起了百米安全文化长廊，修缮了生产生活设施，矿容矿貌大为改观。阳胜、同意煤业公司投资260万元，分别硬化了入矿公路。经过井上井下并重，软件硬件齐抓，兴裕、同意、华兴煤业公司分别跨入全县一、二、三级质量标准化矿井。

2006年围绕质量标准化，提升安全生产水平。集团公司和四个煤业公司通过健全目标考核机制，严格考核奖惩兑现，安全质量标准化整体水平得到提高，夯实了安全管理基础。

东升同意煤业公司总经理刘富生：

去年，我们同意煤业公司开展声势浩大的安全质量标准攻坚活动，投巨资用于翻新美化围墙、铺设路沿、架设路灯、种植花草等修缮工程，矿容矿貌明显改观；井上建起了纵横交错的安全文化长廊，井下制作了安全警示灯箱，矿井面貌有了明显改观。

兴裕煤业公司总经理裴海柱：

兴裕煤业公司加大矿井安全基础设施的投入，更换主提升设备一套，通过建设安全质量标准化矿井，促进了安全生产的健康发展。

华兴煤业公司总经理杜忠良：

去年，我们华兴煤业公司组织对员工进行安全技能培训，使职工熟悉了岗位作业方法，做到了应知应会，掌握标准化工作，标准化作业，标准化操作的知识技能，为安全生产奠定了扎实基础。

阳胜煤业公司总经理郭永平：

阳胜煤业公司投资改善了职工澡堂、食堂等设施。

可以说，整个东升集团矿区绿荫环绕，美景点缀，四季花香鸟语，景色秀丽宜人，员工工作其中，其乐融融，呈现出了生产、生态良性互动，协调发展的新局面。

众所周知，煤层气不仅是煤矿发生特大事故的罪魁祸首，而且也是危害气候环境的大敌。目前采矿单位通常把煤层气直接排放到大气中。但东煤人并没有这样做，而是把煤层气作为新型能源加以开发利用，努力实现化害为利，变废为宝。他们在煤层气抽采、压缩、发电上所实施的一系列成功探索，无疑对保护自然生态环境、推动经济社会可持续发展、建设环保型绿色矿山增添了新的活力，创造了良好的条件。

一花独放不是春，万紫千红春满园。

和谐的企业生态，是东煤人孜孜以求的目标。他们在善待职工、优化内部环境的同时，始终坚持“来源于社会，回报给社会”的宗旨，千方百计实现与自然和社会的融合。他们按照平定县建设“新型工业强县、特色农业大县、商贸物流重县、文化旅游名县”的总体规划，正在努力探索以地域为基础，以环境为目标，从产业出发，共同构建和谐平定的新路子。

在安全文化建设中，集团公司坚持“以人为本”的思想，把关爱员工的生命和健康摆在了至关重要的位置，始终不渝地狠抓职工安全行为的培育，通过思想教育、文化引导和制度的约束，使职工逐步养成了文明、健康的行为规范。同时，集团还坚持不懈地开展文明、健康、积极向上的安全文化活动，如安全文艺演讲、安全事故案例教育等寓教于乐的活动，在整个矿区营造出浓郁的安全生产氛围。

在东升煤业集团，协调发展、创建和谐社会的理念已经深入人心。

人与自然的和谐：蓝天、碧水、青山为证。

人与社会的和谐：工作生活在东升的每一个人为证。

（山西东升煤业集团、平定县电视台）

《和谐发展看东升》系列报道之十四

再造一个东升集团

（2007 年 6 月）

占地 150 多亩的东升集团阳胜煤业公司年产百万吨改扩建工程项目，位于张庄镇阳胜村。在施工现场，但见：一座座巨大的建筑物拔地而起，密密麻麻的管道四通八达，各类储物罐、原料仓排列有序……

在铲车、吊车震耳欲聋的轰鸣声中，这个总投资 2 亿元的大项目，正在紧张有序的建设中初现轮廓。

只有明白这个项目能为东升集团带来什么，才能全面理解集团公司领导对待这个项目的超常热情。

煤炭是东升集团的主业，也是东升集团的支柱产业。建设货源基地是东升集团公司生存发展的根本，也是公司做实、做大、做强的基础。东升集团公司要实现可持续发展，必须按照依靠科技、争先发展的方针，走采煤技改、矿井改造的综合发展之路，大胆进行采煤方法改革，以科技手段改造、提升传统产业，解决采掘失调制约生产发展的矛盾，提高资源回收率，才能寻求到新的经济增长点，推动公司安全生产再上新水平，经营效益再攀新高峰，因此实施矿井改造，夯实煤炭生产，构建稳定的货源基地的思路成为东升集团的唯一选择。

夯实煤源基地，再造东升集团。这是王伸董事长从2002年并购煤矿后就开始酝酿的一件史无前例的大事。这是他们继2003开始投资两个多亿，利用五年时间开发建设东升花园，建设东升新区，再造平定新城之后的第二大梦想。完成这个梦想迫切需要有一个带动能力超大的龙头项目。但煤矿改扩建工程是个资金密度非常高的产业，做一个够规模的项目是需要2亿元的投入的，甚至对于一个县做成这样的项目，一个时期内也是不现实的。

就在翘首以待时，实力雄厚的东升集团推出了超大型的阳胜煤业公司年产90万吨改扩建工程项目，而这个项目就要建在平定的地面上。县委县政府主要领导非常坦率地表达了对这个项目的期待，东升集团改扩建项目建成投产后，我们可依托其先进工艺设备和巨大的生产能力，对煤炭进行深加工和再利用，真正实现从"煤"到"电"的转变，建成煤炭产业龙头企业，带动全县煤炭产业发展；通过延伸产业链条，构建循环产业链，使循环经济这一科学发展模式真正在平定落地生根。他们纷纷表示积极支持，并要求各有关部门和驻地镇村密切配合，为工程建设创造宽松环境。

"这就是我们自己的项目"，这句话是东升集团董事长王伸说的。

阳胜煤业公司年产百万吨改扩建工程项目刚刚跑齐开工手续，东升集团就召开董事会议，会议主题就一项：如何搞好建设管理。也就是在这次会议上，董事长王伸明确表示，为这个项目搞好建设管理，不仅是东升集团董事会、经理层的政治责任，也是东升集团的利益所在，这个项目上去了，不仅能带动东升集团的发展，也会为平定县域经济发展注入新活力。

东升阳胜煤业公司总经理郭永平：

阳胜煤业公司年产百万吨改扩建工程是我公司立足当前，着眼长远，坚持科技兴企，实现跨越式发展的一项"希望工程"。工程设计立足于矿井实际和发展要求，定位于建设现代化矿井的目标，时间紧，任务重，要求严格，困难重重。为了保证施工进度和工程质量，在公司的总体协调下，公司成立了改扩建工程领导小组和各专业工作组，统筹安排，分工负责；组织精锐力量承担施工任务，严格执行施工承包责任制；强化施工组织管理和工程质量管理，集中调度，不断完善施工方案，根据实际情况及时查漏补缺，优化设计。

他们明确公司党政主要领导负责，带领相关部门提供全方位服务；跑办解决各种繁琐复杂的审批手续；定期召开由公司党政主要领导和阳胜煤业公司负责人组成的联席会，随时解决项目进展中遇到的问题。公司改扩建工程领导小组经常深入企业和项目建设工地现场办公，协调解决企业发展中的具体问题。种种新举措、硬措施，有力保证了项目建设的快速推进。

（山西东升煤业集团、平定县电视台）

《和谐发展看东升》系列报道之十五

工业强县舞龙头

（2007 年 6 月）

为了确保改造工程的如期进行，东升集团在安排做好前期准备工作的同时，对施工队伍的选择和矿山设备的订购提出了明确的要求；必须要采取公开招标的形式，优中选优，既便于降低建设成本，又便于保证工程质量。

2004 年 11 月 16 日，山西东升煤业集团阳胜煤业有限公司年产百万吨矿井改扩建工程Ⅰ标段（主斜井）、Ⅱ标段（胶带运输巷、辅助运输巷、回风巷）的招标工作在集团公司举行。

2005 年 3 月 15 日，为加快东升集团阳胜煤业有限公司年产 90 万吨矿井改扩建工程建设步伐，山西东升煤业集团举行了矿山设备招标会。

2005 年 4 月 23 日，东升煤业集团阳胜煤业有限公司 90 万吨改扩建工程进入准备阶段，为挑选到一支资质过硬的专业施工队伍，东升集团举行了地面生产系统工程招标会。

作为集团公司矿井建设重中之重的阳胜煤业公司年产百万吨改扩建工程，占地量大，涉及面广，工作量非常大。

东升阳胜煤业公司工会主席时有明：

为做好 35 千伏双回路供电专线被占地村的思想工作，和村镇党政一把手亲自挂帅，组织有关部门责任人参加，联合各村两委成员，组成了联合工作组，挨家挨户上门做思想工作。在讲清补偿政策，解除疑虑的基础上，讲解长远利益。明确责任，理顺情绪，化解矛盾，动以情，晓以理，带着感情做工作，通过协调沟通会，达到了企业和村双方都满意。最终提前完成了任务，保证了项目建设工期。经过努力工作，很快顺利完成了15公里35千伏双回路供电专线安装工作。

为保障项目建设进度，集团公司党政主要领导联系各有关部门，经常现场办公，第一时间妥善解决工程建设遇到的挡手问题。

之后，工程建设按照集团公司的要求稳步推进。

东升阳胜煤业公司总工程师梁贵海：

以2004年12月1日主斜井开工为标志的井巷工程实际完成投资5786万元，开工至现在共完成进尺7979米，硐室1700米。施工期间为确保工程进度采取平行和交叉作业的方式，圆满完成了21个工程贯通，掘进工艺采用新奥法施工，综合机械化掘进，锚网喷支护、U型钢棚支护等新的施工工艺。这些都是平定煤炭历史之首例。

以2005年5月1日地面生产系统装车仓开工为标志的土建工程实际完成投资1909.14万元。重点完成了地面生产系统（井口房、筛分间、筒仓等）、主扇基础及风道、35千伏配电室、瓦斯抽放站、高山静压水池、井口等候室、综合调度大楼、综采设备材料库及机修车间、锅炉房工程正在进行。

以2005年6月1日地面主扇风机安装为标志的设备购置与安装工程实际完成投资8626.82万元，开工至今共购置和安装瓦斯抽放泵和6000米瓦斯抽放管路系统、15公里35千伏双回路供电专线、无人值守的自动化矿井地面变电站、高效节能对旋轴流式主扇风机等设备1000多台件。

在工程建设中，通过招标引入了中铁十七局等大型施工企业及上海煤科院研制的大倾角强力皮带、太原煤科院研制的EBJ－120TP综掘机等国内国际先进水平的施工队伍及设备，采煤工艺采用无锡MG－160/375大功率采煤机、郑州煤矿机械集团研制ZF4000/17/28重型低位放顶煤支架、山西矿机集团公司的SGZ－764/400重型刮板运输机配套实现综合机械化采煤。2007年1月26日，由宏厦一建安装的主斜井强力胶带机和由阳泉广源公司进行安装井下综采工作面设备成功进行了试车。

同时，运输系统实现了皮带一体化，矿井一类负荷实现了双回路供电，电气控制系统采用先进的西门子PLC自动化控制技术；本着工程建设“三同时”的原则，安全工程建设中更换了大功率的对旋轴流式局扇，加大安全设备及设施的投入，配套建设瓦斯抽放系统、安全监测监控系统，消防洒水系统、人员定位系统等设施。

2004年以来，东升集团公司向阳胜煤业公司注入了大量的资金，对该矿的地面、井下设备进行了大刀阔斧的改造，该公司已成为集团重点煤源基地之一。年产90万吨改扩建工程总概算为1.6亿元，开工以来，在集团公司的坚强领导下，阳胜煤业公司干部员工积极努力，工程进展顺利，各项任务均按计划或超计划推进。2007年3月10日进入井上下设备联合重载调试，开始进行试生产。利用6个月的时间完成改扩建的验收工程，2007年10月正式完成由基建向生产矿井转型。

东升集团公司总经理李蔚峰：

阳胜煤业公司既抓煤炭生产又搞工程建设，并且做到了底子清、进度快，工程能够紧锣密鼓地进行，实属不易，这为集团公司的发展增添了后劲，积累了经验。在今后的工作中，要继续发扬以身作则的精神，千方百计谋发展，不拘一格用人才，实事求是，顾全大局，为集团公司的发展再做新贡献。

经过两年多的紧张建设，山西东升阳胜煤业有限公司90万吨/年改扩建工程建成和投产，它将结束平定没有综合机械化开采的大中型矿井的历史，它将开创平定煤炭行业综合机械化开采的先河，谱写平定煤炭历史的新篇章。我们坚信阳胜煤业有限公司的全体员工在县委、县政府和集团公司的坚强领导下，将会以更加饱满的热情，忘我工作，克服困难，加强学习、开拓创新，为建设高产、高效矿井，为集团公司“做大、做强”再立新功！为平定经济建设再上新台阶做贡献！

谈及东升集团的前景，董事长王伸信心十足。他说，今天的东升集团不仅有投资2亿的煤炭生产基地，不仅有越走越宽的煤电一体化之路，还有能整列发运的乱流、东关两个煤炭发运站。这个投资2亿的煤炭生产基地加上同意、兴裕、华兴三个煤业公司，为集团提供了一个丰富的煤电一体化和煤炭基地，东升集团正在紧锣密鼓地实施煤电一体化以及洗煤项目，等到这些项目顺利实施后，东升集团的总体规模将可能是现在的两倍，成为县内响当当的能源巨头。

在平定县委、县政府的全力支持下，东升集团实现了“从煤炭发运到煤炭生产，从煤炭生产到煤电一体化”两个跨越。本届县委、县政府对集团的支持力度更是空前。我们坚信，有县委、县政府的全力支持，依靠集团公司员工的艰苦努力，“三年再造一个东升集团”的目标一定能实现，东升集团的明天一定会更加辉煌。

（山西东升煤业集团、平定县电视台）

《和谐发展看东升》系列报道之十六

企业文化闪魅力

（2007年6月）

主持人：观众朋友们，说起企业文化，恐怕大家都不会陌生。企业文化是一种企业经营的道德行为，是一种企业经营的价值追求，是一种企业塑造品牌的过程。而作为带领职工走过十年艰辛路程的东升集团董事长王伸，对于企业文化有着更加独到的见解。

山西东升煤业集团董事长王伸：

企业文化是企业的灵魂。它关系到东升人的士气和素质，关系到东升集团整体的精神氛围，关系到企业的凝聚力和整体的形象，而这些都直接影响到整个集团的工作效率、经济效益。

走进位于县城东大街189号的山西东升煤业集团那幢白色的总部大楼，进入大厅首先映入眼帘的是五颜六色姹紫嫣红的花坛，象征着东升人追求事业永葆青春的朝气，花坛上面“求真务实、与时俱进”八个镏金大字熠熠生辉，充溢着东升集团勇于创业，敢为人先的精神风貌。装饰一新的办公楼窗明几净，各种制度匾额上墙，员工统一着装，各个岗位均设置工作台签，各个部门均在紧张忙碌地工作，到处都体现出现代企业制度下运行有序的气息。每个办公室的墙上均挂着崭新的挂历，这不是在市场上买来的普通挂历，而是由公司自行设计制作的集团挂历。东升集团每年都要在新年前夕由自己的印刷厂推出一本反映公司改革发展成果，弘扬东升企业文化的挂历，此举不仅凝聚了职工的人心，更有力地展示了企业形象，扩大了公司的对外影响。在公司二楼的展厅里，记录着集团公司发展概况及精彩瞬间的展板直逼视野，带人们领略东升集团走过的创业路程。集新闻性、指导性、可读性、参与性与一体的《东升集团》报更是全程记录了东升集团在创业的路上每一个坚实的脚印。

这首雄壮有力、充满激情和自豪感的“东升之歌”是每个东升人都乐于吟唱的一首东升赞歌。歌词洋溢着东升人艰苦奋斗、豪情满怀、改革创新、独领风采的豪迈气势和永不停留、一往无前的进取精神和乐观情怀。在公司上下班时间或公司举办的各种活动中，都会听到这首歌。特别是2006年10月18日东升十年庆典现场演唱的《十年我们一起走过》和《十年的感动》，歌词感情真挚，曲调昂扬向上，深刻抒发了东升人创新创业、敢为人先、改革发展的豪迈气魄和进取精神。

无论是公司在每年春节前夕举行的团拜会，还是领导们大年初一冒着严寒前往慰问工作在第一线的职工；无论是公司精心组织开展的一系列全方位、多层次、宽领域的学习教育活动，还是在元宵节、三八节等节日里举办的文艺演出；无论是成功举办的“东升杯”摄影大赛，还是在东升花园中央广场举办的歌手大赛、群星风采消夏晚会……一个个令人难忘的瞬间，一幅幅动人心弦的画面，都热情赞扬了东升人团结奋斗、无私奉献的东升精神。《根在延伸》、《东升》等书籍的出版更向世人展现了新时期企业改革的沧桑巨变。

主持人：“为了这片土地的兴旺你捧出了一团火，为了这片土地的丰硕你献上去心一颗，为了这片土地的崛起你一片赤诚扎根本，为了这片土地的辉煌你一生心血壮凯歌。东升的人啊，东升的歌，东升的人啊！东升的人，东升的日月就在你的心里头，在你的心里头装着，多少收获啊多少喜悦，多少创造和拼搏汇成一曲，汇成一曲壮美的东升之歌，东升之歌。”东升集团正是因为具有一种积极、向上、健康的企业精神，在追求经济效益的同时，高举文化的大旗，唱响了文明、和谐的改革主旋律，才打造出今日独具魅力的东升新形象。正是个性鲜明的企业文化为集团改革发展提供了强有力的精神动力和智力支持，推动着企业驶上了持续、协调、健康发展的快车道！

（山西东升煤业集团、平定县电视台）

《和谐发展看东升》系列报道之十七

巍巍丰碑矗古州

（2007年6月）

斗转星移，岁月变迁，历经十年艰苦创业，走过一路坎坷，勇于争光，敢于创新的东升人，在这机遇与挑战并存，希望与艰辛并存的新世纪，正以昂扬的斗志，奋发的激情和远见卓识的气魄，书写着企业改革发展的进程中最美丽的诗篇，同时也在缔造着市场经济下改革创新的一个又一个的辉煌。

平定春光好，东升旭日红，东升煤业集团犹如从古州大地上喷薄而出的一轮旭日，充满希望和生命力，而今总资产达8亿元的东升煤业集团已经成长为平定企业界的领头羊，成为溶入市场经济大潮中破浪远行的巨轮，东升人十年艰苦卓绝的奋斗，已经成为平定经济的中流砥柱，对推动平定县域经济的改革发展，起到不可估量的作用。

东升集团结合自身优势，围绕体制创新，不断推进股份制改造，有力地推动了东升集团公司产业结构的不断创新，使集团公司逐步走上了持续快速，健康发展的轨道，经济效益和利税逐步上涨。成为平定股份制企业改革发展的一个突出“亮点”，好似三晋东大门上一颗璀璨耀眼的明珠，同时也成为了平定县域经济改革发展和体制创新的一个典范。

东升集团在不断发展壮大的过程中，屡创佳绩，荣膺多项荣誉，开创了公司改革发展的新纪元。

2000 年 11 月 25 日，阳泉工商行政管理局授予东升市场“1999～2000 年度市级文明市场”；

2001 年 2 月，东升商贸有限公司被中共平定县委，县政府评为“2000 年度红旗单位”；

2002 年 1 月，东升商贸有限公司被中共平定县委，县政府评为“2001 年度调整产业结构先进集体”；

2003 年 1 月，东升商贸有限公司被中共平定县委，县政府评为“2002 年度先进集体”；

2003 年 3 月，东升市场被山西省工商局授予“文明规范市场”；

2003 年 5 月，东升商贸有限公司被平定县政府列为平定县“十五”期间经济结构调整重点保护企业；

2003 年 5 月 23 日，东升商贸有限公司被列为平定县首批挂牌保护企业；

2004 年 1 月，东升市场荣获平定县社会治安综合治理先进单位；

2004 年 1 月，东升市场被被山西省消费者协会授予“2003 年度诚信单位”；

2004 年 7 月，东升市场被阳泉市消协授予“2002 年～2004 年度诚信单位”；

2005 年 1 月，山西东升煤业集团被阳泉市委，市政府授予“2004 年度煤炭工作模范单位”；

2005 年 2 月 25 日，平定县隆重举行三级干部即 2003～2004 年度总结表彰大会，东升集团及三个下属公司，2 名个人荣获多项殊荣；

2006 年 5 月，山西省劳动竞赛委员会授予山西东升煤业集团“集体二等功”；

2007 年 3 月 6 日，在县委、县政府召开的 2005～2006 年度总结表彰大会上，东升集团荣膺“红旗单位”、“纳税大户”光荣称号。

东升的发展也得到了各级党委、政府和有关部门领导的充分肯定和深切关怀，他们多次莅临东升，对东升的发展提出了许多宝贵的意见和建议，为东升的进一步繁荣起到了有力的促进作用。

2000 年 3 月 4 日上午，市委书记程步云一行在原县领导王元寿等陪同下，到东升批发市场进行视察。

2002 年 9 月 9 日，省工商局副局长李秀英在市县工商局领导刘昌珍，胡广瑞，赵喜玉等陪同下检查指导东升商贸市场专项整治工作。

2003 年 3 月 20 日，副省长梁滨在阳泉市委副书记刘高官，副市长王敬瑞，县领导吴学斌、李春泽、苏秀瑞的陪同下到东升调研。

2003 年 5 月 20 日，省政协副主席吕日周在市委书记程步云及县领导吴学斌等的陪同下视察东升花园建设工地。

2003 年 6 月 17 日，省政协副主席吴博威在市县领导陪同下到东升视察。

2005 年 6 月 3 日上午，山西省政协副主席吕日周应平定县委、县政府的邀请，在县文化宫举行深化改革形势报告会。原山西省人大常委会主任王庭栋也应邀出席了报告会并作了重要讲话。在报告中，吕日周副主席高度赞扬了王伸同志领导的东升集团敢为人先的改革精神，并称东升集团是平定县企业改革的典范。

2005 年 8 月 7 日，原中顾委委员、原山西省委书记王谦同志在县政协主席李铭魁、副主席王伸的陪同下到东升花园参观。

2006 年 8 月 15 日，阳泉市“百项工程”建设促进会一行二百余人在市委书记谢海、市长白云的带领下到东升集团阳胜煤业有限公司视察调研。

东升集团的发展是有目共睹的，尤其是公司的改革创新，不仅对集团公司增加效益，产业结构调整和促进公司集团化和可持续发展起到了推波助澜的作用。同时也对拉动县域经济的发展和深化全县企业改革，做出了不可估量的贡献。

年年有今春，今春花更红，回顾过去，东升硕果累累，东升人脸上洋溢着奋斗后收获的喜悦，展望未来，东升前程似锦，东升人充满创业的信心和勇气，迎接更加美好的明天。

（山西东升煤业集团、平定县电视台）

《和谐发展看东升》系列报道之十八

富而思源回报社会

（2007年6月）

研究企业文化与品牌战略是企业参与市场竞争的重中之重。为此，以王伸为首的东升人十分注重对自己企业文化的传播，注重培育品牌，构建高品质企业。恪守经营商德，树立信用商誉。积极倡导社会公德，真诚回报社会。弘扬传统美德，营造企业亲和力，取得了良好的社会效益。

“让历史告诉未来，东升人不甘平庸，要力创品牌，富而思进，回报乡梓”，这不仅显示了东升人鲜明的价值取向，更是一个企业的文化内涵和外在形象的高度统一。东升人适时地提出了“回报社会、开创未来”这一企业宗旨，体现了东升人已不满足自我发展为终极目标，更注重回报家乡，回报社会。

是啊！王伸就是这样一个不但追求利润最大化，企业价值最大化的人，更是一个充满社会责任感的人。

正是这种文化思想的指导，东升在努力发展企业的同时，通过捐助光彩事业、慈善事业、教育事业、体育事业、城市建设、抗洪救灾、扶贫帮困等，先后捐资达上千万元，树立了良好的公益形象。

1999年8月，王伸从《平定报》上看到岩会移穰村杨晓斌、杨晓东两兄弟因父母双亡，无法继续完成学业的报道时，感慨万分，立即指示东升市场经理张兵给他们送去了6000元钱的慰问金。在他的感染和带动下，许多外地的商户也纷纷解囊相助，献出了自己的一份爱心，最终使两名孤儿重新回到了学校。

2000年8月，东升又向家境贫困的本年度文科状元暂石村的刘亚男捐助了500元的学费，同年9月5日，又为9名考取大学的集团公司股东子弟颁发了4000元首批助学金。

2001年11月，东升为平定光荣院的革命老人们送去了毛毯、彩电等物品。

2002年8月30日，东升还捐助了贫困大学生王海斌，使他能“卸掉包袱，轻装上阵”，全身心投入到大学学习生活中。

2002年9月，东升站在弘扬平定文化，富而思源，富而思进，回报桑梓的高度，在上世纪三十年代平定籍女作家石评梅百年诞辰纪念之际，举办了全国楹联征集活动。

2006年10月18日东升十年庆典活动现场上，王伸董事长代表东升集团捐款20万元，用于帮扶贫困学子圆梦。

“在全面建设小康社会的今天，要让每一个东升人都富起来”，正是在这种思想的指导下，东升集团公司以及下属各公司的3000余名职工成了市场经营的主体。1996年以来，东升集团企业规模一年比一年大，经济效益一年比一年高，小康生活群体稳步扩大。东升集团还积极支持县营企业改革，下大力度安置下岗职工，同时不断提高员工的收入水平。目前，东升集团普通员工年收入人均已过1万元，成为了当地的“先富”。

东升集团职工代表：

东升的每位经营管理者和员工，虽然成为“先富”，但他们仍然为平定经济奉献着，把自己融入到家乡的发展大业中，为县域经济的伟大复兴，为平定各项基础设施的建设和完善，为全面建设小康社会贡献着自己的青春和智慧。

同时东升也给每位在这里发展的人提供了一个更加便捷、优越的环境。很多在东升经商的商户把家安在了东升这片孕育着无限生机的土地上。他们很多人在东升花园住宅区居住，东升花园里建有东升幼儿园，离东升花园不远的地方还有双语学校，可以解决了业主和住户孩子的上学问题。他们的事业在东升，家在东升，孩子在东升就近上学。可以说，他们已经真正溶入到了东升这块沃土，与东升同呼吸、共命运。

东升老商户——五金销售商户黄庭祥、谭小文：

东升发展了，东升人富裕了，但东升没有忘记社会，竭尽所能回报着社会，东升人功在当代、利在千秋的义举，赢得了社会各界的广泛赞誉和普遍好评，同时，吸引着越来越多的商家来东升经商发展，也吸引了更多的消费者来东升购物、观光。

相信昭示着希望的东升，会成为更多人关注的焦点。

（山西东升煤业集团、平定县电视台）

《和谐发展看东升》系列报道之十九

东升发展的启示

（2007年6月）

十年的沧桑，十年的风雨，今日的东升煤业集团已发展成为集煤炭生产经营、商贸流通、房地产开发、广告设计制作为一体的大型集团公司，拥有总资产8亿元，员工3000多人。下属山西东升恒泰商贸有限公司、山西东升恒泰广告有限公司、山西东升恒泰房地产开发有限公司、山西东升同意煤业有限公司、山西东升阳胜煤业有限公司、山西东升华兴煤业有限公司、山西东升兴裕煤业有限公司、山西东升物业管理有限公司八个公司，成为一个为煤为主，多种经营、跨行业、跨所有制、跨地域的产业多元、资本多元、股权多元的现代企业。

主持人：东升十年发展的成功实践中，闪耀着一个个令人瞩目的“创新”：创新经营体制，走股份制道路，全员入股筹资办市场；创新发展模式打破地域与外省合作成立洁净煤公司；在平定县域内最早并购县营煤矿；最早在平定成立以煤为主，多种经营的企业集团……

创新，为东升插上了腾飞的翅膀；创新，铸就了东升今日的辉煌。体制创新，不仅为东升煤业集团的运行市场化、股权多元化，发展集团化格局的形成提供了条件，奠定了基础，积累了经验，蓄积了力量，而且为东升煤业集团3000余名职工找到了生存发展的后路，使企业实现了持续发展。

这一个个“创新”，不仅反映出东升敢为人先、敢为人所不能的锐意改革、大胆创新精神，也体现了他们正确把握、驾驭市场经济的能力。

当前，企业改革正处于攻坚破难阶段，经过多年的改革和探索，容易解决的问题基本上已经解决了，剩下的都是绕不开、躲不过的重点难点问题。企业改革的任务还十分艰巨。这就要求我们必须像东升那样，以无所畏惧、奋发有为的勇气和气魄改革创新，勇创第一，追求卓越，积极探索解决改革发展中的重点难点问题，从而确保企业改革发展更加健康有序地进行。

在全县县营企业改革发展的历程上，东升留下了一个又一个“第一”。正是在这些“第一”的基础上，东升不断改革创新，做强做大，实现了跨越式发展。今天，我们到底要向东升学什么？我认为，主要就是学习东升的创新精神！

创新是民族进步的灵魂，更是企业发展壮大的灵魂！在改革开放中诞生的东升，创业伊始就以创新为其内涵和生命力，着力打造企业的核心竞争力。如果说，是改革孕育了东升，那么，体制创新则为东升带来了高效的驱动力和旺盛的生命力，一句话：创新成就了东升；而东升的不断探索、创新，也为深化经营体制改革和企业改革提供了有益的借鉴。

创新为本。东升集团的实践证明，市场经济条件下，企业改革发展应该搞好，可以搞好，而且必须搞好。我们期待着东升再创奇迹！

（山西东升煤业集团、平定县电视台）

《和谐发展看东升》系列报道之二十

东升明天更辉煌

（2007年6月）

2007年10月18日，对东升集团每一位员工来说是一个吉祥如意的日子，因为这一天东升集团在东升花园广场要举行盛大的庆典仪式，庆贺东升创建十周年，这是东升发展史上一次具有里程碑意义的需要永远铭记的深刻。

东升，十年前在平定地图上根本找不到的名字，如今，却因为国家、省、市、县各级报纸、广播、电视、网络等新闻媒体广为报道的一个经济奇迹——山西东升煤业集团的迅速崛起，成为晋东大地脍炙人口的一个话题。

十年磨一剑，东升经过十年发展，已经由初创期进入成熟期，跃上向大型企业集团公司发展的大平台。东升集团的迅猛发展，对于平定县经济繁荣和社会发展产生了深远的经济和和社会效益。

从经济方面上说，东升人在平定县创造了两大亮点：一是效益亮点。在短短十年，东升人把企业做到资产突破8亿元的高效企业，已成为平定经济一大支柱产业和县财政收入的中流砥柱，为平定县的社会经济发展做出了巨大的贡献。二是产业亮点。阳胜煤业公司百万吨改扩建工程在平定县煤炭生产历史上史无前例，改造竣工投入生产后将成为平定首个百万吨矿井，即将上马的瓦斯发电厂和洗煤项目，具有广阔的发展前景和强大的发展后劲，并且列入了县“十一五”发展规划，正在成为平定县新的经济增长点。

从社会效益讲，东升集团在十年的发展过程中，为平定县造就了大量的工作机会，新安排就业人数已达3000余人，且随着企业规模的不断扩大，就业机会还在持续增加。同时，东升集团先后对同意、华兴、兴裕、阳胜等濒临倒闭的县营煤矿进行了兼并和收购，使其迅速起死回生、扭亏为盈，成为县域经济新的增长点，并使1500余名员工重新回到了工作岗位上，这为解决我县的就业压力、提高人民生活水平以及社会稳定做出了巨大的贡献。

东升再就业人员长虹家电商户赵普军、儿童乐园商户郑俊清：

东升集团的崛起和发展还有着深远的战略意义。一方面，东升市场经过十年精心打造，不仅已经成为晋东地区最大的商品集散地和大型物流中心，而且使平定这个小县城，扬名省内外，吸引了众多国内商来家到平定参观、考察、投资，商户涉及十余个省市逾千家，市场商圈的不断扩大和招商力度的加大，使平定逐步被投资者熟知，东升集团已成为平定对外开放的名片。

十年来，东升人以敢于打破传统观念，勇于创新的精神影响着平定人民，在平定掀起了一股解放思想、打破禁锢、开拓创新、开创大业的创业热潮，这对于由传统工业向新科技产业的提升，对于全面实施“环境创优、外向带动、科技支撑、民营提升、赶超发展”五大战略，尽快实现平定“新型工业强县、商贸物流重县”目标有着很好的鼓舞和启迪作用。

十年来，东升人在创业过程中形成的意识超前、思维开阔的开拓精神，科学决策、永争第一的进取精神，团结互助的团队精神，勇于攻坚的自主创新精神，勤奋学习、精益求精的科学精神，更是我们做好各项工作宝贵的精神财富。

“十一五”是东升集团加速建设、扩大经营成果、又好又快发展非常重要的时期，也是深入贯彻落实科学发展观、构建和谐集团，负重奋进、大有作为的重要阶段。东升人将继续高举邓小平理论和“三个代表”重要思想伟大旗帜，坚持以科学发展观统领全局，认真贯彻党的十六大、十六届五中、六中全会和省市经济工作会议精神，特别是全县三级干部会议提出的全面实施“五大”战略，着力推进“四县”建设的要求，围绕改革、发展、稳定大局，坚持以人为本，深化改革改制，创新管理模式；夯实安全基础，强化安全生产，做实货源基地；拓宽销售渠道，狠抓煤炭质量，搞好煤炭销售；打造东升园区，繁荣商贸流通，做强非煤产业；开展培训教育，提高员工素质，提高管理水平；努力使“十一五”成为公司发展史上发展最快、创新最多、变化最大的阶段。早日把东升集团做实做大做强，为平定经济腾飞做出更大的贡献！

串串汗水映亮累累果实，行行脚印铺向成功彼岸，就向河流不可以停顿，呼吸不可以停止一样，肩负着富民强县历史使命的东升煤业集团，鼓满风帆，围绕跨越发展，锐意改革，不断创新，正以崭新的姿态向产业多元化、经营规模化、效益集约化的宏伟目标不断迈进；正以与时俱进，奋发有为的精神为繁荣县域经济进行着不懈的努力；正以百折不挠，一往无前的气势朝着做实、做大、做强的宏伟目标，乘风破浪，向新的彼岸扬帆远航，从新的起点更上层楼，创造着新的业绩，书写着新的辉煌。

（山西东升煤业集团、平定县电视台）

四 参观检查

(一) 参观视察

1999 年

11 月 30 日，阳泉市创建安全文明集贸市场现场经验交流会在东升市场召开。会议的主要任务是，学习推广平定东升、阳泉兴隆两个集贸市场的先进经验，安排部署全市安全文明市场创建工作，推动全市社会治安综合治理工作向纵深发展。会议由市委常委、政法委书记卫克兴主持，孙水生、刘建忠、王志贵、苏秀瑞等市县领导，以及来自全市各集贸市场和工商、公安等有关负责人共 70 余人参会。张兵经理介绍了东升市场“定人定位、十位联防、分层分区、联户联保、划片治理、民调疏通”的创建安全文明市场的先进经验。市委副书记孙水生指出：东升市场的创建工作搞得好，在于有一个齐抓共管的领导集体，有一套健全完善的规章制度，有一种全心全意的服务意识，有一支作风过硬的管理队伍，有一种健康向上的企业精神。

2000 年

3 月 4 日，阳泉市委书记程步云，市委常委、秘书长刘高官等一行，在县领导王元寿、王七孩的陪同下，到东升市场进行视察。程步云在听取平定县政协副主席、县煤炭运销公司经理、东升商贸公司董事长兼总经理王伸就市场建设和发展情况的汇报后，先后走访了粮油、蔬菜和综合市场。程步云对东升在积极调整产业结构、组建大市场、谋求可持续发展的做法予以充分肯定的同时，希望东升既要注重“量”的扩张，更要注重“质”的提高；要加快配套设施建设，走特色经营之路；要站在对人民生命和财产安全负责的高度，做好保卫消防工作；要积极与环保部门联系，加快对周边企业污染的治理，为东升发展创造良好的外部环境。他要求市县有关部门要同心协力，搞好东升市场的建设、培育和发展工作，真正使其发挥市场龙头的辐射作用，进而带动全县商品流通实现大发展。

6 月 2 日，市委常委、宣传部部长王克恭在县委副书记赵玉振，县政协副主席、东升商贸有限公司董事长王伸等陪同下，视察东升市场。

7月5日，省煤运总公司经理助理郑涛、多经处处长进祥冒雨到东升市场视察。

10月30日，市委书记程步云带领市四套班子领导和各县区主要领导到东升市场视察工作，要求东升市场提升经营档次，发挥龙头作用，带动产业发展。

11月20日，省煤运公司总经理谢海、党委书记王大高，在阳泉煤运分公司副经理王国珍、王洪等陪同下视察东升市场。在对综合市场、蔬菜市场和建材市场进行参观考察后，省、市领导认为，平定县煤炭运销公司在进行“二次创业”，壮大非煤产业，谋求可持续发展的道路上走在了系统前列，很有示范带头作用，经验值得借鉴推广。

2001年

4月24日，市政协副主席史吉文、张云翔在县领导任云祥、李濂、卢建国等的陪同下视察东升市场，勉励东升市场要提高经营档次，建好东升商厦，优化内外环境，壮大市场规模。

6月19日，参加全省煤运系统多经会议的省、市、县各级煤运公司领导到东升市场参观。

7月25日，省煤运公司副总经理张根虎视察东升市场，对东升市场的发展予以充分肯定。

10月16日，参加全省煤运系统（昔阳）党建工作会的300余名领导在省煤运总公司党委书记王大高的带领下参观东升商厦，王伸董事长介绍了东升市场发展历程，与会人员对平定县煤炭运销公司自筹资金建市场，连年发展不停步的经验和作法大加赞誉。

10月26日，阳泉市政协主席丁贵生在县委副书记董惠明、县政协主席李铭魁等领导的陪同下视察东升市场。

11月13日，省煤运总公司副总经理石银魁在市县公司领导陪同下到东升市场调研。

2002年

2月3日，省煤运总公司纪委副书记王全刚在阳泉分公司党委书记王建军陪同下视察东升市场。

4月13日，中国著名硬笔书法家、北京天卷席殊控股有限公司总裁席殊先生到东升席殊书屋视察指导工作，并对东升市场参观后，欣然题词：“东升市场，造市先锋”。

7月15日，参加全市上半年经济工作汇报分析会的市县主要领导和市政府职能部门负责人一行，在市委书记程步云、市长郭良孝的带领下，深入东升市场调研。

7月30日，市、县政协领导陪同海外侨胞亲属在东升市场考察。

9月5日，县政协主席李铭魁、副主席申兵乐、王桃林、王忠义带领县政协财经工作组委员到东升市场调研。原县政协副主席、县水泥厂厂长彭长安等委员对东升市场在带动周边地区发展经济，为下岗职工创造就业机会等方面作出的突出贡献表示肯定，并对市场发展提出意见建议。

2003年

3月20日，副省长梁滨在市委副书记刘高官，副市长王敬瑞，县委书记吴学斌，县委副书记、代县长李春泽，县委常委、常务副县长苏秀瑞，县政协副主席、东升商贸公司董事长王伸的陪同下，到东升花园建设工地调研。梁副省长在听取平定县建设，特别是大规模开发建设东升花园的情况汇报后，对平定县经营城市的理念和作法给予充分肯定，并强调指出：城镇化是经济发展的必然趋势，是建设小康社会的重要任务，是结构调整的重要手段，平定县一定要致力探索并总结出好的经验，为全省城镇化建设作出典范。

3月26日，市委书记程步云，市委常委、常务副市长王舰民，县委书记吴学斌，县委副书记、代县长李春泽，县委副书记王永珍，副县长张映涛等领导一行视察东升花园建设工地。程步云书记指出，作为平定县城东扩的标志工程，东升花园建设要坚持高起点、高标准，科学规划，合理布局，一步到位，真正建成全市的样板和精品工程。

4月6日，盂县县委、县政府组织本县各乡（镇）党委书记、乡（镇）长，以及城建、林业等单位领导参观正在开发中的东升花园。

5月20日，省政协副主席吕日周、市委书记程步云在县领导吴学斌、李春泽、张映涛、王伸的陪同下，视察东升花园建设工地。

6月17日，省政协副主席吴博威在市政协副主席李畴海、市政协秘书长焦希勃、县委副书记赵玉振、县政协主席李铭魁、县政协副主席王桃林、王伸、王忠义的陪同下，先后视察了在建的东升花园和东升商厦、东升农贸市场，并听取了公司领导关于调整产业结构的汇报。吴博威一行对东升不断拓宽生存空间，培育新的经济增长点的做法给予充分肯定，同时勉励东升人一定要继续发扬与时俱进、改革创新的时代精神，解放思想、实事求是、大胆尝试、积极探索，为兴县富民作出新的贡献。

6 月 27 日，省人大财经委副主任魏德卿在市人大常委会副主任张清，副市长刘兆林，县委书记吴学斌，县委副书记王永珍，副县长张映涛、张金凤，县政协副主席王伸的陪同下，视察东升花园。魏德卿一行对设计新颖、风格独特的楼盘户型大加赞赏，对东升花园指挥部狠抓安全、严管质量、打造精品的做法给予充分肯定，对规划建设东升新区的战略构想表示极大兴趣。

8 月 2 日，市委副书记、代市长谢海，副市长陈继光，在县领导吴学斌、李春泽、白宝忠、王伸的陪同下，先后视察了东升花园建设工地和东升市场。市县领导对加快建设东升商住园区表示肯定并提出希望和要求。

10 月 15 日，市人大常委会副主任王元寿，在县委副书记赵玉振、县政协副主席王伸的陪同下，视察东升花园建设工地。

10 月 21 日，县委书记吴学斌、县委副书记李建恩、副县长薛晓明深入东升花园建设工地视察。县领导对升花园工程建设进展情况表示满意，同时对建设品位高、功能全、形象新的大型商住社区提出要求。

11 月 13 日，副市长樊盛武一行在县委常委、常务副县长苏秀瑞，副县长张映涛，县政协副主席王伸的陪同下到东升花园建设工地调研。

12 月 16 日，大同县委副书记武明，在吴学斌、李维程、王伸等陪同下，到东升花园参观考察。

12 月 31 日，县委书记吴学斌，县委副书记、县长李春泽，县委副书记赵玉振、李建恩，县大大常委会主任王永先，县政协主席李铭魁，县委常委、常务副县长苏秀瑞等县四套班子领导到东升市场视察“两节”市场供应情况。

2004 年

1 月 22 日，正值农历甲申年春节，县委副书记赵玉振、县政协主席李铭魁、副县长张映涛、县政协副主席王伸，到乱流煤站亲切慰问坚守工作岗位的干部职工。

2 月 9 日，广州军区原空军中将王吉连回到家乡，在县政协主席李铭魁、副主席王伸的陪同下视察东升花园。

4 月 20 日，石家庄市南三条市场金泽广泰公司组织来自该市南三条市场、新华集贸市场、太和电子城、新华电子城的 60 名商户到东升市场参观考察。

9月11日，县委副书记李建恩，县政协主席李铭魁，副县长郜福田，县政协副主席王桃林、王伸、王忠义，以及县政协常委一行20余人，参观视察东升花园和在建的平定县综合办公大楼，认为两项工程起点高、进度快、质量好，并对东升花园的配套设施建设和物业管理等工作提出宝贵意见。

12月15日，县委副书记、县长李春泽到即将开业的东升购物中心视察。

2005年

1月18日，县领导吴学斌、李春泽、赵玉振、王永珍、李建恩、王永先、李铭魁等一行，视察东升市场"两节"供应情况。

3月3日，省委统战部常务副部长王大高，在市政协副主席、统战部部长陈保京，县委副书记赵玉振，县政协副主席，统战部部长王桃林，县政协副主席、东升集团董事长兼总经理王伸的陪同下，视察东升新区。王大高一行对东升新区的建设规模和东升集团的发展状况大加赞赏。

3月12日，省政协副主席吕日周在市政协副主席李畴海，县委副书记、县长李春泽，县委副书记赵玉振，县政协主席李铭魁，县政协副主席王桃林、王伸等市县领导陪同下，视察东升新区。在实地察看和听取汇报的基础上，吕日周一行对东升集团的改革发展给予充分肯定。

4月2日，县领导吴学斌、李春泽、王永珍、李铭魁、王伸视察新建成的东升花园一、二期工程。

5月2日，长治市黎城县政协主席蔡雷彪一行十余人，在县政协主席李铭魁，副主席王桃林、王伸、王忠义的陪同下视察东升新区。黎城县政协一行高度评价东升集团改革创新的宝贵经验和喜人成果，表示要继续加强交流，增进两县友谊。

5月3日，县人大常委会主任王永先，副主任刘爱民、白宝忠、刘选民和部分县人大常委会离退休老领导，深入东升新区调研，对东升集团对多年致力县城东扩所作的贡献给予充分肯定。

5月18日，平定籍老干部、山西省原省委副书记赵雨亭在县政协主席李铭魁、副县长张金凤、县政协副主席王伸的陪同下，参观东升花园。赵老对县城东段发生的巨大变化深表欣慰，对东升集团的发展壮大寄予殷切期望。

5月19日，县委书记吴学斌到东升花园视察绿化美化工作。

6月2日，山西省原人大常委会主任、平定籍老干部王庭栋，在县政协主席李铭魁，县委常委、常务副县长苏秀瑞，县大大常委会副主任高培先，县政协副主席王伸的陪同下，视察东升新区。王老对东升集团居安思危、开拓创新、与时俱进、敢为人先，做大做实企业，带动县域经济发展的做法给予充分肯定。

6月24日，阳泉市政协联谊会在东升商贸公司召开。参会的市政协主席宋林岭、副主席李畴海、秘书长焦希勃，及名县区政协领导参观考察了东升花园，对东升集团做实煤炭主业，做大非煤产业的经验大加推崇。

8月7日，原中顾委委员、山西省原省委书记、平定籍老干部王谦，在县政协主席李铭魁、副主席王伸的陪同下，视察东升花园。

8月12日，山西省原人大常委会副主任张邦应，阳泉市原市委副书记、纪委书记张俊华，在县城建局局长张希政、东升集团副总经理张兵陪同下，参观东升花园。老领导们走进居民家中，深入了解情况，对东升新区出则入市、进则安居的宜居环境深表赞叹。

10月12日，东升集团邀请张裕财、郑子英、史全治等县政协老领导和李土、晋如祥等政协委员参观东升花园。

10月27日，市委书记程步云率领“全市贯彻落实十六届五中全会精神，制定‘十一五’规划调研促进会”一行150余人，视察东升新区，认为东升集团坚持以结构调整为主线，促进了经济增长方式的根本转变；以市场为导向，培育了新的经济增长点；以发展潜力项目为依托，加快了县城东扩步伐。经验值得在全市推广。

11月8日，市人大常委会主任丁贵生，副主任杨清风、王元寿、张清、荆东生一行，在县委书记吴学斌、县人大常委会主任王永先、县政协副主席王伸的陪同下，到东升花园调研城市规划和小城镇建设工作，高度评价东升花园的开发建设成果。

11月8~9日，阳泉市“幼儿园环境创设和办园特色”观摩学习团一行100余人，在平定县直机关幼儿园东升分园参观学习。

11月20日，韩国太峰矿业株式会社专务理事金麒谦、崇瑞实业有限公司周爱明先生一行，在县政协副主席、东升煤业集团董事长王伸，平定县招商局局长张建华的陪同下，到阳胜煤业公司参观考察。

2006年

1月5日，市委常委、政法委书记段永章一行到东升花园视察小区综治工作，对小区各项硬件设施表示满意的同时，要求东升物业公司继续加强制度建设，提高员工素质，强化综治措施，创建全市平安示范小区。

2 月 25 日，市委副书记白云、市政府秘书长杨永生，在县委书记吴学斌，县长李春泽、县政协副主席王伸的陪同下，视察东升新区。

7 月 12 日，县委副书记、县长王银旺，副县长张映涛，视察县直幼儿园东升分园。

8 月 15 日，阳泉市“百项工程”建设促进会一行 200 余人，在市委书记谢海、市长白云的带领下，视察阳胜煤业公司，对年产 90 万吨改扩建工程寄予厚望。

9 月 16 日，大同市天镇县县乡领导一行 10 余人，在市人大常委会副主任吴学斌，县委副书记、县长王银旺，县委常委、副县长杜平华，县政协副主席王伸陪同下，参观东升花园。

10 月 13 日，省原人大常委会主任卢功勋，副主任光敏、王民，在市县领导陪同下视察东升花园。

10 月 23 日，市委常委、政法委书记陈继光，在县委书记马骥、县长王银旺、县政协副主席王伸的陪同下，视察东升花园。

11 月 12 日，市领导谢海、白云、陈继光、王湜洲，陪同香港建滔化工集团董事局等客商参观考察阳胜煤业公司。

11 月 16 日，省委特色城镇化建设督查调研组一行，在市委副秘书长戎建生、副县长张志先等的陪同下，深入东升花园参观调研。

11 月 24 日，县委书记马骥到东升集团调研，县人大常委会副主任刘选民、副县长薛晓明陪同调研。

12 月 14 日，阳泉市创建国家级园林城市现场观摩团一行，在市长白云的带领导下，到东升花园参观绿化景点。

（二）检查指导

2002 年

9 月 9 日，省工商局副局长王秀英在市、县工商局领导刘昌珍、胡广瑞、赵喜玉等的陪同下，到东升市场检查集贸市场专项整治工作。王秀英一行通过听汇报、查资料、看现场，对东升市场采取的“两账一卡”（进货台账、出货台账、诚信户销售卡），“三承诺”（不销售假冒伪劣商品、不进行价格欺诈、积极处理交易纠纷），以及“三个一”（一个预赔金制度、一个不销售假冒伪劣商品保证书、一个预赔金协议）等措施给予一致好评。

2003 年

4 月 29 日，副市长刘兆林在副县长郜福田、县政协副主席王伸陪同下，到东升花园检查防治“非典”和工程建设情况。在详细了解施工队伍防治“非典”各项措施，并对防治工作表示满意的同时，要求施工单位一定要提高认识，严格管理，既要保证施工人员身体健康，又要加快工程建设进度，切实做到“两不误，两促进”。

同日，市工商局局长郭建民一行到东升市场检查“非典”防治及市场物价等情况。

6 月 9 日，县委书记吴学斌、县人大常委会副主任白宝忠、县政府副县长张映涛，在东升商贸公司负责人陪同下，检查东升花园防控“非典”、雨季防汛工作后指出，作为县城东扩标志性建筑，东升花园一定要立足高起点、高标准、高水平，建成全县的窗口工程、精品工程、形象工程。

2004 年

1 月 5 日，县委常委、政法委书记赵珍珠，副县长张金凤带领全县“两节”期间安全消防工作检查组到东升市场检查指导工作。

2005 年

8 月 7 日，省建设厅房地产管理处处长田文林带队的山西省建筑工程质量监督执法检查组一行十余人，深入东升花园三期工程检查指导工作。

11 月 9 日，公安部消防安全督查组一行，在山西省消防总队防火部部长周旭明、阳泉市消防支队支队长魏宝成的陪同下，到东升市场检查消防安全工作。检查组一行进过认真检查，对东升市场消防工作予以肯定，同时对存在隐患提出整改意见。

2006 年

1 月 5 日，副县长张金凤带领公安、消防、安监、工商等部门人员深入东升市场检查“两节”期间消防安全工作。

11 月 3 日，省计划生育领导组一行到东升市场检查流动人口婚育管理工作，随机进行育龄妇女问卷调查，对流动人口婚育管理工作表示肯定。

五 关于东升的诗词与歌曲

十年我们一起走过

词 葛海林
田伟泓
曲 胡让士

（独唱 合唱）

1=F $\frac{4}{4}$

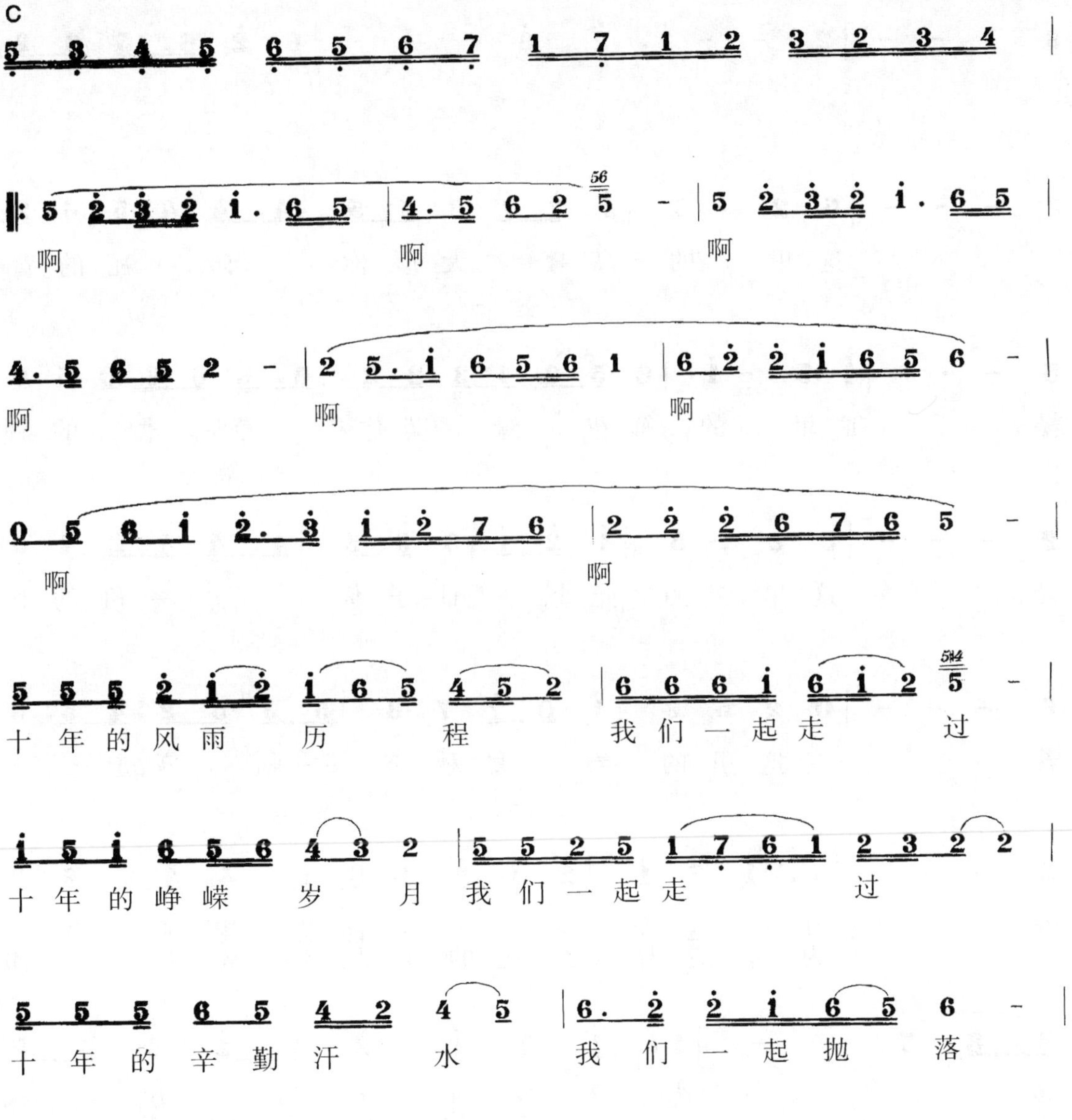

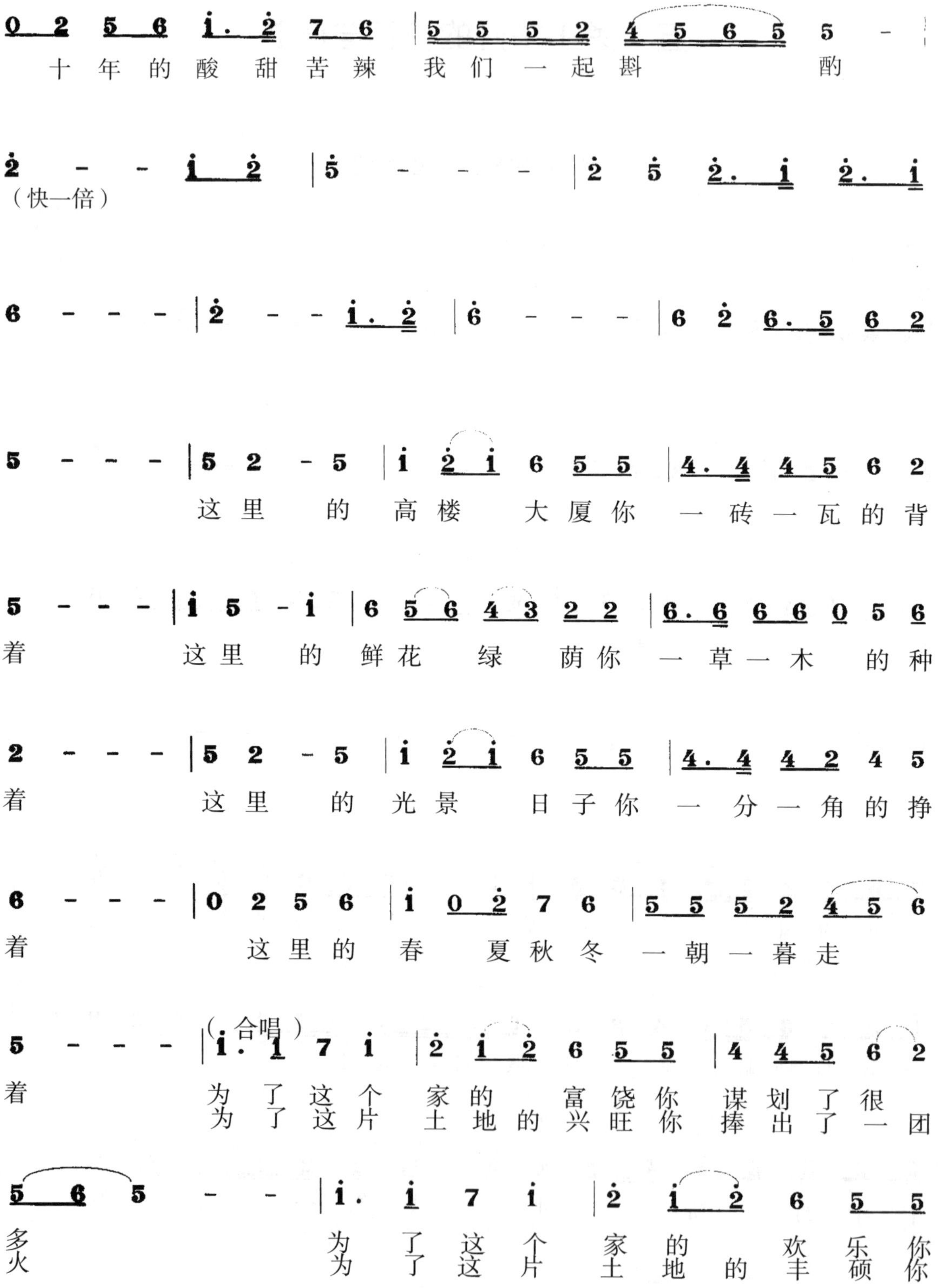
十年的酸甜苦辣我们一起斟酌
（快一倍）
这里的高楼大厦你一砖一瓦的背
着 这里的鲜花绿荫你一草一木的种
着 这里的光景日子你一分一角的挣
着 这里的春夏秋冬一朝一暮走
（合唱）
着 为了这个家的富饶你谋划了很
为了这片土地的兴旺你捧出了一团
多 为了这个家的欢乐你
火 为了这片土地的丰硕你

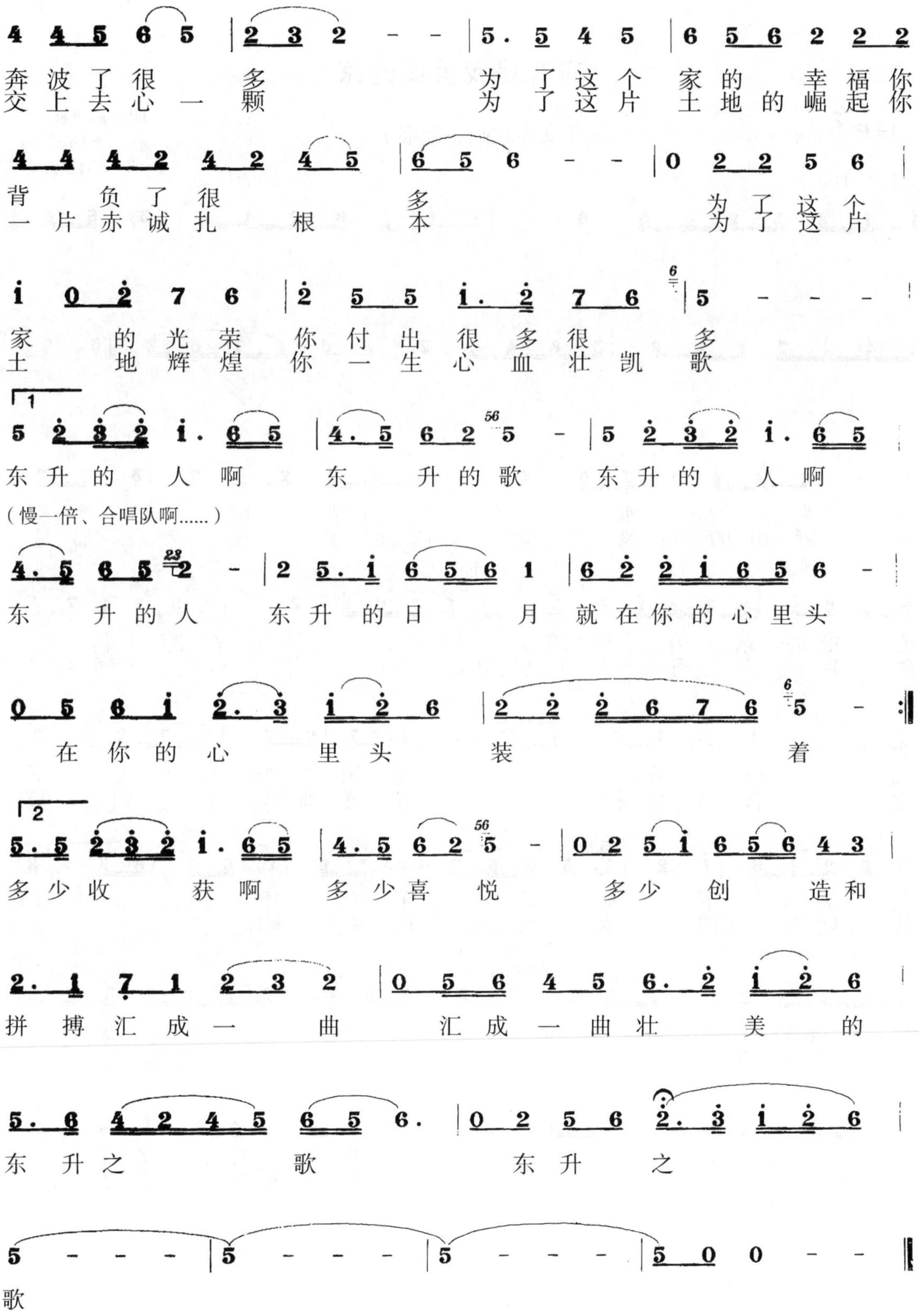
奔波了很多 为了这个家的幸福你
交上去心一颗 为了这片土地的崛起你
背负了很多 为了这个
一片赤诚扎根本 为了这片
家的光荣你付出很多很多
土地辉煌你一生心血壮凯歌
1
东升的人啊 东升的歌 东升的人啊
（慢一倍、合唱队啊……）
东升的人 东升的日月 就在你的心里头
在你的心里头 装着
2
多少收获啊 多少喜悦 多少创造和
拼搏汇成一曲 汇成一曲壮美的
东升之歌 东升之
歌

东升是我美丽的家

1=F 2/4

（女声独唱、合唱）

词 葛海林
田伟泓
曲 胡让士

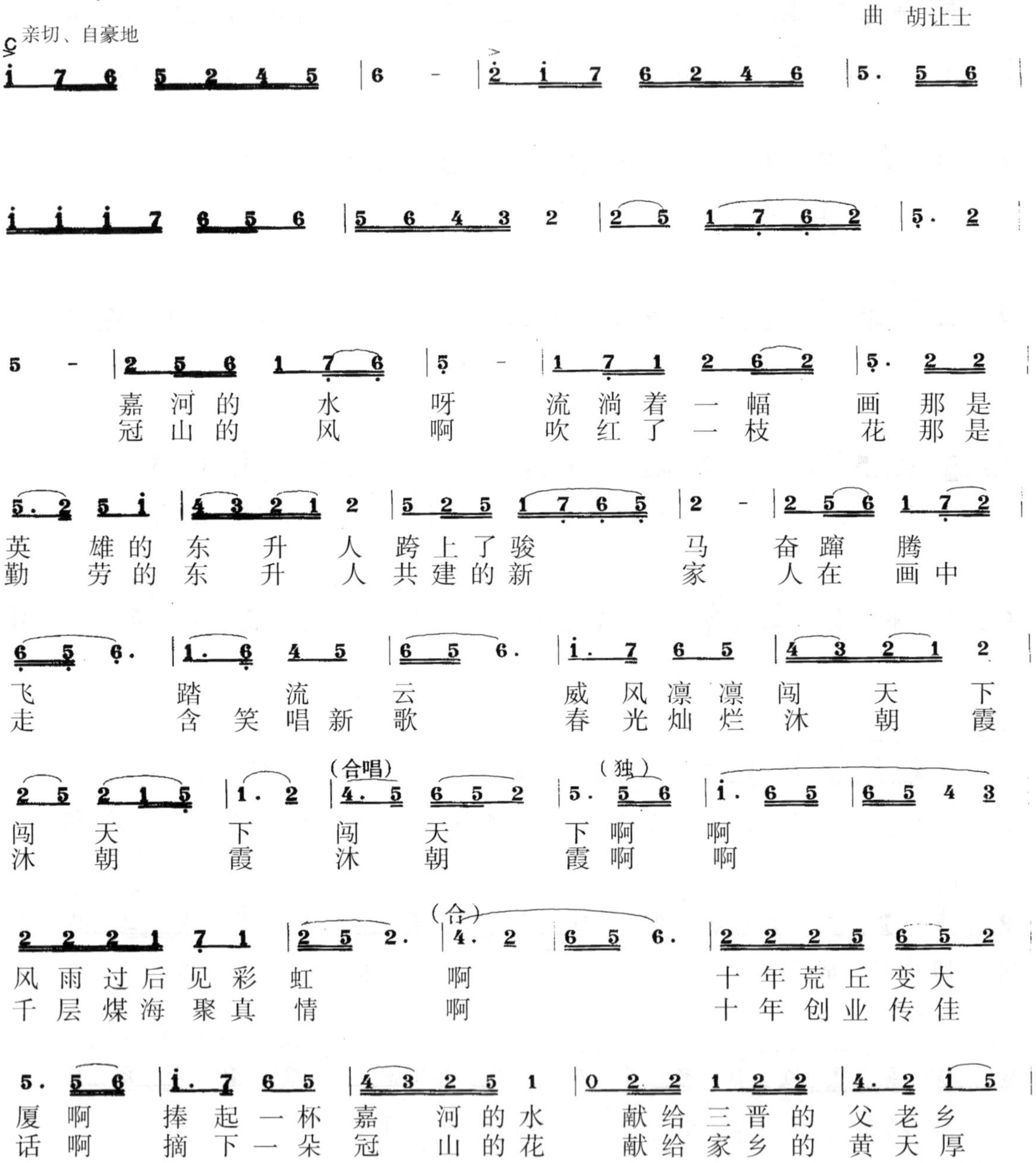

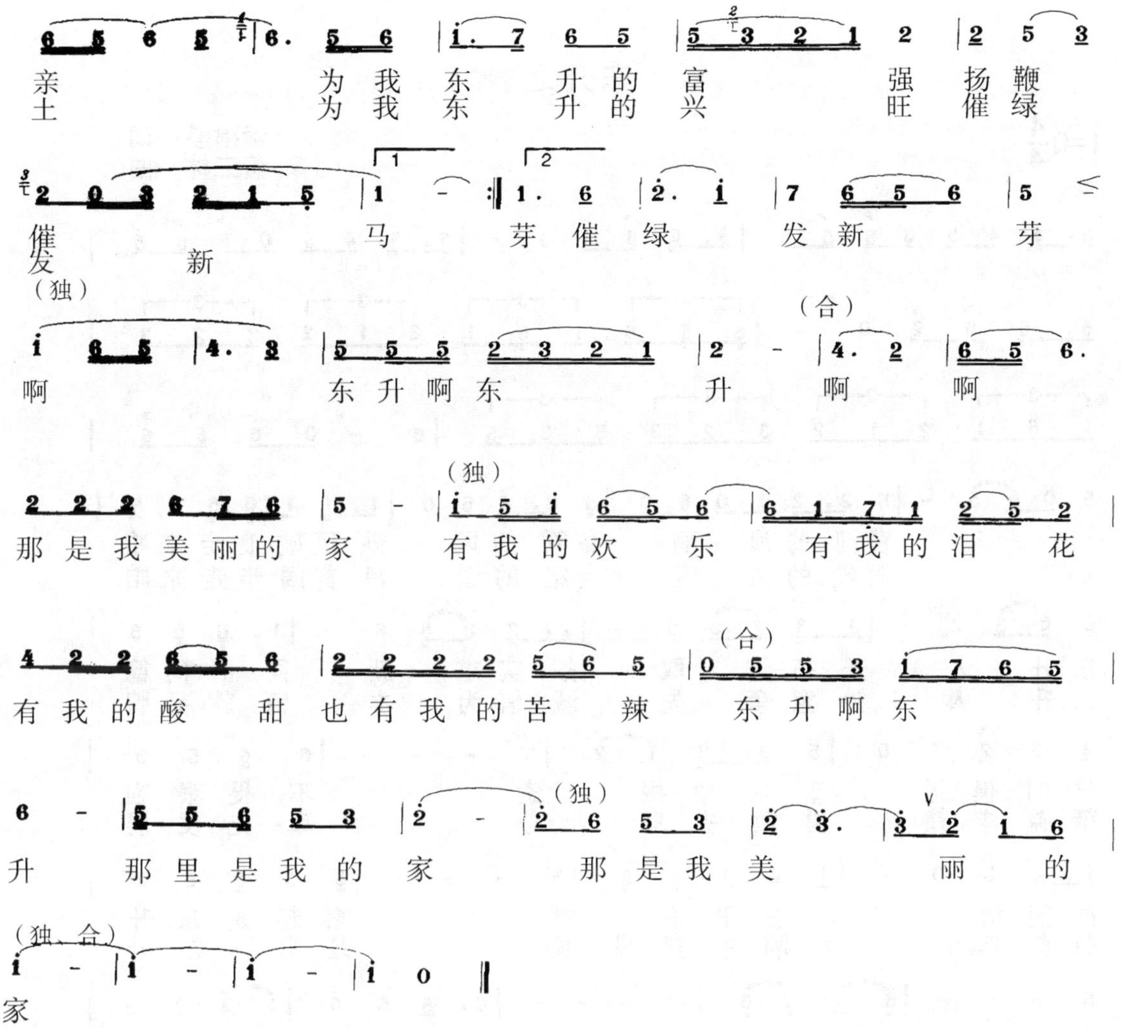
亲 为我东 升的富 强扬鞭
土 为我东 升的兴 旺催绿
催 马 芽催绿 发新 芽
发 新
（独）
（合）
啊 东升啊东 升 啊 啊
（独）
那是我美丽的家 有我的欢 乐 有我的泪 花
（合）
有我的酸 甜也有我的苦 辣 东升啊东
（独）
升 那里是我的 家 那是我美 丽 的
（独、合）
家

东升之歌

李福盛 词
董三林 曲

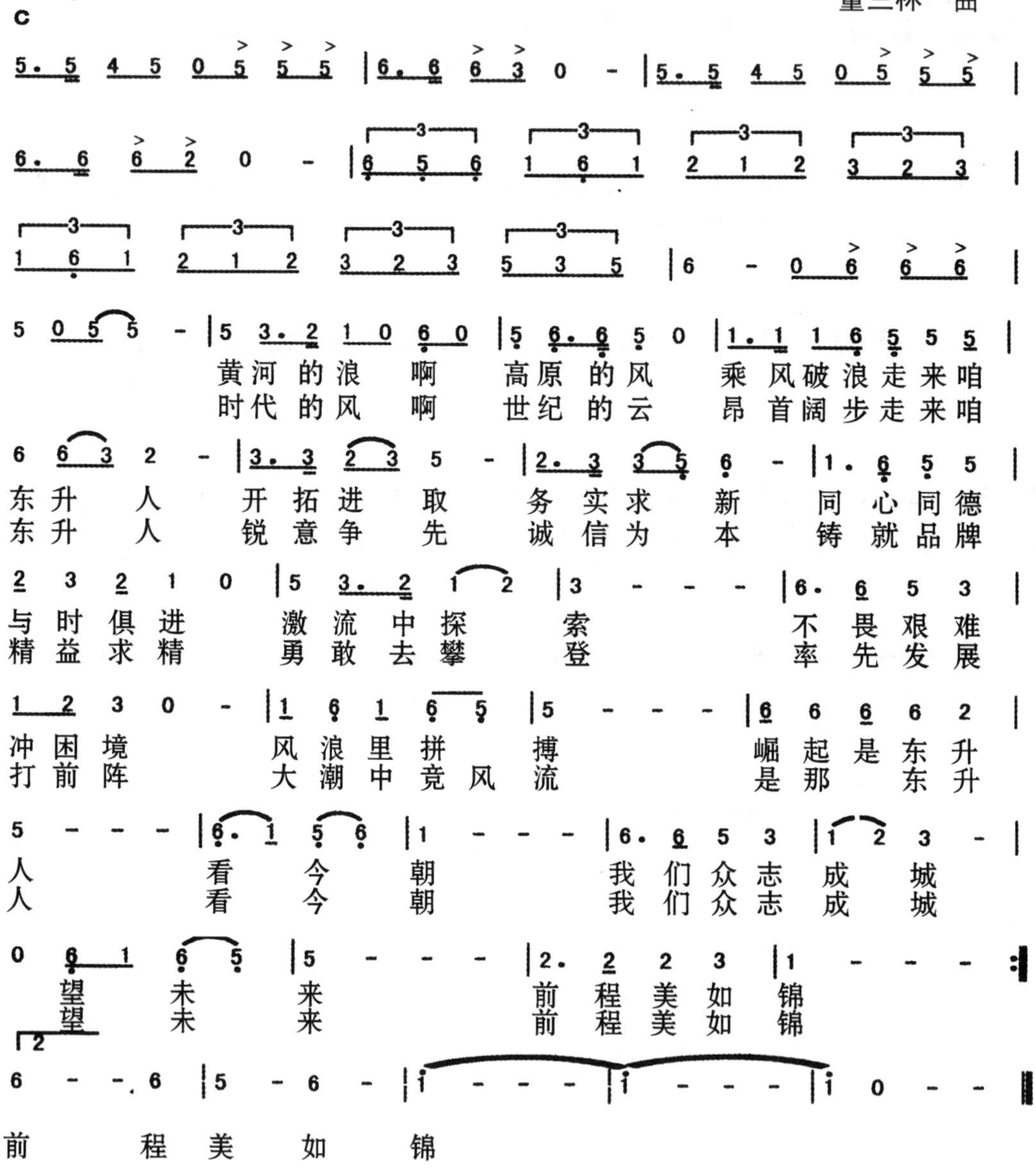

东升放歌

——为《东升之光》歌舞晚会而作

开放的热土呀，是你激情涌动的宣纸
如林的广厦呀，是你纵情抒写的巨笔
穿梭的人流呀，是你荡气回肠的壮歌
诚信的品牌呀，是你迎风飘扬的旗帜

你用激情在古州大地画一幅创业的画卷
你用文采为名献名邦添一首成功的新曲
你用发展给县域经济谱一曲恢宏的乐章
你用改革为企业振兴举一支光明的火炬

啊，东升，1996，你用艰辛的奋斗创造了奇迹矗立起晋东第一市
啊，东升，十年来，你用发展的成果增添了职工的信心和勇气
有多少人赞叹，东升变化真大
这普通的话，胜过千言万语
有多少人感慨，东升已发展成气候
这简单的评价，包含着多少肯定鼓励和支持

综合市场农贸市场专业市场东升商厦东升超市繁荣的景象告诉我们
东升市场已经成为晋东最大的商品集散地
座座高楼拔地而起，东升花园雨后春笋的图画告诉我们
东升正以与时俱进的精神展现着时代的节律

我们用繁荣的商贸、开发为市容打扮
使县城窗口的形象日趋靓丽
我们靠精神和速度让县城膨胀
神话般扩大了县城的面积

在这十年里，我们的东升正与市场接轨
品牌之花开得更艳，芳香四溢
在这十年里，我们东升的产业结构调整更趋优化
员工商户增添了几多收入，几多欢喜

改革发展的硕果压弯了枝头
五湖四海的商户生根东升这片沃土
集团发展千姿百态异彩纷呈
共同演绎着家乡平定的美丽

冠山做证，在快速发展的新时代
我们东升人是怎样的意气风发
嘉河铭记，在百舸争流的新世纪
我们东升人是总是干群团结在一起

员工理解决策层，心心相印
决策层支持员工，所向披靡
这水乳交融的企业文化啊
催化了创业的巨大爆发力

虽然公司已经做大做强商贸园区也初具雏形
但东升人没有满足长远的发展规划又在确立
虽然东升历史才只有十年
但东升的发展成果堪称精彩壮丽

曾几何时，我们曾为东升的前途担忧
东升人凭着把握机遇的精神印证了发展才是硬道理
今天我们在为东升而自豪高歌
因为东升这条巨龙正在腾飞
进入发展快车道的东升啊
正万马奔腾一日千里

解放思想实事求是敢为人先开拓进取
创造着更加辉煌的业绩

让我们在十六大骀动春风的吹拂下
团结一致众志成城走向新的世纪
建设繁荣富强文明的新东升
收获更多的成功更多的欣喜

三晋大地上升起的一颗明珠

这是一片神奇的土地
这里生活着一群百折不挠的人
他们有钢的脊梁——宁折不弯
他们有铁的肩膀——敢把重担承担
自强不息，开拓创新是他们永远不变的追求
求真务实，与时俱进是他们执着不竭的动力

这就是新时期的东升人!
这就是勇于创业、善于创新的东升人
是这些人用他们自己的双手把美丽的家园装扮!
是这些人用他们的智慧和汗水　信心和理念把企业之花浇灌得更加辉煌灿烂!
东升人深深地懂得依赖只能坐以待毙
等待也会坐失良机
命运之神 不会垂青懒汉
幸运之神永远眷顾有准备有思路有作为的人

十年的风雨沧桑
见证东升人创业的荣辱与辉煌
十年的峥嵘坎坷
纪录东升人奋进的旋律与乐章
十年的艰苦创业
砥砺东升人必胜的信念与勇气

历史不会忘记
我们一起走过的艰辛岁月！
时间之手 悄然地翻过昨天
十个春夏秋冬，悄悄的变作了记忆
这记忆是永远抹不去的痕迹
这记忆是永远说不完的经历

面对政策取消的急迫形势
是像迷途的羔羊
在改革的大潮中游荡？
还是创新体制
自己寻找未来的出路？
难道我们苦心经营了十多年的公司
真的只能随波逐流？

新的世纪，新的曙光
东升迎来了新的希望
领导班子未雨绸缪
提出了一个全新的思路！
改革创新，调整结构
兴办市场，产销联合，并购煤矿，建设花园
他们给我们的企业注入了新的活力
带来了新的希望
建立现代企业制度
运用科学化的管理
使历经沧桑的公司又充满了生机
做实主业，夯实了基础
做大三产，培育多经
做强整体，提升实力
东升人相信
一个辉煌灿烂的东升

定将让世人瞩目！

哦，东升
我要为你写一首诗
用太阳金色的语言
用心海浩瀚的蔚蓝

啊，东升
我要为你画一幅画
用春天百花的色彩
用五星红旗的光芒

东升 我更要为你唱一首歌
用我们坚定的信念
用我们宏伟的志向

让我们奏响与时俱进、科学发展的旋律
让我们唱响做实、做大、做强的主题
凤凰涅槃就要腾飞
这展翅腾飞的火凤凰呀！
就是让我们骄傲让我们自豪的东升

在古州平定这片热土上
东升人用他们勤劳的双手实现着自己的梦
东升人用铁人般的力量主宰着他们辉煌的
明天!!
东升人正用坚实的双手托起东升这颗璀璨的明珠
东升——
一个让我们奋进
让我们展示自己人生价值的舞台
一个永远走在时代前沿

永远屹立在三晋东大门上的明珠
天道酬勤啊　不懈的真理!!

东升人的命运啊永远掌握在自己的手中!
让我们祝福你——东升!
让我们放歌你——东升!
东升——
我们衷心的祝愿你
你的明天一路辉煌

后 记

《东升志》是在东升志编纂委员会的领导和方志出版社的指导下，由山西东升恒泰广告有限公司牵头，山西东升恒泰商贸有限公司、山西东升恒泰房地产开发有限公司、山西东升同意煤业有限公司、山西东升华兴煤业有限公司、山西东升兴裕煤业有限公司、山西东升阳胜煤业有限公司、平定县东升物业管理有限公司等单位参编完成的。编纂工作始于2005年初。2006年初确定了主编、编辑，明确了职责，实行分工合作，分篇撰写。2007年8月完成初稿，经方志出版社组织有关领导和专家、学者评审后又进行深层次的反复修改，2007年10月完成复审稿，2007年12月完成终审稿。《东升志》编纂历时3年。书中插图、照片由山西东升恒泰广告有限公司提供。

全志设10篇、35章、89节，约40万字；上限为1996年，下限为2006年，系统地把山西东升煤业集团有限公司的历史与现状、创建与发展，各个时期的经验与教训如实记录下来，载入史册。着重记述山西东升煤业集团有限公司成立后，公司经营、生产技术和企业管理等各方面各时期的发展、变化，以使后人“前有所稽，后有所鉴”，惠及子孙，有益当代，起到“资治、教化、存史”的作用。

《东升志》是“众手成志”的结晶和成果，在成稿过程中，自始至终得到山西东升煤业集团有限公司党政领导的重视和支持，为修志设立专门机构，选调人员，解决经费，确定指导思想，帮助解决问题。同时，还得到方志出版社和平定县地方志办公室的支持，得到各参编单位在人力、资料、经费和终审稿校对等方面的大力支持。特别是感谢中国地方志指导小组理论处处长、中国地方志协会秘书长邱新立博士为本志作序。在此，谨向所有给予我们指导和帮助，热心为我们提供稿件和资料的同志表示诚挚的谢意。

编纂志书，难度很大，编纂人员虽然尽了最大努力，但由于水平有限，资料和经验不足，难免有不足和差错，敬请批评指正。

编　者

二○○七年十二月

东升志（1996～2006）

主　　编：葛海林
责任编辑：冯　松

出 版 者：方 志 出 版 社
（北京市建国门内大街5号中国社会科学院科研大楼12层）
邮编　100732
网址　http：//www.fzph.org
发　　行：方志出版社出版发行部
（010）85195814　85196281
经　　销：新华书店总店北京发行所
法律顾问：北京市大禹律师事务所
排　　版：北京中文天地文化艺术有限公司
印　　刷：北京通州丽源印刷厂

开　　本：889×1194　　1/16
印　　张：22.25
字　　数：424千
版　　次：2008年1月第1版　2008年1月第1次印刷

ISBN 978-7-80238-257-2/F·161　　定价：160.00元